Claudia Hoffmann · Migration und Kirche

TVZ

Claudia Hoffmann

Migration und Kirche

Interkulturelle Lernfelder und Fallbeispiele
aus der Schweiz

T V Z

Theologischer Verlag Zürich

Gedruckt mit freundlicher Unterstützung der Berta Hess-Cohn Stiftung, Basel.

Der Theologische Verlag Zürich wird vom Bundesamt für Kultur
für die Jahre 2021–2024 unterstützt.

Bibliografische Informationen der Deutschen Nationalbibliothek
Die Deutsche Nationalbibliothek verzeichnet diese Publikation in der Deutschen
Nationalbibliografie; detaillierte bibliografische Daten sind im Internet
über http://dnb.dnb.de abrufbar.

Umschlaggestaltung
Simone Ackermann, Zürich

Satz
Claudia Wild, Konstanz

Druck
CPI books GmbH, Leck

ISBN 978-3-290-18412-4 (Print)
ISBN 978-3-290-18413-1 (E-Book: PDF)
© 2021 Theologischer Verlag Zürich
www.tvz-verlag.ch

Inhalt

Vorwort und Dank

Diesem Buch liegt eine qualitativ-empirische Studie zugrunde, die mit Daten aus dem Kanton Aargau an der Theologischen Fakultät der Universität Basel in den Jahren 2017–2020 durchgeführt wurde. Es freut mich, dass zentrale Ergebnisse dieser Studie mit diesem Buch nun einem breiten Publikum präsentiert werden können. Mitarbeitende und Verantwortliche in Kantonalkirchen, Menschen aus sogenannten Migrationskirchen, Interessierte an interkulturell-theologischen Fragen, aber auch Wissenschaftler und Wissenschaftlerinnen sind auf eine Entdeckungsreise in die Schweizer Szene hinein eingeladen.

Mein grösster Dank gilt all jenen Menschen, die zu Gesprächen bereit waren und die mich Teil ihrer Gottesdienstgemeinden sein liessen. Alles, was ich gehört und gesehen habe, ist nicht nur für die Forschung sehr wertvoll, sondern auch für mich persönlich. Ich bin dankbar für die Begegnungen und für die vielen interessanten Menschen, die ich im Rahmen meiner Forschung kennenlernen durfte. Dazu zählen unter anderem auch meine Kollegen und Kolleginnen, die in Deutschland zu ähnlichen Fragen forschen und mit denen mich ein lebhafter Austausch im Netzwerk «Begegnung mit dem globalen Christentum vor Ort. Migrationskirchen in Niedersachsen» verbindet.

Zu grossem Dank bin ich nicht nur der Reformierten Landeskirche Aargau verpflichtet, die diese Studie mitfinanziert hat, sondern auch Prof. Dr. Andreas Heuser, der dieses Forschungsprojekt initiiert hatte, mich auf meinen Forschungswegen insbesondere mit kreativen Begrifflichkeiten begleitete und mich bei meinem Fragen zu einem weiten Blick und dem Suchen nach grösseren Zusammenhängen motivierte.

Mit diesem Buch kann nun auch etwas in die kirchliche Arbeit zurückfliessen. Denn mit der Thematik Migrationskirchen und den damit verbundenen Themengebieten, die mit diesem Forschungsprojekt bearbeitet wurden (Beziehungsdynamiken und interkulturell-theologische Lernfelder), verbinden sich Aspekte, die ich für sehr zentral halte, wenn es um die Zukunft unserer Kirche geht. Zur Diskussion folgender Fragen möchte dieses Buch Anreiz geben: Welche Formen von Kirche-Sein sind zukunftsweisend? Wie verstehen wir christliche Gemeinden und Gemeinschaften? Was bedeutet Ökumene im vielfältigen Kontext der Schweizer Kirchen? Wie verändert sich die Kirchenlandschaft durch die Aufnahme von, Auseinandersetzung mit oder die Ablehnung von neuen theologischen Strömungen?

Gedruckt wurde dieses Buch mit Unterstützung der Berta Hess-Cohn Stiftung, Basel. Die Publikation wurde weiter durch die Reformierte Landeskirche Aargau und die Evangelisch-reformierte Kirche Basel-Landschaft gefördert.

Herzlichen Dank!

Claudia Hoffmann, Basel im August 2021

1   Einleitung

Wir leben heute in einem «Zeitalter der Migration»[1], unzählige Menschen sind weltweit unterwegs, überqueren Grenzen freiwillig oder unfreiwillig, suchen Asyl oder einfach ein besseres Leben. Jede Migration bringt nicht nur einen Ortswechsel, sondern immer auch die Erfahrung von Neu-Orientierung und Diskontinuität mit sich, durch die sich Menschen verändern. Migration hat viele Gesichter. Nicht nur Menschen in überfüllten Booten, sondern auch indisches Krankenhauspersonal in England und den USA, internationale Forscherinnen[2] an europäischen Universitäten oder IT-Spezialisten zählen dazu. *Den* Migranten gibt es nicht. Es handelt sich um eine sehr diverse Gruppe, jeder und jede bringt ihre eigene Geschichte und Biografie mit.[3]

Die qualitativ-empirische Studie, die diesem Buch zugrunde liegt, beschäftigt sich damit, wie solch unterschiedliche Menschen mit einem christlichen Hintergrund sich in Kirchen und Gemeinden versammeln und gemeinsam Gottesdienst feiern. Migration hat Religion in West-Europa wieder zurück in die Öffentlichkeit gebracht. Im Zentrum der Studie steht nicht der oder die Einzelne, sondern die Gemeinde. Dass diese aus einzelnen Lebensschicksalen besteht, darf dabei nicht vergessen werden.

Die Studie verfolgte eine doppelte Fragestellung. Einerseits standen die Beziehungen im Vordergrund, die Migrationskirchen als Ganze leben. Mit wem gehen sie in der Schweiz eine Partnerschaft ein, mit wem arbeiten sie zusammen, wie sind sie national oder international vernetzt? Andererseits richtet sich der Fokus in diesem Projekt auf theologische Fragen. Welche theologischen Vorstellungen prägen die Lieder, Liturgien und Predigten? Was steht für diese Kirchen

---

1   Castles, Age of Migration.
2   Der Text ist möglichst geschlechtergerecht formuliert. Er enthält grundsätzlich männliche und weibliche Formen, in Ausnahmefällen wird – in einem generischen Sinn – nur die weibliche oder nur die männliche Form genannt. Im Text sollen alle Menschen mitgemeint sein, auf Gendergap oder -sternchen wird aber, in erster Linie aufgrund einer besseren Lesbarkeit, verzichtet.
3   Ende 2019 waren allein schon 79,5 Millionen Menschen auf der Flucht. Vgl. UNHCR, Figures, URL: https://www.unhcr.org/figures-at-a-glance.html (5.11.2020). 272 Millionen Menschen sind in andere Länder eingewandert, das heisst Migranten und Migrantinnen machen 3,5 % der Weltbevölkerung aus. Vgl. United Nations, International Migration, 3, URL: https://www.un.org/en/development/desa/population/migration/publications/migrationreport/docs/InternationalMigration2019_Report.pdf (5.11.2020).

im Vordergrund und wie verstehen sie ihren Auftrag? Wie sieht ihr Selbstverständnis aus? Ziel dieses Projektes war von Anfang an, auch für autochthone (einheimische) Schweizer Kirchen Einsichten und Ergebnisse bereitzustellen, die in der Zusammenarbeit mit Migrationskirchen weiterhelfen können. Im Zusammenhang mit Migration prägen Fragen der Integration nach wie vor den wissenschaftlichen und auch den kirchlichen Diskurs. Die integrationsspezifischen Fragen haben sich aber in den letzten beiden Jahrzehnten verändert. Heute geht es vor allem um Partizipation, nicht mehr wie früher um Assimilation, dennoch wird damit eine zu einseitige Richtung eingeschlagen. Nicht nur Fragen der Integration sind in der Zusammenarbeit mit Migrationskirchen zu klären, sondern vor allem auch die Frage der ökumenischen Beziehungen, die gelebt werden oder gelebt werden könnten. Diese Frage wird in unseren Kantonalkirchen erst teilweise behandelt. Die jüngste Broschüre der grössten Kantonalkirche der Schweiz bezeichnet die Beziehung zwischen einheimischen und Migrationskirchen als ökumenische Herausforderung. Gemeinsam unterwegs zu sein, bedeute, sich für einander zu öffnen, sich mit dem Anderen auseinanderzusetzen. Dabei soll man sich vor allem auf die gemeinsame Herkunft der Kirchen und das Miteinander, nicht das Nebeneinander, konzentrieren. Doch diese Gedanken zu einer Beziehung, die auf Respekt vor dem Anderen gründet, werden begleitet von einem Aufruf zur diakonischen Verpflichtung, die die Kantonalkirchen gegenüber Migrationskirchen haben.[4] Erschwert das nicht eine ökumenische Beziehung auf Augenhöhe? Verhindert das «Hilfssyndrom christlicher Pro-Existenz»[5] nicht das Zusammenleben? Ökumenische Überlegungen konzentrierten sich lange Zeit einzig und allein auf das Thema der Gastfreundschaft. Dies greift aber zu kurz, wie auch die Evangelische Kirche in Deutschland (EKD) 2014 bemerkte. Im Bild der Gastfreundschaft bleiben die Gäste immer Fremde und die Gastgeber bestimmen – ein Machtgefälle wird geradezu zementiert. Der EKD-Text betont, dass hier ein Mentalitätswandel nötig ist, der zugewanderte Christen und Christinnen als Geschwister, als Teil unserer selbst erkennen lässt.[6] Dieses Buch möchte in dieser Richtung Anregungen bieten. Es beschreibt ausgewählte Kirchen und Gemeinden im Schweizerischen Aargau. Dadurch wird die Breite und Unterschiedlichkeit des Phänomens Migrationskirche deutlich. Darüber hinaus werden verschiedene Formen der Zusammenarbeit typisiert und theologische Lernfelder für die Zusammenarbeit formuliert.

---

4   Vgl. Bereich OeME-Migration der Reformierten Kirchen Bern-Jura-Solothurn, Gottes Volk, 19–22.
5   Sundermeier, Konvivenz, 65.
6   EKD, Gemeinsam evangelisch, 18 f.

1.1   Migrationskirche

In der Schweiz werden Gemeinden und Kirchen, in denen vorwiegend Menschen mit einem Migrationshintergrund Gottesdienst feiern, als Migrationskirche bezeichnet.[7] Der Begriff Migrationskirche[8] umschreibt ein sehr heterogenes Phänomen. Es handelt sich dabei grob gesagt um Christen mit einem Migrationshintergrund, die fern ihrer Heimat eine Gemeinde oder Kirche etablieren und gemeinsam Gottesdienste feiern. *«Als Migrationskirchen werden Zusammenschlüsse von Christinnen und Christen mit Migrationshintergrund bezeichnet, die sich selbst als Kirche verstehen.»*[9] Wenn jemand von einer Migrationskirche spricht, kann eine Gemeinde einer grösseren Denomination mit klaren Hierarchien, eine Abteilung einer international operierenden Mega-Kirche oder eine lokale, unabhängige und eigenständige Kirche gemeint sein. Die Grösse dieser Gemeinden und Kirchen variiert stark. Manchmal handelt es sich dabei um kleine Bibel-Hauskreise, bisweilen versammeln sich in diesen Kirchen aber auch mehrere hundert Personen. Die Organisationsstruktur ist ebenso vielfältig, wie die gottesdienstlichen Ausdrucksformen. Kurzum, Migrationskirche ist ein schillernder Begriff, der ungenau bleibt. Hinzu kommt, dass der Begriff eine Fremdbezeichnung ist. Migrationskirchen selbst bezeichnen sich eigentlich nie als solche.

Es gibt neben dem Begriff Migrationskirche auch andere Begriffe, die zur Bezeichnung des Phänomens verwendet werden. Unter anderem sind insbesondere die Bezeichnungen *Gemeinden anderer Sprache und Herkunft, internationale Gemeinden, ethnische Kirchen, fremdsprachige oder ausländische Gemeinden* üblich. Im englischen Sprachgebrauch wird darüber hinaus häufig *international church, immigrant church oder black-led / black majority church* verwendet.[10]

---

7   Davon abgegrenzt werden dann sogenannte autochthone oder einheimische Kirchen und Gemeinden. Auch bei diesem Begriff ist grosse Vorsicht geboten. Ab wann ist denn eine Kirche einheimisch? Was zeichnet sie als einheimische Kirche aus? Um sprachfähig zu bleiben, verwende ich in der Folge dennoch diese Begriffe, weise aber darauf hin, dass über die Voraussetzungen, die wir damit machen, nachgedacht werden muss.

8   Im katholischen Sprachgebrauch in der Schweiz sind die Begriffe Mission, Anderssprachige Seelsorge und Migrationsgemeinde üblich. Da in dieser Studie katholische Gemeinden nur ganz am Rande berücksichtigt wurden, erlaube ich mir der Einfachheit halber beinahe ausschliesslich den Begriff Migrationskirche zu verwenden.

9   Ich halte mich hier an die Definition des Schweizerischen Evangelischen Kirchenbundes aus dem Jahr 2009, in: Röthlisberger/Wüthrich, Neue Migrationskirchen, 9 (kursiv im Original).

10   Vgl. zum Begriff Migrationskirche Währisch-Oblau, Missionary Self-Perception, 33–36.

Es ist sehr leicht zu sehen, dass jeder dieser Begriffe seine eigene Schwierigkeit mit sich bringt. Deshalb schlage ich vor, dass wir vorerst beim Begriff Migrationskirche bleiben, uns aber seiner Ungenauigkeit und möglicher unbeabsichtigter, auch politischer Konnotationen und Implikationen bewusst sind. Weiterhin von Migrationskirchen als einem eigenen Phänomen in der Schweizer Kirchenlandschaft zu sprechen, impliziert nämlich nicht nur eine Andersartigkeit dieser Kirchen gegenüber Schweizer Kirchen, sondern nimmt sie in ihrer Eigenständigkeit wahr. Der Begriff unterstreicht das Selbstverständnis vieler dieser Kirchen, die sich als eigenständige Formation des weltweiten Christentums verstehen. Es handelt sich dabei um Kirchen oder kirchliche Formationen, deren Leben auch von Migrationsprozessen geformt wird. Nicht nur ihre theologischen Grundlagen, sondern auch die Ausdrucksformen in Liedern, Gebetspraxis und Predigten sind davon geprägt. Migrationskirchen gilt es nach wie vor besser wahrzunehmen und kennenzulernen.

Man könnte sagen, das Hauptmerkmal von Migrationskirchen ist ihre Heterogenität. Unter dem Begriff Migrationskirche werden viele sehr unterschiedliche Kirchen, Gemeinden, Gruppen oder auch Netzwerke versammelt. In der wissenschaftlichen Auseinandersetzung werden sogenannte Migrationskirchen unterschiedlich kategorisiert. Dies kann helfen, die breite Vielfalt des Phänomens systematisch zu erfassen. Benjamin Simon schlägt vor, Migrationskirchen von ihrer Entstehungsgeschichte her zu erfassen. Simon spricht von drei verschiedenen Ekklesiogenesen, die Migrationskirchen durchlaufen können. Seiner Meinung nach gibt es Migrationskirchen mit einer autochthonen Ekklesiogenese, mit einer diasporalen Ekklesiogenese und einer transnationalen Ekklesiogenese. Kirchen mit einer autochthonen Ekklesiogenese sind nicht in der Fremde entstanden, sondern haben eine Mutterkirche im Land der Auswanderung. Dort erhalten die kirchlichen Mitarbeitenden auch ihre theologische Ausbildung. Die äthiopisch- oder eritreisch-orthodoxen Kirchen in der Schweiz, aber auch viele pentekostale Kirchen, die ihre «headquarters» in Afrika, Lateinamerika oder Asien haben, fallen unter diesen Kirchentypus. In der Schweiz finden wir beispielsweise von der brasilianischen Megakirche *Igreja Universal de Reino de Deus* 14 Gemeinden in verschiedenen Städten. Im Unterschied dazu sind Migrationskirchen mit einer diasporalen Ekklesiogenese erst in der Fremde gegründete Kirchen oder Gemeinden. Sie haben oft ihren Ursprung in Bibelgruppen und Hauskreisen, ihre Mitglieder kommen nicht aus derselben Mutterkirche. Der Leiter der Kirche hat normalerweise eine Berufung erlebt, die ihn diese Kirche gründen liess. Oft sind diese Kirchen zweisprachig, oder sie bieten eine Übersetzung an. Viele charismatisch geprägte Kirchen und Kleinstkirchen zählen zu diesem Typ, so auch die grosse Mehrheit der evangelischen Migrationskirchen im Aargau. Migrationskirchen mit einer transnationalen Ekklesiogenese zeichnen sich dadurch aus, dass sie zwar in der Diaspora gegründet wurden, sich danach aber Ableger in anderen Ländern bildeten.[11] Ein bekanntes Beispiel für diesen Typ ist das vom Nigerianer Matthew Ashimolowo in England gegründete *Kingsway International Christian Centre*, eine Kirche die anfangs der 1990er-Jahre gegründet wurde und mittlerweile Ableger in England, Irland, Kanada und zahlreichen afrikanischen Ländern hat.[12]

Die Studie des Schweizerischen Pastoralsoziologischen Instituts teilt Migrationskirchen aufgrund ihrer Konfession in vier grössere Gruppen ein. Die Studie spricht von evangelisch-historischen Kirchen, von neueren evangelischen Kirchen, von römisch-katholischen und unierten Kirchen, und von orthodoxen Kirchen. Die evangelischen Migrationskirchen bilden dabei zusammen genommen die grösste Gruppe (59 %). Mit evangelisch sind alle aus der Reformation hervorgegangen Gruppen gemeint, der Begriff umfasst auch alle pentekostalen, charismatischen und evangelikalen Gruppen.[13]

Fast alle der Kirchen und Gemeinden, die im Aargauer Forschungsprojekt näher untersucht wurden, fallen in die Kategorie der neueren evangelischen Kirchen mit einer diasporalen Ekklesiogenese. In vielen der untersuchten Kirchen spielt die Pfingstbewegung, verstanden als ein kontingentes und diskursives Netzwerk, eine zentrale Rolle.[14] Um deutlich zu machen, dass es sich dabei nicht um bestimmte Pfingstkirchen handelt, verwende ich dafür den Begriff pentekostal. Pentekostal ist also eine Identitätspositionierung, durch die klar gemacht wird, dass die Kirchen in einem bestimmten Diskurs positioniert sind.[15] Daneben finden sich in meiner repräsentativen Auswahl (Sample) auch charismatisch geprägte Gemeinden, also Gemeinden, die sich nicht unbedingt in das pentekostale Netzwerk einordnen lassen, in denen die Gaben des Geistes aber dennoch eine grosse Rolle spielen. Darüber hinaus ist anzumerken, dass die Grenzen zwischen pentekostal und evangelikal zunehmend verschwimmen, seit der zweiten Hälfte des 20. Jahrhunderts kann man auch von einer zunehmenden Überschneidung der pentekostalen und evangelikalen Netzwerke sprechen.[16] Die klassischen evangelikalen Standpunkte zur Jungfrauengeburt, der leiblichen

---

11 Vgl. Simon, Migrants, 39–50.
12 Vgl. KICC, Branches, URL: https://www.kicc.org.uk/branches/#1439917324148-d956f fc6-46de (5.11.2020).
13 Vgl. Albisser, Ergebnisse, 25–28.
14 Zum besseren Verständnis der Pfingstbewegung als Netzwerk vgl. Haustein, Pfingstbewegung, 537 f.
15 Zum Pentekostalismus als Name vgl. Maltese, Pentekostale Theologie, 410.
16 Vgl. Miller, Introduction, 7.

Auferstehung Jesu Christi und zur Inspiration der Bibel werden in meinen Migrationskirchen, die dem pentekostalen Netzwerk zuzurechnen sind, ebenso vertreten. Eine grosse Anzahl von Christen und Christinnen sehen immer weniger Sinn in einer solchen Kategorisierung und keinen Grund für solche Labels. So bezeichnen sich auch die von mir untersuchten Kirchen weder als evangelikal noch als charismatisch. Mehrere meiner Interviewpartner betonten aber, dass ihre Kirche auf dem Wort Gottes gründe und wie wichtig für ihr Gemeindeleben eine «übernatürliche Atmosphäre» sei. «Wenn wir das Übernatürliche vom Christentum entfernen, verkommt es zu einem geselligen Club. (.)[17] Christentum ohne die spirituelle Demonstration von Macht ist ein Club.» (Interview Dot, 20.6.2017, 88, Übersetzung CH).

Migrationskirchen sind Orte, die weit weg von der Heimat eine neue Heimat bieten. In ihren Anfängen sind viele Migrationskirchen von Monokulturalität und Abgrenzung geprägt. Sie stellen einen sicheren Hafen dar. In vielen Migrationskirchen sind nach einer Anfangsphase aber auch Öffnungs- und Vermischungsprozesse zu beobachten, die Migranten und Migrantinnen vertraut machen mit Gepflogenheiten der neuen Gesellschaft, in der sie leben.[18] Sie stellen so Übungsfelder in der neuen Welt dar, aber auch Orte, wo die eigene Kultur gepflegt werden kann. Darüber hinaus sind Migrationskirchen auch von grossen Widersprüchen geprägt. Hier werden Machtkämpfe ausgetragen, Gender-Konflikte und ethnische Rivalitäten treten auf.[19] Migrationskirchen sind in ihrer Grösse, Geschichte und Ausrichtung äusserst divers und lassen sich in unterschiedliche Varianten des weltweiten Christentums einordnen.

1.2 Migrationsökumene und postmigrantisches Christentum

Migrationskirchen bereichern seit einigen Jahren unsere kirchliche Landschaft. Bei einer breiten Anwendung des Begriffes Migrationskirche reicht ihre Existenz weit in unsere Kirchengeschichte zurück. Auch die frankofonen Gemeinden in der deutschsprachigen Schweiz, bekannt als *Eglises françaises*, die mittlerweile in vielen Kantonen feste Bestandteile der Kantonalkirchen sind, können als Migrationskirchen verstanden werden. Sie wurden von hugenottischen Geflüchteten

---

17 Teilweise wird aus den Interview-Transkripten wörtlich zitiert. Punkte in runden Klammern (…) geben die Länge einer kurzen Sprechpause an, / wird gesetzt, wenn der Satz abgebrochen wird, // zeigt an, dass hier zwei Sprechende gleichzeitig reden.

18 Vgl. Simon, Identität, 91–94.

19 Vgl. Frederiks, Religion, Migration, and Identity, 15–18.

gegründet, werden von Menschen, die aus der Welsch- in die Deutschschweiz umgezogen sind, besucht und sind heute auch von vielen frankofonen Afrikanern und Afrikanerinnen geprägt. Als eine Art Nebeneffekt der immer stärker werdenden globalen Migrationsbewegungen seit den 1990er-Jahren nehmen wir eine grosse Zunahme bei der Errichtung neuerer evangelischer Migrationskirchen wahr.[20] Nicht nur die religiöse Landschaft insgesamt (die Schweiz ist zunehmend säkularer und in religiöser Hinsicht pluraler geworden), sondern auch das Christentum hat sich also in der Schweiz in den letzten rund 30 Jahren stark verändert. Die meisten in die Schweiz immigrierenden Menschen sind Christen und Christinnen. Während sich rund ein Drittel der Migranten und Migrantinnen zu keiner Konfession bekennt und 13 % dem Islam angehören, zählen sich knapp 50 % der immigrierten Bevölkerung zu einer christlichen Konfession, wobei die römisch-katholische Konfession deutlich die Mehrheit bildet.[21]

Migrationskirchen dynamisieren unsere Kirchenlandschaft. Das Christentum war noch nie so vielfältig wie jetzt. Dabei einfach von einer «Verbuntung»[22] zu sprechen, scheint mir zu kurz zu greifen. Dieser Begriff beschreibt zwar die Vielstimmigkeit und Verschiedenartigkeit der christlichen Gemeinschaften, es handelt sich hier aber auch um einen exotisierenden Begriff, der sehr oberflächlich bleibt. Darüber hinaus werden Migrationsprozesse in diesem Begriff nicht mitbedacht. Um die Realität, in der sich die Schweizer Kirchenlandschaft heute befindet, adäquat zu beschreiben, empfiehlt es sich eher davon zu sprechen, dass wir uns hin zu einem «postmigrantischen Christentum»[23] bewegen. Diese Begrifflichkeit unterstreicht die Dynamiken, Spannungen, Widersprüchlichkeiten und Konflikte, welche durch Migration hervorgebrachte Diversifizierungsprozesse im Christentum mit sich bringen. Der Begriff postmigrantisch anerkennt dabei, dass Integrationsprozesse längst stattgefunden haben. In einem postmigrantischen Christentum sind sogenannte Migrationskirchen eben nicht ein zeitlich begrenztes Phänomen, das wieder verschwindet. Mit diesem Begriff wird ins Zentrum gerückt, dass Migrationsprozesse schon lange (oder schon immer?) Kirche und Gesellschaft in der Schweiz verändert haben und das auch weiterhin tun werden. Von einem postmigrantischen Christentum zu sprechen, bringt den Vorteil mit sich, dass Migrationskirchen als eine bleibende, alterna-

---

20 Vgl. Bünker, Typen, 127–130. Bünker spricht von einem Kirchengründungsboom.
21 34,6 % römisch-katholisch, 6,2 % evangelisch-reformiert, 8,9 % andere christliche Gemeinschaften. Vgl. Bundesamt für Statistik, Religionszugehörigkeit, URL: https://www.bfs.admin.ch/bfs/de/home/statistiken/kataloge-datenbanken/tabellen.assetdetail.11607379.html. (5.11.2020).
22 Zulehner, Verbuntung.
23 Bünker, Typen, 127–130.

tive Form des Christentums und des Kirche-Seins dargestellt werden können. Diese Kirchen sind nach wie vor stark von Migrationsprozessen geprägt und haben ihr eigenes, oft kritisches Verhältnis zur Kultur und Kirche in der Schweiz.

Das Phänomen, das Martin Luther King 1964 mit «11 am Sunday is our most segregated hour»[24] umschrieb, gilt auch heute noch, und nicht nur für Amerika, sondern auch für die Schweiz. Migranten und Migrantinnen mischen sich nur wenig mit Schweizern und Schweizerinnen zum Gottesdienst. Menschen feiern ihre Gottesdienste in kulturell relativ homogenen Gruppen. Die unterschiedlichen Gemeinden haben wenig miteinander zu tun. Das kirchliche Leben in der Schweiz ist segregiert. Zusammenarbeit und Beziehungen gibt es zwar zwischen reformierten und katholischen Gemeinden, Ökumene sollte aber aufgrund der oben beschriebenen Entwicklungen nicht mehr nur als ein katholisch-reformiertes Unterfangen verstanden werden, sondern viel breiter gefasst werden. Es geht dabei um Beziehungen zwischen unterschiedlichen Gemeinden der Weltchristenheit. Ökumene beschreibt so nicht nur die Zusammenarbeit und das Zusammenleben von Christen und Christinnen unterschiedlicher Konfessionen, sondern auch interkulturelle Beziehungen. Arabisch-methodistisch bedeutet nicht unbedingt das Gleiche wie schweizerisch-methodistisch, das albanisch-katholische Kirchenleben unterscheidet sich vom schweizerischen, Pfingstgemeinden aus unterschiedlichen Ländern haben nebst vielen Ähnlichkeiten auch ihre eigenen, kulturell bedingten Merkmale.

Es scheint mir an der Zeit, in der Forschung zu Migrationskirchen aber auch im kirchlichen Leben und im Umgang mit Migrationskirchen, die sogenannte Migrationsökumene stärker zu betonen.[25] Damit ist ein transformativer Begegnungs- und Handlungsraum gemeint, ein Kommunikationsraum, in dem Anfragen an das eigene Kirche-Sein möglich werden. Beteiligt an dieser migrationssensiblen Ökumene sind nicht nur diejenigen Akteure und Akteurinnen, die in der Schweiz traditionellerweise in der Ökumene vertreten sind, sondern auch Vertreter und Vertreterinnen unterschiedlicher Migrations- und auch Freikirchen. In der Migrationsökumene ist die Frage zentral, wie mit dieser auf kleinem Raum gelebten Vielfalt umgegangen werden soll. Meines Erachtens geht es heute nicht einfach nur darum, wie zugewanderte Kirchen, Gemeinden, Gruppen und Netzwerke in unser System

---

24 King, Freedom, 203.
25 Ich beziehe mich mit dem Begriff der Migationsökumene auf Fischer, Typologisierung, 202, der den Begriff aber nicht weiter ausführt und auf Heuser, Umkehrmission, 48 f. Heuser meint damit einen Dritten Raum, einen Schwellenraum (Homi K. Bhabha), der von Bedeutungsoffenheit geprägt ist. Herkömmliche Muster ökumenischer Zusammenarbeit können hier verändert werden.

integriert werden können, oder wie sich einheimische Kirchen interkulturell öffnen können, sondern es geht vielmehr und in erster Linie darum, wie ortsansässige Kirchen mit diesen eigenständigen Grössen zusammenleben und -arbeiten, lernen und schliesslich auch feiern können. Welche Synergien ergeben sich in der Zusammenarbeit? Worin sind sich alle Geschwister aus der weiten Welt ähnlich? Wo zeigen sich Differenzen? Wie geht man mit diesen um, und wie wird Einheit verstanden? Was kann voneinander gelernt werden? In der Migrationsökumene wird gemeinsam erörtert, was Migrationskirchen sind und wie sich ökumenische Beziehungen in der Schweiz gestalten. Bislang liegt die Handlungsmacht in diesen Fragen relativ einseitig bei den Kantonalkirchen. In einer migrationssensiblen Ökumene wird die Handlungsmacht gleichmässiger verteilt. Sie erschwert stereotype Einteilungen und hemmt kategoriale Festlegungen deutlich.

Zwei erste Themen für die Behandlung in einer solchen Migrationsökumene hält Arnd Bünker bereits fest. Das postmigrantische Christentum zeichne sich vor allem im katholischen Bereich durch theologisch definierte Merkmale im Kirchenverständnis aus und durch den auf evangelischer Seite betonten Evangelisierungsauftrag.[26] Kirchenverständnis und Evangelisierung/Mission werden zwei Linien sein, an denen sich Christinnen und Christen, Kirchen und Gemeinden in der Schweiz in Zukunft orientieren werden. Zum Kirchenverständnis besteht seit einigen Jahren bereits eine angeregte Diskussion. Es werden beispielsweise die jetzigen Modelle der Frei- und Landeskirchen diskutiert. Während die einen die Landeskirche als ein nicht zukunftstaugliches Modell sehen, wenden die anderen ein, dass das Modell Landeskirche nach wie vor relevant sei und für den Umgang mit unterschiedlichen Meinungen Vorbildcharakter habe.[27] Ebenfalls diskutiert wird, was mit interkulturellen Gemeinden gemeint ist, welche Strategien es beispielsweise braucht, um die Wohngemeinschaft Gottes zu verwirklichen.[28] Das zweite Themenfeld Evangelisierung und Mission gilt es in

---

26 Vgl. Bünker, Typen, 129.

27 So wird das bereits heute, aber unter Ausschluss von Migrationsgemeinden, in unseren Kirchen diskutiert. Siehe zum Beispiel die Radiosendung mit Zukunftsforscher Andreas Walker und Kirchenratspräsident Michel Müller am 28.7.2017 im Radio «Life Channel».

28 Die Evangelische Kirche in Deutschland (EKD) hat einen Prozess zur migrationssensiblen Kirchenentwicklung angestossen, an dem auch Vertreter und Vertreterinnen von Migrationsgemeinden mitwirken. Siehe zum Beispiel die Zweite Studientagung der EKD zur migrationssensiblen Kirchenentwicklung in Hofgeismar, 24.–25. Februar 2020. epd-Dokumentation 16–17/2020: Interkulturelle Kirche. Strategien zur Verwirklichung der Wohngemeinschaft Gottes, URL: https://www.ekd.de/ekd_de/ds_doc/20_16_Interkulturelle%20Kirche.%20Strategien%20zur%20Verwirklichung%20der%20Wohngemeinschaft%20Gottes.pdf (15.12.2020).

die Schweizer Kantonalkirchen stärker hineinzutragen. Beispielsweise mit der Frage, wie der biblische Missionsauftrag heute zu verstehen ist. Hier können die unterschiedlichen Kirchenformationen voneinander lernen.

1.3 Stand der Forschung

Die diesem Buch zugrunde liegende empirische Forschung befindet sich im Forschungsfeld Migration und Religion, das in den letzten zwanzig Jahren zunehmend Beachtung erhielt. Während Religion in der Migrationsforschung (zumindest in Europa) lange Zeit ignoriert wurde,[29] haben vor allem die Religionswissenschaft und die Soziologie, aber auch die Theologie und die Ethnologie, in den letzten Jahren hier viel aufgeholt. In vielen Forschungen wird der Frage nachgegangen, inwiefern Migrationsgemeinden eine Hilfe oder ein Hindernis bei Integrationsprozessen darstellen.[30] In der Schweiz haben insbesondere religionswissenschaftliche Forschungsprojekte unter der Leitung von Martin Baumann in Luzern viel zu einem besseren Verständnis von Religion und Migration beigetragen.[31] Das Feld Christentum und Migration wird aber nach wie vor wenig bearbeitet.[32] In der Theologie haben sich in den letzten Jahrzehnten vor allem die Fachbereiche der Interkulturellen Theologie und der Praktischen Theologie mit dem Thema Migrationskirchen beschäftigt. Während sich die Interkulturelle Theologie eher mit Fragen nach der Verortung von Migrationskirchen in der weltweiten Christenheit beschäftigt, geht

---

29 Es gibt im Berliner Institut für empirische Integrations- und Migrationsforschung beispielsweise keine eigene Abteilung zu Religion. In der Abteilung Integrationsforschung und Gesellschaftspolitik werden postmigrantische Konstellationen untersucht, wobei die Untersuchungsgebiete Islam, Muslime und Islamfeindlichkeit im Zentrum stehen. Vgl. Berliner Institut für empirische Migrationsforschung, Integrationsforschung, URL: https://www.bim.hu-berlin.de/de/abteilungen/integrationsforschung-und-gesellschaftspo litik/ (9.1.2020).

30 Vgl. z. B. Baumann, Religion, 51; aber auch Foppa, Katholische Migrantengemeinden, 21; für Deutschland Nagel, Religiöse Netzwerke, 13–15.

31 Vgl. z. B. Baumann, Zivilgesellschaftliche Akteure; Behloul/Leuenberger/Tunger-Zanetti, Debating Islam; Eulberg, Temple Publics.

32 Für den Schweizer Kontext haben das im grösseren Stil erst die Studien von Röthlisberger/Wüthrich für den evangelisch-reformierten Bereich und von Baumann-Neuhaus und Foppa für den katholischen Bereich gemacht. Vgl. Röthlisberger/Wüthrich, Neue Migrationskirchen; Baumann-Neuhaus, Glaube; Foppa, Kirche.

es in der Praktischen Theologie vermehrt um interkulturelle Gemeinden und ekklesiologische Fragen.[33]

Die quantitative Studie des Schweizerischen Pastoralsoziologischen Instituts SPI, deren Ergebnisse 2016 veröffentlicht wurden, stellt in der Erforschung von Migrationsgemeinden in der Schweiz einen Meilenstein dar.[34] In ihrer Anlage und ihrer Reichweite ist diese Studie einzigartig. 634 Migrationsgemeinden wurden angeschrieben, rund die Hälfte hat geantwortet und Daten für die Studien geliefert. Es wird gefragt, welche Bedeutung Religion für die Selbstorganisation und für die Mobilisierung von Migranten und Migrantinnen hat. In dieser Studie, und auch in den beiden qualitativen Studien, die am SPI von Baumann-Neuhaus und Foppa in der Folge durchgeführt wurden,[35] wird der Fokus auf die Frage gelegt, welche Bedeutung Religion für Migration und Migranten und Migrantinnen hat. Diese Art der Fragestellung ist nicht nur am SPI präsent, sondern zieht sich durch viele der Forschungen zu Religion und Migration hindurch. Es wird mehrheitlich danach gefragt, welchen Einfluss Religion auf Migration hat. Hilft Religion dabei, traumatische Erlebnisse zu überwinden? Haben religiöse Vorstellungen und Gemeinden Auswirkungen auf Integrationsprozesse? Die empirische Untersuchung, die zu dieser Publikation geführt hat, unterscheidet sich davon. Der Zusammenhang zwischen Religion und Migration wird mehrheitlich unter anderen Vorzeichen betrachtet. Es wurde vor allem danach gefragt, wie Migrationsprozesse ökumenische Praktiken und theologische Denkweisen beeinflussen.

1.4 Fragestellung, Ziel und Aufbau des Buches

Mit diesem Buch, das eine Brücke zwischen der akademischen Forschung und der kirchlichen Praxis schlagen will, bündle und ordne ich die Forschungsergebnisse eines dreijährigen empirischen Forschungsprojektes (Mai 2017 bis April 2020). Es soll Anregungen für die Zusammenarbeit mit sogenannten Migrationskirchen geben und zu einem besseren Verständnis derselben beitragen.

---

33 Vgl. für die Interkulturelle Theologie die Studien von Simon, Afrikanische Kirchen; Währisch-Oblau, Missionary Self-Perception; Adogame/Shankar, Religion; Dümling, Migrationskirchen 2011; Heuser/Hoffmann, Afrikanische Migrationskirchen; Hoffmann, Migrant Churches. Für die Praktische Theologie zum Beispiel Burkhardt, Interkulturelle Kirchen- und Gemeindeentwicklung; Hauschildt, Kirchengemeindeforschung; Kunz/Schlag, Handbuch; Polak, Migration; Keßler, Zur Frage.
34 Vgl. Albisser, Ergebnisse, 15–110.
35 Vgl. Baumann-Neuhaus, Glaube; Foppa, Kirche.

Das Forschungsprojekt stand unter dem Titel «Migrationskirchen in der Schweiz: Interkulturell-theologische Profile und ökumenische Perspektiven» und untersuchte Migrationskirchen im Kanton Aargau. Die Untersuchung sollte insbesondere zu Tage bringen, wie sich Beziehungen zwischen neueren christlichen Gruppierungen und «einheimischen» Kirchen und Gemeinden ausbilden und entwickeln. Ziel des Forschungsprojektes, das von der Reformierten Landeskirche Aargau gefördert wurde, war es, das Verständnis für die je verschiedenen Kulturen und Theologien zu fördern. «Es sollen Grundlagen für die Gestaltung inspirierender und fruchtbarer Begegnungen mit Migrationskirchen in Kirchgemeinden der Reformierten Landeskirche Aargau geschaffen werden.»[36] Das Projekt sollte dazu beitragen stereotype Bilder von Migrationskirchen aufzubrechen und den Weg für migrationsökumenische Impulse zu ebnen.

Die Fragestellung in diesem Forschungsprojekt fokussierte einerseits auf die internationalen und lokalen Beziehungen, die in Migrationskirchen gelebt werden. Welche Beziehungen werden gepflegt und wie verändern sie sich im neuen Kontext? Andererseits richtete sich der Blick bewusst auf Theologien innerhalb von Migrationskirchen. Welche Theologien finden wir vor und wie prägen sie das Zusammenleben mit Schweizer Kirchen? Diese Fragen nach ökumenischen Beziehungen und Theologien in Migrationskirchen wurden bislang nur am Rande oder gar nicht bearbeitet. Das mag daran liegen, dass der Fokus in der Forschung zu Religion und Migration insgesamt, aber auch in der Migrationskirchenforschung im Speziellen, immer noch auf dem Themenkomplex der Integration liegt.[37]

Nach wie vor geht es in der Migrationskirchenforschung aber noch um eine Kartierung und eine bessere Wahrnehmung der uns fremden Nachbarn und Nachbarinnen. Deshalb werden im Kapitel zwei dieses Buches einige der Migrationskirchen vorgestellt, die ich im Kanton Aargau in den Jahren 2017–2020 vorgefunden habe. Migrationskirchen sind nicht nur ein heterogenes sondern auch ein ziemlich fluides Phänomen. Manche der vor vier Jahren besuchten Kirchen mag es aufgrund von Umzügen, finanziellen Schwierigkeiten oder Spaltungen heute bereits nicht mehr geben.

---

36 Reformierte Landeskirche Aargau, Vorlage zum Traktandum Forschungsprojekt Migrationskirchen in der Schweiz, Synode Reformierte Landeskirche Aargau, 1.6.2016 (nicht publiziert).

37 Es seien hier zwei Beispiele aus dem Jahr 2017 genannt, in denen Fragen der Integration prominent verhandelt werden: Arens/Baumann/Liedhegener/Müller/Ries, Religiöse Identitäten; Polak, Migration.

Die Frage nach den ökumenischen Beziehungen in der hier zugrunde liegenden Studie hat ein für die Praxis sehr hilfreiches Ergebnis hervorgebracht. Im dritten Kapitel dieses Buches werden vier unterschiedliche Beziehungsmodelle zwischen Migrations- und Schweizer Kirchen vorgestellt und diskutiert. Es wird dabei aufgezeigt, welche Bedingungen und Begründungen zu den jeweiligen Modellen führen.

Kapitel vier dieses Buches behandelt theologische Lernfelder, die zwischenkirchliche Beziehungen begleiten. Sie lassen sich im Verständnis von Spiritualität und Mission verorten. Die Lernfelder werden beschrieben und in Entwicklungen im weltweiten Christentum eingeordnet. Schliesslich führt dieses Kapitel zu einem Vorschlag, wie sich unterschiedliche Kirchen in der Migrationsökumene begegnen sollen. Dabei leitend ist das Bild des Treppenhauses, in dem Menschen aus unterschiedlichen Räumen einander begegnen, und in dem die Mitte und Fluchtwege definiert werden müssen.

Kapitel fünf schliesslich diskutiert kantonalkirchliche Publikationen zum Thema, vergleicht die Situation in der Schweiz mit der in Deutschland, zieht europäische Linien aus und enthält Empfehlungen für die Zusammenarbeit zwischen Migrations- und Kantonalkirchen.

1.5 Methodologie und Forschungsdesign

Zur Beantwortung der unterschiedlichen Fragen in diesem Forschungsprojekt wurde wie bereits erwähnt eine qualitativ-empirische Studie durchgeführt. Qualitative Forschung ist dazu geeignet, weil sie soziale Zusammenhänge untersucht, Sinn und subjektive Sichtweisen dadurch rekonstruiert werden sollen und Verstehen ihr Erkenntnisprinzip ist.[38] Die Datenerhebung bestand aus Leitfadeninterviews und teilnehmender Beobachtung, Methoden aus der Ethnologie und den Sozialwissenschaften.

Bei den Leitfadeninterviews handelt es sich um fokussierte Experten-Interviews.[39] Kirche-Sein war in den geführten Gesprächen das zentrale Thema, die Interviews wurden aber trotz dieser Fokussierung, die mit einem Anfangsimpuls vorgegeben wurde, sehr offen gehalten. Sie passten sich der Gesprächsdynamik

---

38 Vgl. zur Bedeutung von qualitativer Forschung Kardorff, Einleitung, 3–10.
39 Kurze Informationen, was Leitfadeninterviews sind, und wie man sie in der theologischen Forschung anwenden kann finden sich bei Söderblom, Leitfadeninterviews, 254–269. Weiterführende Literaturhinweise zu Leitfadeninterviews: Flick, Qualitative Sozialforschung, 194–226.

an, narrative Einschübe waren durchaus erlaubt. Der Interviewleitfaden diente eher dazu, zu überprüfen, ob wir alle relevanten Themen berührt haben, als dass er als Fragebogen angewandt wurde. Die Interviews wurden auf Deutsch, Französisch oder Englisch geführt. Vor allem bei den Interviews auf Deutsch stellte die Sprache ein Hindernis für den Redefluss dar, da viele meiner Interviewpartner noch nicht fliessend Deutsch sprachen. Deshalb war es überaus wichtig, dass ich einfache und kurze Fragen stellte. Was bei der Interviewführung immer gilt, fiel bei meinen Interviews besonders ins Gewicht: Die Fragen mussten leicht verständlich sein, dem Alltag der Befragten entsprechen, und sie durften nur einen Aspekt enthalten. Jede Frage musste beantwortbar sein. Die Fragen waren offen formuliert, damit sie eine Erzählung generieren und das Gespräch aufrecht erhalten konnten. Nicht nur welche Fragen, sondern auch wie sie gestellt wurden, war zu beachten. Die Fragen durften nicht zu direkt gestellt werden, «wie aus der Pistole geschossen». Sogenannte weiche Fragen, also Fragen, die mit «mal», «doch», «eigentlich», «so» eingeführt werden, waren von Vorteil.[40]

Insgesamt führte ich Gespräche mit 16 Personen, nur drei davon waren Frauen. Alle meiner Interviewpartner und Interviewpartnerinnen waren in einer kirchenleitenden Funktion. Die Ergebnisse, die ich durch meine Interviews erhielt, stellen also nur einen Teil der Perspektiven dar.

Das Setting, in denen die Interviews stattfanden, trug viel zum Gelingen der Gespräche bei. Dabei ist auch die Rolle der Interviewführerin zu bedenken. In dieser Forschung war es zentral, dass ich nicht nur als Forscherin der Theologischen Fakultät zu den Gesprächen kam, sondern auch als Mit-Christin, ja sogar als ordinierte Pfarrerin der Reformierten Kirche. Diese Rolle war nicht nur türöffnend, sondern verhalf auch dazu, dass es mir gelang, während den Interviews eine Atmosphäre zu schaffen, in der sich meine Interviewpartner wohl fühlten, und keine Erinnerungen an Prüfungen oder Interviews im Asylverfahren hochkamen. Ich liess die Interviewpartner Ort und Zeit des Interviews bestimmen, ich betete mit, wenn vor und nach dem Interview dazu aufgefordert wurde, ich beantwortete auch Fragen zu meiner Person. Alle Interviews wurden aufgenommen, damit sie später besser bearbeitet und analysiert werden konnten. Doch wie störend ist eigentlich die Aufnahme und das Gerät zur Aufzeichnung? Und steht dieses Aufnehmen nicht etwas im Widerspruch zur angenehmen Atmosphäre? Hier wird bereits deutlich, dass wir uns mit einer empirischen Forschung, die sich mit der Wahrnehmung «des Anderen» beschäftigt, in einem kritischen Feld befinden. Nicht nur verwenden wir ständig Begriffe wie Migrationskirche, Einheimische, Zugewanderte, die eine binäre Wahrnehmung der

---

40 Vgl. zu Frageformen und Fragestilen bei einem Interview: Helfferich, Qualität, 102–118.

Gesellschaft verstärken, sondern wir begegnen Menschen, die sich vielleicht in einer prekären Lebenssituation befinden und denen mit Takt und Sorgfalt begegnet werden muss.

Anhand teilnehmender Beobachtung erhob ich Daten in unterschiedlichen Gottesdiensten in verschiedenen Kirchen und Gemeinden. Dabei richtete ich mein Augenmerk nicht nur auf Sprache und Inhalte, sondern auch auf die Atmosphäre im Raum, Bilder, Musik und Geräusche, die verschiedenen Handlungen. Ich versuchte, mich an vier Maximen zu halten: Das Feld durch meine Anwesenheit möglichst wenig zu verändern, am Gottesdienst wirklich teilzunehmen, Notizen in einem Forschungstagebuch festzuhalten und die Beobachtung mit einem reflektierten Forschungsbericht abzuschliessen.[41] Der Zugang zum Feld, genauer gesagt zu den Gottesdiensten, spielte dabei eine besonders grosse Rolle. Ohne sogenannte Türöffner, Türsteher oder Sponsoren, die mir nicht nur den Zugang gewährten, sondern auch Interviewpartner waren und weitere Interviews ermöglichten, wäre eine erfolgreiche Erforschung der Kirchen und Gemeinden unmöglich.[42]

Die Datenerhebung wird in der empirisch-theologischen Forschung kritisch diskutiert. Es werden Schwierigkeiten benannt, zum Beispiel die Rolle der Interviewführung und der Umgang mit direktiven Fragen und Schweigen, und kreative Lösungen gesucht. Über die Datenauswertung in empirisch-qualitativen Projekten wird aber nur selten Auskunft gegeben. Deshalb halte ich hier meine Auswertungs- und Analyseschritte etwas ausführlicher fest. Die Interviews wurden in meinem Projekt in drei Schritten erschlossen und dann analysiert. Zuerst wurden sie in der Sprache, in der sie gehalten wurden, Wort für Wort abgetippt, dann Zeile für Zeile durchgelesen, wobei mit Blick auf die Fragestellung relevante Textstellen markiert wurden. Dieser zweite Schritt im Analyseprozess stellte die «initiierende Textarbeit»[43] dar. Sie war besonders wichtig, da ich die Interviews nicht selbst transkribiert habe. Auffälligkeiten, spannende Textstellen und wichtige Fakten wurden in Memos festgehalten. Der dritte Schritt war dann das eigentliche Codieren.[44] Das geschah einerseits durch ein im Vorfeld erstelltes Codegerüst, andererseits wurden auch induktiv Kategorien gebildet. Die Codierung wurde mithilfe des Computerprogramms MAXQDA vorgenom-

---

41 Vgl. Scholtz, Teilnehmende Beobachtung, 215; Schmidt, Einführung, 61–78.
42 Vgl. zur Funktion eines Türöffners Sundermeier, Den Fremden verstehen, 99.224; Knoblauch, Qualitative Religionsforschung, 82 f.
43 Kuckartz, Qualitative Inhaltsanalyse, 56.
44 Dabei habe ich mich an die qualitative Inhaltsanalyse von Philipp Mayring angelehnt. Vgl. Mayring, Inhaltsanalyse.

men. Diese drei Schritte bildeten die Vorarbeit zur eigentlichen Analyse. Ziel der Codierung und Kategorisierung der Daten war es, relevante Passagen und Textteile zu identifizieren und sie entlang von bestimmten Kategorien zu benennen und zu gruppieren.[45] Abschliessend wurden die Erkenntnisse in Fall- oder Themenzusammenfassungen gebündelt. So konnte die Analyse beginnen, die dann zu den Beziehungsmodellen, zu den Profilen unterschiedlicher Migrationskirchen und zu den theologischen Lernfeldern führte.

Eine solche empirische Forschung muss bescheiden bleiben. Sie möchte nicht erklären, sondern verstehen. Empirische Forschung bildet Wirklichkeit nicht ab, sondern sie rekonstruiert sie und bringt sie in eine neue Ordnung. Solche Forschung versucht herauszufinden, wie Menschen einen bestimmten Sachverhalt sehen, welche Bedeutung er hat und welche Handlungsmotive auftreten. Das Feld der Transzendenz ist so aber nicht zugänglich. Mit empirischen Methoden kann man keine Wahrheitsfragen bearbeiten.

---

45 Vgl. Flick, Qualitative Sozialforschung, 369.

2 Profile einzelner, ausgewählter Migrationskirchen

Das folgende Kapitel umfasst eine sogenannte dichte Beschreibung von zehn Migrationskirchen im Kanton Aargau. Die hier beschriebenen Kirchen gehören zu einem grossen Teil zu dem Flügel der weltweiten Christenheit, der aus der Reformation hervorgegangen ist. Oft sind sie auch gleichzeitig in pentekostale Netzwerke einzuordnen oder charismatisch geprägt. Nur zwei der vorgestellten Kirchen gehören nicht dazu: die eritreisch-orthodoxe Trinitatis-Gemeinde und die *Missione Cattolica di Lingua Italiana*. Alle hier beschriebenen Kirchen und Gemeinden befinden sich im Kanton Aargau, dem grössten Industriekanton in der Schweiz. Politisch gesehen stellt der Aargau den konservativsten Kanton der grösseren Schweizer Kantone dar. Ein Faktor, der in Fragen von Migration und Religion nicht unerheblich ist, vor allem wenn wir später die Beziehungsdynamiken zwischen Migrationskirchen und «einheimischen» Kirchen und Gemeinden betrachten.

2.1 Der Kanton Aargau als Fallbeispiel

Bislang konzentrierten sich Daten in der Migrationskirchenforschung auf grossstädtische Gegenden. Dieses empirisch-qualitative Projekt hingegen fokussiert eine nicht-urbane Gegend. Beim Kanton Aargau handelt es sich um einen eher ländlichen Kanton, der zwischen den beiden Städten Basel und Zürich gelegen ist. Der Aargau ist in mindestens dreifacher Hinsicht repräsentativ für die Schweiz. Im Blick auf die Stadt-Landverteilung, auf die Wirtschaftszweige und die Religionszugehörigkeit. Was in Bezug auf den Aargau gesagt wird, kann also bis zu einem gewissen Grad auf andere Kantone übertragen werden.

Es gibt im Aargau sowohl Städte, die im europäischen Vergleich wie viele andere Schweizer Städte eher als Kleinstädte zu bezeichnen sind, als auch ländlich gelegene Dörfer. Der Kanton ist gleichermassen von Industrie und Landwirtschaft geprägt, beides zentrale Wirtschaftszweige in der Schweiz. Die Religionszugehörigkeit im Aargau hat sich in den letzten drei Jahrzehnten stark verändert und spiegelt dabei ziemlich exakt die nationale Verteilung wider. Darauf gehe ich im Folgenden etwas genauer ein.

Die Mitgliederzahlen in den etablierten reformierten Kirchen der Schweiz haben stark abgenommen, während die Zahlen in der römisch-katholischen Kirche relativ stabil geblieben sind und andere Denominationen und Religionen zugenommen haben. Wir können von drei Trends sprechen, die die Schweiz insgesamt, aber auch den Kanton Aargau im Speziellen, prägen: Pluralisierung, De-Institutionalisierung und Kirchengründungen.[1] Die Zahlen aus dem Jahr 2020 zeigen, dass neben dem Christentum auch andere Religionen in der Schweiz Gewicht bekommen. Sie sind aber nach wie vor stark in der Minderheit, nur 5,3 % der Schweizer Bevölkerung gehören dem Islam an. 26,3 % bezeichnen sich als konfessionslos, 23,8 % gehören der reformierten Kirche an, 35,8 % der römisch-katholischen, 5,9 % anderen christlichen Denominationen.[2] Diese Entwicklungen haben ihren Ursprung nicht nur in Säkularisierungs- und Individualisierungsprozessen, die in vielen Ländern des sogenannten Westens seit den 1960er-Jahren eingesetzt haben. Sie sind vor allem auch auf Migrationsbewegungen zurückzuführen, die insbesondere in den vergangen drei Jahrzehnten stark zugenommen haben. Dadurch sind neue Religionen in die Schweiz gekommen und andere Formen des Christentums siedeln sich an, insbesondere orthodoxe und pentekostale Christen und Christinnen. Das evangelische Christentum in der Schweiz diversifiziert sich also mehr und mehr. Neue Kirchen werden gegründet, viele werden von afrikanischen Migranten und Migrantinnen aufgebaut.

In der Tradition des «Hamburger Religionsatlas»[3] nehme ich eine Kartierung von religiösen Gemeinschaften im Aargau vor. Eine solche ethnografische Religionsfeldforschung rückt Migrationskirchen und andere religiöse Gemeinschaften, die aus Migrationsprozessen hervorgehen, in den Vordergrund. Die religiösen Gemeinschaften, die nicht auf Migrationsprozesse zurückgehen, meistens handelt es sich dabei um die sichtbaren Kirchentürme, habe ich in diesem Mapping unterschlagen. Die von mir vorgenommene Kartierung soll in erster Linie dazu beitragen, die vitale Präsenz vielfältiger religiöser Gruppen, die im Zusam-

---

1   Vgl. die Grafik des Bundesamtes für Statistik, Entwicklung der Religionslandschaft, URL: https://www.bfs.admin.ch/bfs/de/home/statistiken/bevoelkerung/sprachen-religi onen/religionen.assetdetail.11527931.html (11.5.2020). Für die Verteilung im Aargau siehe Bundesamt für Statistik, Religionszugehörigkeit (kantonale Anteile), URL: https:// www.atlas.bfs.admin.ch/maps/13/de/15297_3522_107_70/24071.html (11.5.2020).

2   Vgl. die Grafik des Bundesamtes für Statistik, Religionszugehörigkeit, URL: https://www. bfs.admin.ch/bfs/de/home/statistiken/bevoelkerung/sprachen-religionen/religionen.asset detail.12228965.html (11.5.2020).

3   Mitte der 1990er-Jahre wurde das Lexikon der Hamburger Religionsgemeinschaften erstellt, um die Religionsvielfalt in der Stadt darzustellen. Es werden rund 600 Religionsgemeinschaften in den Blick genommen. Vgl. Grünberg/Slabaugh/Meister-Karanikas, Lexikon.

menhang mit Migration stehen, zu entdecken und ihre Bedeutung, Geschichte und Relevanz zu erschliessen.[4]

Auf christlicher Seite konnte ich 23 Migrationskirchen oder -gemeinden / Missionen eruieren. Wie eingangs bereits erwähnt, handelt es sich hier um eine nicht homogene Grösse. Man könnte sogar sagen, dass sich beinahe die gesamte Weltchristenheit auf kleinem Raum abbildet. Katholische, orthodoxe, evangelische, pentekostale, überdenominationelle oder nicht-konfessionelle Gemeinden unterschiedlicher kultureller Ausformungen etablieren sich. Die in jüngster Zeit, also in den letzten zehn Jahren entstandenen Gemeinden, gehören zur evangelischen, enger noch, zur pentekostalen Familie innerhalb der Weltchristenheit. Man kann für diese Zeit von einem regelrechten Kirchengründungs-Boom in der Schweiz sprechen. Zehn Gemeinden im Aargau, die mit Migrationsprozessen verbunden sind, sind evangelisch, neun der Gemeinden sind katholisch, vier orthodox.[5]

Im Kanton Aargau gibt es aber nicht nur Migrationskirchen, sondern auch 25 Moscheegemeinden. Religiös aktive Muslime und Musliminnen organisieren sich in Vereinen mit einem meist klaren ethno-kulturellen und sprachlichen Bezug. Türkische Moscheen und Gebetsräume bilden die Mehrheit im Aargau, dahinter folgen albanische und bosnische. Für Muslime und Musliminnen aus Ländern mit einer muslimischen Mehrheitsbevölkerung stellt diese Vielfalt an unterschiedlichen Moscheegemeinden ein ungewohntes Novum dar, mit der man sich erst einmal vertraut machen muss. Wie in vielen anderen Kantonen auch organisieren sich die verschiedenen Moscheegemeinden im Aargau im Verband der Aargauer Moscheen, um gegenüber Schweizer Institutionen eine Stimme zu haben.[6]

Buddhistische oder hinduistische Zentren finden sich auch im Aargau, aber sie stellen nicht ein Migrationsphänomen dar, sondern entstanden im Zuge der

---

4   Siehe Karte im Anhang.
5   Zum Vergleich: die reformierte Landeskirche im Aargau umfasst 75 Gemeinden, die katholische 96. Und es gibt rund 45 freikirchliche Gemeinden evangelischer oder charismatischer Natur. Für die reformierten Kirchgemeinden siehe: Reformierte Kirche Aargau, Kirchgemeinden, URL: https://www.ref-ag.ch/meine-kirche/kirchgemeinden.php (2.6.2020). Für die katholischen Kirchgemeinden siehe: Römisch-katholische Kirche im Aargau, Kirche vor Ort, URL: http://www.kathaargau.ch/ueber-uns/kirche-vor-ort/ (2.6.2020). Für die freikirchlichen Gemeinden siehe: Schweizerische Evangelische Allianz, Unser Miteinander, URL: https://www.each.ch/unser-miteinander/mitglieder/sektionen/ (2.6.2020).
6   Weitere Informationen zum Verband Aargauer Muslime und den Moscheen siehe: Verband Aargauer Muslime, Moscheen im Aargau, URL: https://aargauermuslime.ch/de/ueber-uns/moscheen-im-aargau/ (15.12.2020).

Faszination für Yoga und Meditation, die in der Schweiz seit den 1920er- und insbesondere seit den 1960er-Jahren gross ist. Diese Gruppen eröffnen ihre eigenen Zentren, die wenig Kontakt mit Migrantengemeinden haben.[7] Hinduismus und Buddhismus sind zahlenmässig ein sehr randständiges Phänomen in der Schweiz. Tamilische Flüchtlinge aus Sri Lanka bilden den Grossteil der zugewanderten Hindus in der Schweiz.[8] Aus politischen Gründen Geflüchtete aus Tibet bilden eine grosse Gruppe buddhistischer Zuwandernder, ebenso eine grosse Gruppe bilden «Heiratspartnerinnen» aus Thailand.[9]

Wenn wir einen ersten Vergleich zwischen den je rund zwanzig christlichen und muslimischen Migrationsgemeinden vornehmen, fallen zwei Dinge sofort auf. Erstens sind viele der christlichen Migrationsgemeinden im Aargau erst in den Jahren nach 2000 entstanden, im Zuge der Zunahme globaler Migration. Sie sind oft jünger als die Moscheegemeinden, welche durch die türkische Arbeitsmigration in den 1960er-Jahren entstanden sind.[10] In den 1990er-Jahren kam es nach dem Anwerbestopp in den 1970er-Jahren zu einer neuen Zuzugsphase. Durch die kriegerischen Auseinandersetzungen in Bosnien-Herzegovina und im Kosovo flüchteten viele Menschen muslimischen Glaubens in die Schweiz. Bosnische und albanische Geflüchtete gründeten nun Moscheen und Gebetsräume.[11] Zweitens können wir beobachten, dass Migrationskirchen in den grösseren Kleinstädten Aarau und Baden kumulieren, während Moscheen grossflächiger verteilt sind. Dies hängt wohl in erster Linie mit der Erreichbarkeit der Moscheen zusammen. Um fünf Mal täglich beten zu können, braucht es an vielen Orten eine Moschee, während ein Gemeindemitglied für den Sonntagsgottesdienst oder einen Abendkurs in der Woche auch länger anreisen kann.

Nach dieser kurzen Bestandsaufnahme der doch zahlreichen religiösen Migrantengemeinden im Kanton Aargau stellt sich die Frage der Sichtbarkeit derselben. Wo finden sich diese Gemeinden überhaupt? Treten sie im Orts- und Stadtbild als solche erkennbar in Erscheinung? Seit dem Jahr 2000 werden vermehrt hinduistische Tempel und buddhistische Klöster in der Schweiz errichtet, die als solche

---

7 Vgl. für Hindu-Traditionen in der Schweiz Baumann, Götter, 234–236; für Buddhismus in der Schweiz Sindemann, Mönche, 219 f.
8 Vgl. Baumann, Götter, 226.
9 Vgl. Sindemann, Mönche, 211–218.
10 Vgl. Behloul/Lathion, Muslime, 198 f. Diese Entwicklung ist vergleichbar mit der Gründung zahlreicher katholischer Missionen, die als eine Folge der Arbeitsmigration aus Italien und Spanien zur Zeit des Wirtschaftsbooms in der Nachkriegszeit gedeutet werden kann. Vgl. Albisser, Ergebnisse, 31.
11 Vgl. Behloul/Lathion, Muslime, 198 f.

deutlich erkennbar sind. «Wer baut, der bleibt».[12] Religiöse Bauten werden in der Forschung als ein Zeichen dafür interpretiert, dass für eine Migrantengemeinde die Phase der Konsolidierung beginnt. Während Migranten und Migrantinnen anfangs weniger das Bedürfnis haben, religiöse Bauten zu erstellen, sieht das für eine zweite Generation anders aus. Wenn Angehörigen einer Religionsgemeinschaft klar wird, dass sie auf Dauer bleiben wollen und können, entsteht nicht selten der Wunsch, über eigene Religionsbauten zu verfügen, die von aussen auch als solche erkennbar sind. Der grösste thailändische Tempel in Europa, *Wat Srinagarin*, steht im Nachbarkanton des Aargau, im solothurnischen Gretzenbach. Der erste in der Schweiz von Grund auf erbaute Hindutempel in südindischer Architektur, *Sri Manonmani Ampal*, steht ebenfalls im Kanton Solothurn, in Trimbach. Im Solothurner Niederamt also, in einer ländlichen Gegend, entwickelt sich geradezu ein «Spiritual Valley», von dem aus Impulse für die ganze Schweiz ausgehen könnten.[13] Denn in Däniken steht auch ein *Gurdwara* einer Sikh-Gemeinde, und auf einer türkischen Moschee in Wangen wurde ein Minarett errichtet, kurz bevor das durch die Minarett-Initiative in der Schweiz 2009 verboten wurde. Über sichtbare religiöse Bauten zu verfügen, bedeutet für eine Religionsgemeinschaft, dass sie auf sich aufmerksam machen will, ihre Präsenz vor Ort markieren möchte. Sichtbare religiöse Bauten zu erstellen, heisst aber auch, dass die Religionsgemeinschaft über genügend Ressourcen verfügt und sich in einer bestimmten Sicherheit befindet.

Bei diesen Entwicklungen hin zu einer Konsolidierung und gleichzeitigen Sichtbarkeit handelt es sich aber eher um Ausnahmen. Viele der religiösen Migrantengemeinden bleiben von aussen gesehen nach wie vor unsichtbar. Sie feiern in Privatwohnungen, in anderen Kirchen, in Gewerbehallen. Hinduistische Tempel bleiben von aussen oft nicht erkennbar, «innen findet sich jedoch eine südasiatische Welt *en miniature*».[14] Christliche Gemeinden feiern nicht selten in etablierten Schweizer Gemeinden ihre Gottesdienste. Nichts weist in der reformierten Stadtkirche Aarau beispielsweise von aussen darauf hin, dass eine eritreisch-orthodoxe Gemeinde hier wöchentlich mit grossen Trommeln und mobilen Ikonen ihre Gottesdienste feiert. Alles wird nach dem Gottesdienst wieder sorgfältig weggeräumt. Die Webseite der Schweizer Kirchgemeinde verrät auch nichts über ihre Schwestergemeinde.

---

12 Vgl. Baumann, Religion: «Wer baut, der bleibt», 29, URL: https://www.unilu.ch/filead min/fakultaeten/ksf/institute/zrf/dok/KTM/NLZ_091212_Interview_Baumann.pdf (15.12.2020).
13 So formulierte das Anne Burgmer in einem Artikel der katholischen Kirchenzeitung Horizonte bereits 2014. Vgl. Burgmer, Spiritual Valley.
14 Baumann, Götter, 234.

Da diese Gemeinden trotz oft jahrelangem Bestehen für die Aussenwelt unsichtbar bleiben, erscheint mir ein sogenanntes Mapping, wie ich es hier für religiöse Migrantengemeinden im Aargau vorgenommen habe, weiterhin sinnvoll.[15] Die Frage nach dem nachbarschaftlichen Zusammenleben der unterschiedlichen religiösen einheimischen und zugewanderten Gemeinden stellt über das Mapping hinaus eine wichtige Aufgabe dar, die mit diesem Forschungsprojekt bearbeitet wird. In einem ersten Schritt werden einige der kartierten christlichen Migrantengemeinden nun genauer vorgestellt. In einem weiteren Schritt werden dann die Beziehungsdynamiken zwischen einheimischen und zugewanderten christlichen Gemeinden analysiert und diskutiert.

2.2 Dichte Beschreibung

Migrationskirchen können in ganz unterschiedlicher Art und Weise beschrieben werden. Die für die Schweiz bislang vorliegenden empirischen Studien zu Migrationskirchen stellen diese Kirchen und Gemeinden aufgrund von soziodemografischen Merkmalen dar (Studie des Schweizerischen Pastoralsoziologischen Instituts, SPI) oder befragen diese Kirchen anhand unterschiedlicher Schlagworte und Faktoren, die im kirchlichen Kontext eine Rolle spielen (Studie des Schweizerischen Evangelischen Kirchenbundes, SEK). Dank den Daten aus einer quantitativen Erhebung kann die SPI-Studie Migrationskirchen nach vier Merkmalen beschreiben. Unter Angabe von Gründungsjahren, Gemeindegrössen, Herkunftsländern der Mitglieder und Anzahl der Gottesdienst-Besuchenden werden allgemeine Informationen über die Migrationsgemeinden und ihre Mitglieder gemacht. Damit erhält man einen ersten Überblick über die Vielfalt der Migrationskirchen und -gemeinden in der Schweiz.[16] Die Studie des SEK hingegen stellt Migrationskirchen nach verschiedenen Schlagworten dar. Diese beziehen sich einerseits auf Eigenschaften der Gottesdienstbesuchenden und andererseits auf Organisationsform und Angebote der Kirchen.[17] Die SEK-Studie hält auch vier Hauptfaktoren fest, die sowohl die Form einer Migrationskirche als auch ihre Beziehung zu anderen Kirchen wesentlich prägen. Es handelt sich dabei erstens um einen sozioökonomischen Faktor. Er wirkt sich vor allem auf die Organisation und die Vernetzung einer Kirche aus. Es ist der sprachliche Faktor,

---

15   Die von mir im Folgenden dargestellten Gemeinden empfinden ein solches «Mapping» ebenfalls als sinnvoll und sind mit dem Vorgehen einverstanden.

16   Vgl. Albisser, Ergebnisse, 29–51.

17   Vgl. Röthlisberger/Wüthrich, Neue Migrationskirchen, 33–43.

der eine Migrationskirche zweitens organisiert und womit schliesslich auch Menschen aus unterschiedlichen Ländern verbunden werden können. Deshalb spielt drittens der ethnische Faktor in Migrationskirchen oft eine weniger wichtige Rolle als in anderen Migranten-Organisationen. In Migrationskirchen sind Menschen nicht selten unterschiedlicher geografischer Herkunft. Es erstaunt nicht, dass der vierte Faktor, der religiöse Faktor, sehr erheblich ist für die Prägung einer Migrationskirche. Die religiöse Prägung in Praxis und Lehre einer Kirche gestaltet nicht nur das Leben einer Kirche, sondern kommt auch im Kontakt zu ortsansässigen Kirchen zum Tragen.[18]

Die folgenden Beschreibungen von zehn Kirchen im Kanton Aargau beruhen auf Informationen, die ich aufgrund meiner eigenen Untersuchungen im Feld erhoben habe. Der religiöse Faktor der Gemeinden spielt in diesen Darstellungen eine besonders grosse Rolle. Die Informationen für die Geschichten ziehe ich aus Interviews und aus teilnehmenden Beobachtungen in der Zeit zwischen Juni 2017 und April 2019. Aber auch Dokumente, die mir die Kirchen zur Verfügung gestellt haben, wurden herbeigezogen, um die Gemeindeprofile zu erstellen. So entstanden «dichte Beschreibungen», wie sie in der Anthropologie seit Clifford Geertz gerne gemacht werden.[19] Die Gemeindeprofile haben keinen Anspruch auf Vollständigkeit, sondern sie sollen neben Informationen auch die Atmosphäre in diesen Kirchen einfangen und sie in ihren Kontext einordnen. Wie versuchen sich diese Kirchen in der Schweiz zu verankern? Wie begründen sie ihre Entstehung, wie deuten sie sich selbst und ihre Migrationsgeschichte, die Schweiz und die Gesellschaft? In den folgenden Beschreibungen unterschiedlicher Migrationskirchen wird die Gründungsgeschichte der Kirche nacherzählt,

---

18 Vgl. A. a. O., 67–69.

19 Das Konzept der dichten Beschreibung (engl. thick description) wurde vom amerikanischen Anthropologen Clifford Geertz in den 1970er-Jahren entwickelt. Geertz verfasst anhand einer Beobachtung eines balinesischen Hahnenkampfes eine umfassende Kulturtheorie und zeigt so, dass man durch Mikroanalysen eines kleinen Kontextes zu einem tieferen Verständnis der Zivilisation kommen kann. Vgl. Geertz, Dichte Beschreibung. Bereits in den 1980er-Jahren ist in der Ethnologie die sogenannte *Writing Culture*-Debatte entbrannt, in der es um das Verhältnis ethnografischer Autorschaft und Autorität ging, dabei wurde auch Geertz kritisiert. Er habe zwar einen verstehenden Ansatz gehabt und auch gute Beziehungen mit seinen Forschungspartnern gepflegt, aber monologisch über sie geschrieben. Heute gilt eine kollaborative Ethnografie als Standard: Forschungspartnerinnen werden ausführlicher in direkter Rede zitiert, widersprüchliche Einschätzungen verschiedener Informanten werden stehen gelassen. Dennoch, und das wird auch in diesem Abschnitt deutlich, ein ethnografischer Bericht ist und bleibt eine sprachliche Setzung, die von Machtfragen durchzogen ist. Vgl. für einen Einstieg in die Ethnografie: Breidenstein/Hirschauer/Kalthoff/Nieswand, Ethnografie, zur *Writing Culture*-Debatte insbesondere 21–23.

es werden Informationen über die Mitgliedsstrukturen der Kirchen gegeben und die Angebote der Kirchen werden beschrieben. Es spielen also auch soziodemografische Angaben, die in anderen Studien zentral sind, eine gewisse Rolle. Im Mittelpunkt der Beschreibungen steht aber der religiöse Faktor der Kirchen. Es wird versucht Theologie, Glaubenspraxis und Frömmigkeitsstil in die Profile der Kirchen einzuflechten.

Die Beschreibung unterschiedlicher Migrationskirchen verfolgt das Ziel, die Wahrnehmung von Migrationskirchen zu verbessern. Denn nach wie vor gilt, dass Migrationskirchen meist uns «unbekannte Nachbarn» bleiben.[20] Eine verbesserte und genauere Wahrnehmung dieser Kirchen und Gemeinden würde aber, so meine ich, dazu beitragen, stereotype Einteilungen derselben zu vermeiden. Es handelt sich bei diesen Beschreibungen um ein Wissen, das sich aus der Erzählung einer Person, in seltenen Fällen waren es zwei oder drei, die erzählen, ergibt und meinen eigenen Beobachtungen. Es treffen unterschiedliche Perspektiven aufeinander, die sich in meinem Narrativ ergänzen und aufeinander einwirken. Dies gilt es im Hinterkopf zu behalten, wenn wir uns nun den Kirchen zuwenden. Das hier gezeichnete Bild einer Kirche lässt sich durch eigene Besuche und Gespräche ergänzen. Dazu möchte ich hier ausdrücklich ermutigen.

Die Kirchen erscheinen hier mit ihrem Gemeindenamen in alphabetischer Reihenfolge geordnet. Es werden die richtigen Namen der Kirchen verwendet. Dies trägt zu ihrer Sichtbarmachung bei.[21]

2.2.1 Arabische Gemeinde der Evangelisch-methodistischen Kirche (EMK) – ein Haus, in dem unterschiedliche Menschen Freunde werden und Gottes Gegenwart erleben[22]

Durch die noch geschlossenen Türen zum Gottesdienstraum in der Evangelisch-methodistischen Kirche in Aarau dringt Musik in melancholischen, klagenden Melodien. Die Lobpreisband probt arabische Lieder, zwei Frauen und ein Mann singen, sie werden von einer Gitarre und einem Djembe begleitet. In

---

20 Andreas Heuser hat Migrationskirchen vor über 10 Jahren als unbekannte Nachbarn bezeichnet. Vgl. Heuser, Weithin unbekannte Nachbarn, 212. Er sieht bis heute noch wenig Fortschritt: Vgl. Heuser, Noch weithin unbekannte Nachbarn, 386 f.

21 Zum Schutz der Persönlichkeiten werden jedoch alle Personen mit einem Pseudonym versehen. Alle Interviewteilnehmenden waren mit diesem Vorgehen einverstanden.

22 Das Profil beruht auf einem Interview mit Sara am 14.12.2017 und zwei Gottesdienstbeobachtungen am 29.10.2017 und am 7.4.2019, dem Internetauftritt der Gemeinde und informellen Gesprächen am 7.4.2019 und 9.5.2019.

Gruppen stehen unterschiedliche Menschen im Vorraum, einige sprechen arabisch miteinander, andere sprechen schweizerdeutsch. Die Besucher und Besucherinnen des Schweizer Gottesdienstes verabschieden sich, die Teilnehmenden des arabischen Gottesdienstes kommen an.

Die Geschichte der *Arabischen Gemeinde der Evangelisch-methodistischen Kirche (EMK)* in Aarau begann im Zug. Die jetzige Gemeindeleiterin, die 2002 mit ihrem Ehemann und ihrer ersten Tochter aus Syrien in die Schweiz migrierte, setzte sich mangels anderer freier Plätze mit ihrer Tochter neben eine blonde Frau, die mit ihrer Tochter Papierfiguren faltete. Sara fühlte sich in der Schweiz zu Beginn nicht wohl, sie hatte das Gefühl, alle starrten sie feindselig an und sie mied den Kontakt mit Schweizern und Schweizerinnen. Das Papierfigurenfalten löste in Sara Erinnerungen an die Zeit als Sonntagsschullehrerin in der evangelischen Kirche in Syrien aus. Die beiden Frauen kamen ins Gespräch. Wenig später folgte Sara der Einladung, den Gottesdienst der EMK in Aarau zu besuchen, obwohl sie noch über wenig Deutschkenntnisse verfügte in ihrem ersten Jahr in der Schweiz. Rückblickend erzählt sie, dass sie sich am Anfang nicht recht traute, der Einladung zu folgen. «Aber schon vom ersten Moment als wir reinkamen, hatte ich das Gefühl, ah, wir sind endlich zu Hause.» (Interview Sara, 14.12.2017, 10).

Nach und nach bauten Sara und ihr Mann dann eine arabische Gemeinde auf, am Anfang waren sie ein Kreis von vier, sechs, acht Personen, der zusammen die Bibel las und stetig wuchs. Von Anfang an konnte diese Arbeit nur dank der Unterstützung der Schweizer Geschwister gelingen, die beispielsweise während des Bibelkurses Kinder hüteten. Beziehungen entwickelten sich. Heute gibt es auch gemischte Hauskreise, in der gemeinsam die Bibel gelesen, gebetet und ausgetauscht wird. Durch die Beziehungen in der Gemeinde konnte sich ein positives Bild über die Schweiz entwickeln. Die erfahrene «Liebe ohne Erwartungen», wie sie die Gemeindeleiterin bezeichnet, wollte dieser Kreis weitergeben an Leute mit einem ähnlichen Erfahrungshintergrund. Nach einer gewissen Zeit ist der Bibelkreis zu einer grösseren Gottesdienstgemeinde angewachsen. Der Schweizer Pastor lud den Bibelkreis ein, im Gottesdienstsaal nach dem Schweizer Gottesdienst einen arabischen Gottesdienst zu feiern. In einem zweiwöchigen Rhythmus findet seit 2008 der arabische Gottesdienst statt, der von 30–80 Menschen besucht wird. Seit 2016 ist der arabische Bibelkreis eine mit einem Schreiben vom Bischof anerkannte Gemeinde der EMK, was von Sara als eine Bestätigung erlebt wird und Gefühle von Zugehörigkeit, Heimat und Ehre auslöst. Sara und ihr Ehemann erhalten nun auch einen Teilzeit-Lohn für ihren Dienst als Pastoren.[23]

---

23 Ich verwende Pfarrer oder Pfarrerin für die Menschen, die ein Theologiestudium abgeschlossen haben und von einer reformierten Kirche ordiniert und ins Pfarramt eingesetzt

Die tägliche Arbeit der Gemeinde ist nach der Anerkennung durch die methodistische Kirche unverändert geblieben. Die arabische Gemeinde feiert alle 14 Tage Gottesdienst, es gibt manche zweisprachige Gottesdienste mit der Schweizer Gemeinde zusammen, Sara predigt auch manchmal in der Schweizer Gemeinde. Die arabische Gemeinde unterhält ihre eigenen Bibelkurse für unterschiedliche Gruppen. Darüber hinaus gibt es ein Nachmittagsprogramm, *Marhaba*, das von den beiden Gemeinden zusammen angeboten wird. *Marhaba* bedeutet auf Arabisch *Hallo*. Dieser niederschwellige Treff möchte Menschen aus unterschiedlichen Kontexten zusammenkommen lassen. Es wird jeweils Kaffee getrunken, Kuchen gegessen und ein Bibelwort geteilt. Sara möchte an einem «Haus» bauen, in dem ganz unterschiedliche Menschen Freunde werden und so Gottes Gegenwart erlebt werden kann. Für diese interkulturelle Zusammenarbeit braucht es die Bereitschaft, einander zu vergeben und auch den Mut, einander Fragen zu stellen und Dinge zu erklären.

Die arabische Gottesdienstgemeinde setzt sich aus Menschen zusammen, die aus unterschiedlichen Ländern kommen und von verschiedenen Kulturen geprägt sind. Sie stammen aus Syrien, Jordanien, Ägypten, Palästina und europäischen Ländern und haben verschiedene konfessionelle Hintergründe. Manchmal kommen auch Menschen zum Gottesdienst – oder vor allem zum gemeinsamen Essen nach dem Gottesdienst –, die muslimischen Glaubens sind. Miteinander zu essen, Gemeinschaft zu feiern und Gastfreundschaft zu pflegen, ist ein wichtiges Merkmal der arabischen Gemeinde. Manche Leute kommen und gehen wieder, da sie in einer anderen Konfession oder Religion zu Hause sind, oder da sie nach einem arabischen Verein suchen, manche bleiben. Viele Familien gehören zur arabischen Gemeinde, aber auch unbegleitete Jugendliche und Menschen, die schon Jahrzehnte in der Schweiz leben. Das Verbindende ist die Sprache und die Frömmigkeit. Jesus, der Sohn Gottes, der den Menschen nahe kommt, und die persönliche Beziehung zu ihm stehen im Zentrum, was sich insbesondere in einem langen Anbetungsteil ausdrückt, aber auch in den Predigten zum Vorschein kommt: was will Gott mir persönlich für mein Leben durch sein Wort sagen. Etwa 10 Personen der arabischen Gemeinde sind auch formal Mitglied der EMK. Die Einnahmen der Gemeinde setzen sich zusammen aus dem, was ihre formalen und nicht-formalen Mitglieder geben können, den Beiträgen, die sie von der EMK erhalten und anderen Spenden.

---

sind. Pastor oder Pastorin verwende ich für alle, die in Freikirchen in dieser Funktion tätig sind. Dies entspricht auch mehrheitlich dem Selbstverständnis meiner Interviewpartner und Interviewpartnerinnen.

Die Gemeindeleiterin erzählt, dass sie erst hier in der EMK eine ganz persönliche Beziehung zu Gott aufgebaut habe, während die Zugehörigkeit zur Kirche in Syrien eher eine Mitgliedschaft aus traditionellen Gründen bedeutete. Aber durch die Gottesdienste in der EMK habe sie gelernt, daran zu glauben, dass Gott zu ihr spreche und hier und jetzt im Leben eingreifen könne. Das Ehepaar, das die Gemeinde leitet, konnte dank der Unterstützung der EMK eine theologisch-diakonische Ausbildung am *Theologisch-Diakonischen Seminar (TDS)* in Aarau absolvieren.

Die arabische Sprache verbindet die Gemeindemitglieder, aber auch die Migrationserfahrungen, das Heimweh und die Sorgen um Familienmitglieder, die nach wie vor in vom Krieg zerrütteten Ländern leben. Die Schweizer Gemeinde der methodistischen Kirche hat entscheidend dazu beigetragen, dass diese arabische Gemeinde entstehen konnte.

2.2.2 Christ International Church – international, interkulturell und interdenominationell[24]

Im zweiten Stock eines Bürogebäudes am Rande der Badener Altstadt feiert die *Christ International Church* ihre Gottesdienste. Ein Informationsbrett in der kleinen Eingangshalle gibt einen guten Eindruck darüber, dass die Kirche vielfältig aktiv ist. Der längliche Gottesdienstraum ist gefüllt mit rund hundert Stühlen, die Kirche möchte viele Menschen ansprechen. Der Boden ist mit einem dunkelroten Teppich ausgelegt, das Tageslicht wird mit Samtvorhängen in der gleichen Farbe draussen gehalten. Der Gottesdienstraum stellt einen geschützten Raum dar, getrennt und abgeschlossen von dem emsigen Treiben der Aussenwelt. Ganz vorne im Raum zeigen Fahnen von mindestens einem Dutzend Ländern den Hauptfokus der Kirche an: sie möchte eine internationale und interkulturelle Gemeinschaft sein.

Die *Christ International Church* wurde vom leitenden Pastor im Jahr 2004 gegründet. Zuvor war er seit 1995 Mitglied in der ghanaischen *Lighthouse Chapel* in Zürich, wo er auch seine pastorale Ausbildung erhielt und zwei Jahre als Pastor tätig war. In seinen Augen hat jede Kirche einen generellen Auftrag, der für alle Kirchen gleichermassen gilt, «Menschen erziehen, Erfolge erzielen, Herrschaft erreichen», aber jede Kirche hat auch ihr eigenes Mandat. Die von

---

24 Das Profil beruht auf zwei Interviews mit Dot am 20.6.2017 und am 23.10.2017 und drei Gottesdienstbeobachtungen am 23.7.2017, 8.9.2017 und am 10.3.2019, dem Internetauftritt der Kirche und informellen Gesprächen am 23.10.2017.

ihm errichtete Kirche hat das Mandat «Botschafter für das Gottesreich» auszubilden (Interview Dot, 23.10.2017, 38, Übersetzung CH). Bevor Dot Pastor
wurde, arbeitete er als Unternehmer und Herausgeber eines Business Magazine
und als stellvertretender Direktor einer Bank, wo er für das Management Training verantwortlich war. Diese Erfahrung ist ihm bei der Führung und Leitung
seiner Kirche nützlich. Es handelt sich hier um eine pastor-zentrierte und hierarchisch organisierte Kirche mit einer internationalen Ausrichtung. Der leitende
Pastor sieht seine Kirche ganz deutlich nicht als eine Migrationskirche, sondern
eben als eine interkulturelle und internationale Gemeinde. Es ist die Interkulturalität, die die Kirche ausmacht.

> «Sie ist international. Interkulturell. Interdenominationell. Sie ist nicht national. Es ist
> keine Schweizer Kirche. Obwohl wir in der Schweiz sind. Es ist keine europäische
> Kirche. Obwohl meine Frau Europäerin ist. Es ist nicht eine nigerianische oder afri-
> kanische Kirche. Obwohl ich Nigerianer bin und aus Afrika komme. Weil wir über
> 33 Länder haben. Es ist eine Königreichs-Kirche. Wir repräsentieren Gott.» (Interview
> Dot, 20.6.2017, 9, Übersetzung CH).

Die *Christ International Church* pflegt lokale Beziehungen zu anderen Gemeinden mit einer ähnlichen Frömmigkeit, sie pflegt aber ebenfalls ein transnationa-
les Netzwerk. Das wird deutlich, wenn man sich die Freundschaften und Verbindungen anschaut, die der leitende Pastor der Kirche über die Jahre aufgebaut
hat. Sunday Adelaja, dessen Foto im Pastorenbüro der Christ International
Church aufgestellt ist, ist ein spiritueller Vater des Hauptpastors. Sunday Adelaja, der wie der leitende Pastor ursprünglich aus Nigeria stammt, hat in der
Ukraine eine Megakirche errichtet *(The Embassy of the Blessed Kingdom of
God for All Nations)*, die mehr als 25 000 Mitglieder allein in der Ukraine zählt
und in 50 Ländern Gemeinden errichtet hat.[25] Diese Kirche ist zu einem Vorbild
für viele afrikanische Pastoren in Europa und Amerika geworden. Auch die
Christ International Church versucht an verschiedenen Orten Gemeinden zu
errichten. In Bern besteht seit einigen Jahren eine Tochtergemeinde, in Basel ist
eine dritte Gemeinde in Planung.[26]

---

25 Vgl. für weitere Informationen zu Sunday Adelaja und seiner Kirche: Sunday Adelaja's
    Blog, The Embassy Of God Church, URL: http://sundayadelajablog.com/about/church/
    (28.5.2020).
26 Die Tochtergemeinde in Bern hat sich im Herbst 2020 aufgrund von theologischen Diffe-
    renzen in Bezug auf den Zehnten gespalten. Kirchenspaltungen und -trennungen sind in
    der Migrationskirchen-Szene häufig. Sie stellen in Fragen der Zusammenarbeit und Bezie-
    hung zwischen unterschiedlichen Gemeinden eine Herausforderung dar.

Die Kirche zielt darauf ab, ihre Mitglieder darin auszubilden, Gottes Reich auf Erden zu errichten. Möglichst viele Menschen sollen zu Gott geführt werden, Evangelisierung ist ein Hauptziel der Kirche. Ein sogenannter *Growthtrack* unterstützt dieses Hauptziel. Und dieser Entwicklungspfad verbindet die Kirche mit vielen anderen Kirchen besonders in England und den USA. Die *Church of the Highlands* in Alabama bietet ein Schulungsprogramm unter dem Namen *Grow* an, für Kirchen und Menschen, die selbst einen solchen Wachstumspfad errichten wollen.[27] *Grow* ist ein systematisiertes Programm, das jede Kirche kopieren und leicht verändern kann. Ziel all dieser Entwicklungs- oder Wachstumspfade ist es, dass jedes einzelne Mitglied der Kirche seinen Zweck und seine Bestimmung entdecken lernt und versteht, worum es in der Kirche vor Ort geht. Jeder dieser Entwicklungspfade hat vier Stufen, die jeweils ein Set an Empfehlungen und Aufgaben enthalten, welche mit Bibelversen untermauert werden. Auf der ersten Stufe geht es darum, Gott kennenzulernen und zwar in der Beziehung mit seinem Sohn Jesus Christus und indem man die Angebote der Gemeinde kennenlernt. Auf der zweiten Stufe wird man befähigt, Details der eigenen Persönlichkeit kennenzulernen und so seine Bestimmung und seinen Platz in der Gemeinde zu finden. Die dritte Stufe verhilft dazu, eigene Führungsqualitäten zu entwickeln und auf der vierten Stufe tritt man schliesslich dem Team in der Gemeinde bei und bereichert so das Gemeindeleben mit seinen eigenen Gaben.

Die Kirche unterhält auch eine eigene Bibelschule, die ebenso als Teil des Entwicklungspfades gesehen werden kann. Spirituell-theologische Bildung spielt in der Christ International Church eine zentrale Rolle und wird in der Zusammenarbeit mit einer Schweizer Business School ausgestaltet. Gleichzeitig wird auch von Aus- und Weiterbildungen Gebrauch gemacht, die Schweizer Kirchen oder kirchliche Netzwerke anbieten. Neben diesem Bildungsschwerpunkt legt die Kirche grossen Wert auf eine persönliche Gottesbeziehung, eines der Hauptmerkmale pentekostaler Kirchen. Die Kirche wird als ein Zentrum angesehen, das Seelen rettet. Hier finden Menschen durch Gebet und Gottesdienst zu Gott, in den Ausbildungsgängen können sie reifen und wachsen. Über diese spirituellen Angebote hinaus, bietet die Kirche auch Unterstützung für Menschen an, die Hilfe brauchen, wenn sie krank sind oder trauern oder finanzielle Unterstützung benötigen. Die *Christ International Church* sieht sich selbst als ein ganzheitliches Support-Center.

Die *Christ International Church* möchte ein internationales Publikum anziehen. Es soll in der Kirche keine Grenzen mehr geben, die Menschen sollen eins

---

27 Vgl. die Webseite Grow. Strengthen the Church. Reach the world, URL: https://growleader.com/ (28.5.2020).

sein in Christus. Manche der Mitglieder oder Gottesdienstbesucher sind Schweizer und Schweizerinnen, andere nicht. Manche stecken in finanziellen Schwierigkeiten oder warten auf einen Bescheid im Asylverfahren, andere arbeiten nur für eine gewisse Zeit in der Schweiz, beispielsweise in einer der grossen IT-Firmen, die sich im Aargau angesiedelt haben, und kehren dann wieder in ihre Ursprungsländer zurück. Mitgliedschaft wird als ein fluides Konzept betrachtet, ein Engagement für die Kirche und eine Verpflichtung gegenüber ihren Grundsätzen wird als Kernelement dafür angesehen, zur Kirche dazu zu gehören. Wer auch formal Mitglied wird, erhält Schulungen, die mit dem Entwicklungspfad beginnen. Aber es gibt auch Menschen, die einfach den Gottesdienst besuchen, kommen und gehen wie sie wollen, und nie formal Mitglied der Kirche werden. Es gehören rund 120 Menschen zur *Christ International Church* dazu, zum Gottesdienst kommen um die 60 Personen. Die Sprache ist ein Zeichen für die Internationalisierung der Kirche. Jedes im Gottesdienst gesprochene Wort wird übersetzt (englisch/deutsch). Die Sprache zeigt deutlich, worauf die Kirche fokussiert. Auf die lokale und die internationale Gemeinschaft: der leitende Pastor möchte die *Christ International Church* einerseits vor Ort im lokalen Kontext verankern. Es werden verschiedene ökumenische Beziehungen geknüpft, manche davon sind überraschend, andere entsprechen den Erwartungen. So engagiert sich die *Christ International Church* in der lokalen Evangelischen Allianz, Pastoren und Pastorinnen der Kirche nehmen aber auch rege an einem theologischen Weiterbildungskurs teil, der von der Universität Basel in Zusammenarbeit mit den Deutschschweizer reformierten Kantonalkirchen angeboten wird.[28]

Die jährliche *Catch-the-Fire-Conference* ist für die Kirche sehr wichtig. Hier werden auch oft Gastprediger aus anderen Kirchen, manchmal internationale Gäste, eingeladen. Dadurch werden die Gemeinde und ihr Hauptpastor gestärkt und ermutigt, ihre Berufung ohne Einschränkungen zu leben. Diese Konferenzen sind stark geprägt von rituellen Heilungs- und Befreiungspraktiken, ein weiteres Merkmal pentekostaler Kirchen. Neben diesen pentekostalen Merkmalen zeichnet sich die *Christ International Church* auch durch mindestens eine Eigenschaft aus, die vorrangig evangelikalen Gemeinden zugeschrieben wird. Die *Christ International Church* legt grossen Wert auf die göttliche Inspiration der Bibel und auf ein wörtliches Verständnis der Schrift. Die traditionellen Grenzen zwischen Denominationen verschwimmen mehr und mehr. Viele Christen und Christinnen sehen keinen Sinn darin, Kirchen zu etikettieren.[29] Wie weiter oben

---

28 Für weitere Informationen zu diesen ungewöhnlichen ökumenischen Konnektivitäten siehe Heuser/Hoffmann, Afrikanische Migrationskirchen.

29 Vgl. Miller, Introduction, 7.

schon erwähnt, bezeichnen sich viele der von mir untersuchten Gemeinden selbst als schriftgebundene Kirchen mit einem Sinn fürs Übernatürliche. Kategorisierungen wie evangelikal, charismatisch oder pentekostal werden nicht verwendet.

Es kann festgehalten werden, dass die Kirche sehr wohl auf traditionelle Eigenschaften pentekostaler Kirchen fokussiert, auf rituelle Praktiken wie Heilung und Befreiung, aber auch auf eine spirituell-theologische Bildung. Andererseits lotet die Kirche neue und eigene Pfade aus, indem sie sich in den lokalen ökumenischen Kontext zu integrieren versucht.

2.2.3 Church Alive – Gottesdienst feiern im Kino[30]

Vor dem Kinocenter Ideal in Aarau bildet sich eine kleine Traube von Menschen. Der Gottesdienst für die Erwachsenen findet im ersten Stock in Saal 1 statt. Kinder und Jugendliche treffen sich in anderen Räumen. Am Eingang des Kinosaals werde ich von zwei jungen Leuten mit schwarzen Welcome-T-Shirts herzlich zum Gottesdienst begrüsst, mir wird ein Platz zugewiesen. Der Kinosaal ist halbdunkel, Licht kommt von der Leinwand, worauf «Welcome Home» steht. Ein projizierter Countdown zeigt an, wie lange es noch dauert, bis der Gottesdienst beginnt.

Church Alive ist eine Freikirche, die um 1990 herum aus einem Hauskreis entstanden ist und in den Anfängen den Namen Christliches Zentrum Aarau trug. Obwohl die Kirche von einem Migranten aus Deutschland gegründet wurde und heute von einem Engländer geleitet wird, handelt es sich hier nicht um eine Migrationskirche im engeren Sinne, die in ihren Anfangsphasen oftmals von Seklusion und Monokulturalität geprägt sind. Es handelt sich hier eher um eine interkulturelle oder internationale Gemeinde, die, wie viele Migrationskirchen in einer zweiten und dritten Phase nach der Entstehung, durch Öffnung und Vermischung charakterisiert ist. Seit 2004 trägt die Kirche ihren jetzigen Namen. Seit einem Leitungswechsel 2001 hat sie verschiedene Erneuerungsphasen durchlaufen, die vor allem Ausrichtung und Gottesdienstform betrafen. In den vergangenen zehn Jahren ist diese Kirche nicht nur enorm gewachsen, sondern sie wurde in eine andere Richtung gebracht und hat sich hin zu einer interkulturellen Gemeinde entwickelt. Die Kirche ist auf drei Standbeinen aufgebaut, die alle drei gleichmässig zum Gelingen der Kirche beitragen. «Wir haben in diesem neuen Orientierungsprozess, habe ich wie einen Slogan für uns kreiert. (.) Auf Deutsch

---

30 Das Profil beruht auf einem Interview mit Frank am 25.9.2017 und Gottesdienstbeobachtungen am 24.9.2017, 8.9.2017 und dem Internetauftritt der Kirche.

haben wir's so übersetzt: Begeistert für Gott, begeistert für sein Haus oder für Kirche, und deshalb begeistert für Menschen.» (Interview Frank, 25.9.2017, 122). Eine rein spirituelle Kirche könne niemand brauchen, wenn die ganze Energie aber nur für Menschliches eingesetzt würde, höre man früher oder später auf. Es brauche diese drei Aspekte, um eine lebensfähige Kirche zu sein.

Church Alive feiert sonntags ihren Gottesdienst in Aarau im Kinocenter Ideal. Der Gottesdienstort zeigt bereits die Ausrichtung der Kirche. Sie möchte am Puls des Lebens, mitten in der Stadt präsent sein und auch Menschen ohne kirchliche Bindung anziehen. Grosser Vorteil dieses Gottesdienstortes ist, dass genug Platz zur Verfügung steht und eine Soundanlage, mit der auch direkt, durch Simultanübersetzung via Kopfhörer, in unterschiedliche Sprachen übersetzt werden kann. Neben der lokalen Verankerung, die Church Alive nicht nur mit ihrem Gottesdienstort mitten in der Stadt anstrebt, sondern auch durch die Mitgliedschaft in der regionalen Evangelischen Allianz, spielen internationale Verbindungen für Church Alive eine wichtige Rolle. Der leitende Pastor benennt die Church of the Highlands als eine der drei Hauptinspirationsquellen für seine Kirche. Neben dieser Kirche, die zeigt, wie sich eine Gemeinde ausgestalten kann, ist für Church Alive Eurolead wichtig. Damit ist ein Netzwerk gemeint, das ungefähr 70 Gemeinden in Europa umfasst und vor allem in Fragen der Leiterschaft Hilfe und auch Coaching anbietet. Die dritte Inspirationsquelle ist Hillsong, ein weltweites Netzwerk, das vor allem die Gemeindekultur beeinflusst, aber auf Basis einer weniger verbindlichen Partnerschaft als bei Eurolead.

Zu einem grossen Teil machen Gemeinden in den Augen des leitenden Pastors mehr oder weniger dasselbe. Es werden Gottesdienste veranstaltet, Hauskreise unterhalten, in der die Bibel gelesen und gebetet wird, es gibt interne Weiterbildung und verschiedene Teams, die an unterschiedlichen Themen arbeiten. Aber jede Kirche habe auch noch etwa 20–25 % Spezialaufgaben. Die Church Alive sieht ihre Spezialaufgabe darin, diese Generation für Gott zu erreichen. Es sollen in erster Linie Leute angesprochen werden, die distanziert sind, Gott nicht kennen, oder Menschen, die auf der Suche sind, offen sind. Diese Menschen will die Kirche begleiten, ihnen Gott vorstellen auf eine moderne Art und Weise. Die Kirche definiert dazu vier Schritte: Gott kennen, Freiheit erleben, seine eigene Begabung entdecken, einen Unterschied machen. Mit diesen vier einfachen Schritten gelingt es, Menschen für Gott zu begeistern.

Jeder dieser vier Kernpunkte hat ein entsprechendes Gefäss. In den Gottesdiensten kann Gott kennengelernt werden, in Connect Groups werden Beziehungen gepflegt und so Freiheit erlebt, in spezifischen Training Tracks kann jeder und jede seine eigene Begabung entdecken, und indem man in einem Team, beispielsweise Jugend, Frauen, Finanzen, Gottesdienst, mitarbeitet, hebt man sich hervor. In diesem Konzept ist deutlich das *Grow*-Konzept der *Church of the Highlands* erkennbar, das auch in der *Christ International Church* eine wichtige Rolle spielt.

Church Alive bietet einen Sonntagsgottesdienst an, der von rund 200 Menschen besucht wird. Der Sonntagsgottesdienst wird bewusst niederschwellig gestaltet. Er enthält beispielsweise keine deutlich pfingstlichen Elemente und dauert nicht länger als anderthalb Stunden. Der Gottesdienst wird immer auf Deutsch gehalten, aber simultan in Englisch, Spanisch und Portugiesisch übersetzt. Für den leitenden Pastor stellen Gottesdienste in Sprachgruppen eine Gefahr für einen zu starken Rückzug bestimmter Gruppen innerhalb der Kirche dar. Er fürchtet, dass sich dadurch eine Art Subkultur bilden könnte. Deshalb werden Gottesdienste in Sprachgruppen in *Church Alive* nicht angeboten. Es gibt nur einen Gottesdienst für alle gemeinsam. Die sogenannten *Connect Groups* bilden eine Art kultureller oder linguistischer Schutzraum in der *Church Alive*. Rund zwanzig *Connect Groups*, darunter sechs englisch- oder spanischsprachige, behandeln unterschiedliche Themen und Inhalte, die das Leben und den Glauben betreffen. Sie stellen eine Möglichkeit dar, Beziehungen in der Gemeinde zu pflegen. Es gibt eine Art Standard-Paket in den *Connect Groups*, dann aber auch wechselnde Themen. Klassische pfingstliche Themen wie Prophetie und Gebet finden hier Eingang.

Church Alive stellt eine lose Zusammensetzung von am Glauben interessierten Menschen dar. Beziehung ist alles. Deshalb spielen auch die *Connect Groups* eine zentrale Rolle. Die ganze Bewegung zählt etwa 300 oder 350 Menschen, es gibt keine offizielle Mitgliedschaft, wer mitmacht, gilt als Mitglied. *Church Alive* möchte diese Generation, die Menschen, die hier und jetzt leben, für Gott erreichen. Dazu gehört auch, Menschen aus anderen Kulturen oder Menschen mit einer anderen religiösen Prägung anzusprechen. Der leitende Pastor betont, dass die Herausforderung, Menschen für Gott zu begeistern, grösser sei, wenn sie aus einer anderen Kultur kommen, da sie von einer anderen Denkweise geprägt seien. *Church Alive* wird zurzeit von vielen Menschen aus Lateinamerika besucht. Der leitende Pastor meint, dass Latinos oft einen katholischen Hintergrund haben und ihr Glaube gesetzlich sei. Ein Konfessionswechsel komme für viele nicht infrage oder sei schwierig vorstellbar. Es entstünden Gefühle des Verrates, weshalb ein solcher Konfessionswechsel gut begleitet werden müsse. Wichtig ist für ihn nicht, dass die Kirche einen Fokus auf Migranten oder Migrantinnen oder auf Internationalität und Interkulturalität legt, sondern dass sie sich überlegt, wo ihre Stärke liegt und dass sie sich darin engagiert. Deshalb richtet sich das Angebot eher an den Möglichkeiten und Fähigkeiten der Kirche aus, als an der Zahl von unbekehrten Menschen oder Gruppen.

Theologisch gesehen gehört die Kirche nach eigenen Aussagen des leitenden Pastors eher zum konservativen Feld, aber Spielraum ist möglich. *Church Alive* hat eine deutlich charismatische Geschichte, ist heute aber breit aufgestellt. Eine wichtige, unverzichtbare theologische Übereinstimmung sieht der leitende Pastor darin, dass Christen und Christinnen Jesus als den Sohn Gottes sehen und akzeptieren. Der Glaube an den Heiligen Geist, an sein Werk und die Gaben, die er den Menschen zur Verfügung stellt, werde ebenfalls vorausgesetzt, aber wie sich das ausdrücke, könne sehr verschieden sein und dürfe nicht zu einem Streitpunkt in der Kirche werden. Zwei weitere Punkte, die für die Kirche nicht verhandelbar seien, sind: Die Bibel ist das Wort Gottes. Und: Der Mensch braucht Errettung. *Church Alive* ist aber in ihren Frömmigkeitsformen lebendig und dynamisch, holt junge Menschen ab. Die Gemeinde unterhält verschiedene Orte, wo unterschiedliche Dinge passieren, die Menschen mit diversen Frömmigkeitsstilen ansprechen.

Am Beispiel der *Church Alive* zeigt sich, wie und warum eine interkulturelle Öffnung von Schweizer Kirchen wichtig ist: Nur so können in der heutigen Zeit alle Menschen angesprochen werden, Beziehungen aufgebaut und das Evangelium weitergetragen werden.

2.2.4 Church of the Living God – Freundschaft als Basis für eine enge Kirchenpartnerschaft[31]

Kinder rennen auf dem Vorplatz des Gebäudekomplexes umher, in dem die *Church of the Living God* ihre Gottesdienste feiert. Ich hänge im Eingang meinen Mantel auf, Kinder drängen an mir vorbei in den oberen Stock. Es wird ausschliesslich Tigrinya gesprochen, die Menschen tragen moderne, schicke Kleidung. Der Gottesdienstraum ist voll, viele Frauen und junge Menschen sind da, über hundert Menschen versammeln sich, eine Sound-Anlage mit Keyboard und Mikrofonen ist aufgebaut. Die Leute trudeln ein, setzen sich und beten still für sich, andere sprechen miteinander.

Die *Church of the Living God* wurde 2010 von David gegründet. David erzählt, dass er früher der eritreisch-orthodoxen Kirche angehörte und sein Leben Christus in Italien übergab, auf dem Weg von Eritrea in die Schweiz. Er traf dort einen eritreischen Pastor, der für ihn betete. David erlebte eine Umwäl-

---

31 Das Profil beruht auf zwei Interviews mit David, Christoph und Susanne am 27.6.2017 und am 21.8.2017, drei Gottesdienstbeobachtungen am 25.6.2017, 29.7.2017 und am 10.3.2019, Predigten der Gemeinde auf ihrem eigenen YouTube-Kanal, shalom4you.com, am 16.6.2019 und 23.6.2019 und informellen Gesprächen am 25.6.2017 und 14.12.2019.

zung seiner Gefühle und Gedanken, die er so nie erwartet hätte. Er meint weiter, dass er zur orthodoxen Kirche nur formal dazugehörte, in Europa aber fand er eine wirkliche Beziehung zu Jesus, die sein Leben von Grund auf veränderte.

Die Kirche hat als Bibelkreis in einer Privatwohnung angefangen, später trafen sie sich in einer theologischen Schule, wo David als Hausmeister arbeitete. Der Raum wurde bald zu klein, der Bibelkreis wuchs schnell. Auf der Suche nach einem grösseren Raum lernte David den Vineyard-Pastor kennen. Es entstand eine enge Freundschaft. Diese Freundschaft kann als die Geburtsstunde für eine blühende eritreische Gemeinde betrachtet werden, die in einer engen Partnerschaft mit einer Schweizer Gemeinde lebt.

Diese charismatische eritreische Kirche, in der Landessprache Tigrinya heisst sie *Mahber Hiaw Amlak*, möchte mit der Vineyard-Gemeinde, unter deren Dach sie Gottesdienste feiert, zusammen interkulturelle Kirche sein. Die beiden Gemeinden haben für ihre Teenager ein gemeinsames Programm aufgebaut und ein Begleitsystem eingerichtet, bei dem Schweizer und Schweizerinnen ihre eritreischen Geschwister begleiten und sie bei sprachlichen, beruflichen und kulturellen Herausforderungen unterstützen. Freiwillige stellen sich für dieses Coaching zur Verfügung und helfen Kindern und Jugendlichen bei den Hausaufgaben, beantworten Fragen zum Alltag und zu Umgangsformen in der Schweiz, erweisen Dienste bei Erziehungsfragen oder helfen bei beruflichen Themen wie beispielsweise bei einer Lehrstellensuche. Das Gemeinsam-Kirche-Sein zeigt sich auch im jährlichen Taufevent und auf der Leitungsebene. Der Leiter der eritreischen Gemeinde ist Teil des Leitungsteams der Vineyard und erhält einen kleinen Teilzeitlohn. Die Eritreer-Gemeinde wird als eine der Gemeinschaften von Vineyard betrachtet. Die eritreische Gemeinschaft beteiligt sich am Gesamtbudget von Vineyard mit einem monatlichen fixen Beitrag.

Gottesdienste zu feiern gehört bislang nicht zu den gemeinsamen Aktivitäten. Dies ist und bleibt vor allem wegen der sprachlichen Unterschiede aber auch aufgrund der Länge und Lautstärke der Gottesdienste schwierig. Der Pastor der Vineyard-Gemeinde fasst es so zusammen: «Jetzt unsere Kultur ist zu weit entfernt, dass es Sinn macht, gemeinsam Gottesdienst zu feiern.» (Interview Christoph, David, Susanne, 27.6.2017, 438). Theologische Unterschiede und verschiedene Frömmigkeitsstile, die sich beispielsweise in der Gebetspraxis ausdrücken, machen das gemeinsame Feiern sogar bei Gemeinden schwierig, die beide der pentekostalen Familie der Weltchristenheit zugerechnet werden können.

Neben dieser lokalen Verwurzelung pflegt die *Church of the Living God* auch ein internationales Netzwerk, das mit der Allianz der eritreisch-charismatischen Kirchen in der Schweiz, zu der mittlerweile 11 Kirchen dazugehören, beginnt. Das Netz eritreisch-charismatischer Kirchen spannt sich über die ganze Welt. Für die jährlichen Konferenzen der eritreisch-charismatischen Allianz werden auch Gäste, wie beispielsweise der Prophet Mesghina, der in Kanada lebt, eingeladen. Dieses internationale Netz ist auch bei der Frauengruppe sichtbar. Zum virtuellen Bibellesen treffen sich Eritreerinnen aus der Schweiz, Norwegen und Schweden.

Die eritreische Gemeinde feiert jeden Sonntagnachmittag von 14–18 Uhr. Einmal im Monat findet ein Fastentag statt und am Sonntag darauf feiert die Gemeinde dann einen Gottesdienst mit Abendmahl. Die Gottesdienste werden von rund 100–150 Menschen besucht, Kinder und Jugendliche eingeschlossen. Vor jedem Sonntagsgottesdienst bietet die Gemeinde Katechese an, eine Art Bibelschule, die drei Programme umfasst: Jüngerschaft, Leiterschaft, Dienst. Als eine ihrer Hauptaufgabe sieht die Kirche die Evangelisierung von Tigrinya sprechenden Menschen in der Schweiz. Die Menschen, die die Gottesdienste besuchen, versammeln sich teilweise auch unter der Woche in Gebetsgruppen, am Freitag findet jeweils eine Gebetsnacht statt. Es gibt sieben Standorte für die Bibelkreise. Mindestens sechs Leute müssen sich versammeln, dann gilt die Zusammenkunft als Bibelkreis. Neben diesen Bibelkreisen haben sich auch andere Gruppen etabliert, die sich regelmässig treffen. Die Gruppe verheirateter Frauen mit Kindern trifft sich monatlich am Samstag. Es wird zusammen und für einander gebetet, praktische Tipps für das Alltagsleben werden ausgetauscht. Darüber hinaus trifft sich die Frauengruppe auch virtuell über die App Paltalk. Sechs Mal in der Woche treffen sich hier Frauen entweder morgens oder abends für zwei Stunden und legen gemeinsam die Bibel aus. Die Kirche hält nicht nur spirituelle Angebote bereit, in der Gemeinschaft unterstützen sich die Menschen auch gegenseitig dabei, in der Schweiz Fuss zu fassen.

Ein wichtiges Datum im Kalender der *Church of the Living God* ist die jährliche Konferenz der Allianz eritreisch-charismatischer Kirchen in der Schweiz. Das zweite wichtige Datum bildet der Tauftag, den die *Church of the Living God* gemeinsam mit der Vineyard vor Ort durchführt. Während das erste Datum im Kirchenkalender nicht nur auf die Ethnizität der Kirche, sondern auch auf ihren charismatischen Charakter hinweist – die Konferenzen haben jeweils einen ausführlichen Heilungs- und Befreiungsteil –, zeigt das zweite Datum die Bereitschaft für lokale Kooperationen.

Die Sprache, die im Gottesdienst verwendet wird, ist bei dieser Kirche ein Hinweis auf ihre Ethnizität. Im Gottesdienst der *Church of the Living God* wird nur Tigrinya gesprochen. Die *Church of the Living God* kann also als eine ethnische Kirche bezeichnet werden. Die Mehrheit der Menschen, die die Gottesdienste besuchen und am Gemeindeleben teilnehmen, sind Tigrinya sprechende Leute aus Eritrea. Die Kirche bietet ihnen eine Heimat ausserhalb ihres Herkunftslandes, wo die Menschen die Möglichkeit haben, ihre Muttersprache zu hören und zu sprechen. Es wird von den Kirchenleitenden hervorgehoben, dass dies vor allem für die Kinder wichtig sei, die teilweise bereits hier geboren sind und nicht mehr eine sehr starke kulturelle oder sprachliche Bindung an ihr Ursprungsland haben.

Mehrheitlich werden die Gottesdienste von Asylbewerbern und Asylbewerberinnen besucht, deren Verfahren entweder abgeschlossen oder noch hängig ist, oder wo vorläufige Aufnahmen wieder neu überprüft werden. Während die Mehrheit der Ausländer und Ausländerinnen, die permanent in der Schweiz leben, aus Europa kommen, bilden Eritreer und Eritreerinnen die grösste Gruppe von Asylbewerbenden in der Schweiz. Es handelt sich um eine besonders junge Gruppe von Immigrierenden in einem doppelten Sinn. Sie blicken nicht auf eine lange Migrationsgeschichte zurück, erst seit 2011 hat die Zahl an Bewerbungen aus Eritrea stark zu genommen, und es handelt sich meistens um junge Leute zwischen 15 und 30 Jahren, die Asyl beantragen.[32] Darüber hinaus bilden sie eine sehr fragile Gruppe von Migrierenden mit einem tiefen Bildungsstand. 80 % der provisorisch Aufgenommenen leben von der Sozialhilfe.[33] Das Bibellesen in der Kirche stellt deshalb auch einen wichtigen Ort des Lernens dar. Aus Eritrea zu kommen, bedeutet des Weiteren, dass die Menschen aus einer oralen Kultur kommen, in der durch Zuhören gelernt wird. Dies wird in den Predigten der *Church of the Living God* deutlich, die in narrativer Weise die Bibeltexte durch eine Nacherzählung interpretieren.

In der Theologie der *Church of the Living God* spielt der Heilige Geist eine zentrale Rolle. Nicht nur sind Heilungsrituale ein wichtiger Bestandteil des Kirchenlebens, sondern die theologische Voraussetzung, dass der Heilige Geist jeden Menschen damit ausstattet, die Bibel zu interpretieren, wird sehr ernst genommen. Eine formale Ausbildung zum Predigen braucht es nicht.

Wir halten fest: die *Church of the Living God* fokussiert auf Evangelisierung von Tigrinya sprechenden Migranten und Migrantinnen in der Schweiz und bietet ihnen eine neue Heimat in der Fremde an. Die Kirche lebt eine enge Partnerschaft mit einer Schweizer Freikirche, wodurch sie nicht nur ihre geringen finanziellen Möglichkeiten verbessern kann, sondern sich interkulturelles Lernen und Freundschaften ermöglichen. Diese enge Partnerschaft und die Öffnung der beteiligten Gemeinden stellt einen längeren Weg dar, der nach Aussagen des

---

32 SEM, Archiv, URL: https://www.sem.admin.ch/sem/de/home/publiservice/statistik/asyl-statistik/archiv.html (15.12.2020).

33 Caritas/HEKS/Integration Aargau, Da+Dort, 3.

Vineyard-Pastors 20–25 Jahre dauern wird. Die Freundschaft unter den Leitenden scheint hier eine unbedingte Notwendigkeit für eine gelingende Partnerschaft zu sein.

2.2.5 L'Eglise réformée de langue française en Argovie – neue Wege suchen[34]

Die *Eglise française* in dieser Liste zu finden, wird manchen Leser und manche Leserin erstaunen. Sie gehört in einigen Deutschschweizer Kantonen seit Jahrzehnten zur Landeskirche dazu und kann so eigentlich nicht zur Gruppe der Migrationskirchen gezählt werden. Dennoch ist sie ihrer Geschichte nach eine Migrationskirche, wurde sie doch von französischen Hugenotten an manchen Orten in der Schweiz bereits vor über 330 Jahren gegründet. Zu Beginn wurde die *Eglise française* von französischen Geflüchteten besucht, dann entwickelte sie sich in Schweizer Städten zur Kirche der gehobenen Stadtbevölkerung, in bürgerlichen Kreisen galt Französisch als sehr schick, in einer nächsten Phase prägten Leute aus der Westschweiz, die aufgrund der Arbeit in die Deutschschweiz zogen, das Kirchenleben. Und heute befinden sich viele der *Eglises françaises* in einer Umbruchphase. An manchen Orten wird das kirchliche Leben stark von afrikanischen Menschen geprägt. Es gilt zu beobachten, ob diese Menschen das Kirchenleben in Glaube und Praxis verändern, ob sich das Zusammenleben mit afrikanischen Geschwistern in diakonischen Angeboten erschöpft, oder ob sich Subkulturen bilden. Das sieht in jeder *Eglise française* sehr anders aus. Hier wird im Folgenden nur die *Eglise française* im Aargau berücksichtigt, die erst 1942 als Verein gegründet wurde. Die Tradition, französische Gottesdienste abzuhalten, ist aber auch hier bis ins 17. Jahrhundert zurückzuverfolgen.

Strukturell ist die *Eglise française* im Aargau seit 2018 eine kantonale Kirche und versteht sich als Ergänzung des bestehenden landeskirchlichen Angebots und nicht als Konkurrenz zu den traditionellen Kirchgemeinden im Kanton. Sie umfasst heute vier «Kirchgemeinden» im Kanton: Aarau, Baden-Rheinfelden, Lenzburg und Zofingen. Es kommt ihr in den Deutschschweizer Kirchgemeinden kostenloses Gastrecht zu und sie funktioniert ähnlich wie jede andere reformierte Kirchgemeinde. Sie unterhält Gottesdienste und Seelsorge, organisiert

---

34 Das Profil beruht auf einem Interview mit Philippe am 12.2.2017, einem Interview mit Nicolas am 25.5.2018, einem Gottesdienstbesuch am 15.4.2018 und dem Internetauftritt der *Eglise française*.

Erwachsenenbildung und kulturelle Anlässe, sie bietet auf Anfrage Sonntagsschule und Konfirmandenunterricht an. Eine Besonderheit stellt das niederschwellige Begleitungsangebot für französischsprachige Migranten und Migrantinnen dar. Die meisten, die dieses Angebot nutzen, sind Asylsuchende aus Westafrika, teilweise haben sie schon einen B-Ausweis erhalten oder besitzen gar einen Schweizer Pass. Der Diakon der *Eglise française* bietet zwei diakonische Projekte an, die von einer Kommission begleitet werden und auch Freiwilligenarbeit erfordern. Seit Mai 2010 unterhält der Diakon eine Beratungsstelle und seit Januar 2011 bietet er in Zusammenarbeit mit einer Freiwilligengruppe einen Mittagstisch für Migranten und Migrantinnen und Kirchgemeindemitglieder an. Die Beratungsstelle nimmt oft eine «Triage-Funktion» ein, indem der Diakon dabei hilft, geeignete Institutionen zu finden, die Migranten und Migrantinnen in ihrer Situation helfen können. Der Diakon arbeitet lose mit vielen kirchlichen und nicht-kirchlichen Stellen im Kanton zusammen: Kirchlicher Regionaler Sozialdienst der Caritas, Rechtsberatungsstelle des HEKS, Netzwerk Asyl, Benevol Aargau, Integration Aargau, Passantenhilfe Aarau. Es gelingt in der Beratungsstelle manchmal auch die Vernetzung in die Kirchgemeinde hinein, indem der Diakon dort auf den Mittagstisch aufmerksam machen kann. Der Mittagstisch stellt den Hauptberührungspunkt zwischen der traditionellen Gemeinde der *Eglise française* und Migranten und Migrantinnen dar. Dort werden Erfahrungen von Nächstenliebe und Gemeinsamkeit gemacht. Dort werden Brücken zwischen unterschiedlichen Menschen und Gepflogenheiten geschlagen und es gelingt ein Austausch auf Augenhöhe. Diakonie ist für die *Eglise française* ein sehr wichtiger Bereich, deshalb erstaunt es nicht, dass das Angebot eines solchen Mittagstisches Anklang findet. Der Mittagstisch ist eigentlich ein offener Treff, da aber die *Eglise française* die Organisatorin ist, wirkt das wie eine Art Filter auf die Menschen, die zum Mittagstisch kommen. Es gibt praktisch keine Nicht-Christen und Nicht-Christinnen, die zum Mittagstisch kommen.

Die Angebote scheinen zurzeit sehr im Umbruch zu sein, was in erster Linie damit zusammenhängt, dass sich die ganze *Eglise française* im Umbruch befindet. Sie zählt heute nur noch wenige Mitglieder, die Gottesdienste werden von nur wenigen Leuten besucht und die Finanzen sind knapp. Gleichzeitig lässt die Nachfrage für einen Mittagstisch nach, was dazu führt, dass der Diakon mit der Begleitkommission über ein neues Projekt nachdenkt, das sich nicht mehr unbedingt auf ein Essen konzentriert, das in der Vor- und Nacharbeit für viele Menschen viel Arbeit bedeutet, sondern auf die Kultur der Menschen, die aus der weiten Welt den Weg in die *Eglise française* finden. Hierzu, so der Diakon, könnten beispielsweise Ausstellungen oder Diashows organisiert werden.

Die Mittagstische bieten aber einen deutlichen Vorteil gegenüber anderen Projekten, der weiter oben schon angetönt wurde: Beim Mittagstisch, in der gemeinsamen Vorbereitung des Essens, beim Aufräumen, können die verschiedenen Leute der *Eglise française* zu einer Gruppe zusammenwachsen. Wenn man etwas gemeinsam tut, entsteht Solidarität, so der Diakon. Deshalb hat die Gemeinde in der Vergangenheit auch punktuell Anlässe wie Wanderungen, Familienlager oder Theaterspielen angeboten.

Die stärkere interkulturelle Durchmischung der Gemeinde kann aber auch Schwierigkeiten mit sich bringen. In den Interviews hat sich gezeigt, dass Spannungen zwischen der traditionellen Gemeinde und den afrikanischen Mitgliedern sich vor allem in einem unterschiedlichen Verständnis der Liturgie ergeben. Insbesondere die Art zu beten und das Liedgut bereitet vielen traditionellen Gottesdienstbesuchenden in der *Eglise française* Mühe. Daneben kann es auch durch als ungerecht empfundene Erlebnisse eines Asylsuchenden zu zwischenmenschlichen Spannungen in der Gemeinde kommen.

Die *Eglise française* gehört zu den ältesten Migrationskirchen der Schweiz. Es stellt sich die Frage, wie lange ein kultureller und sprachlicher Schutzraum nötig ist. Ist für die nachfolgenden Generationen noch das Gleiche wichtig? Die *Eglise française* befindet sich heute an vielen Orten im Umbruch. Es bleibt spannend, wie sie mit den jüngsten Entwicklungen umgeht. Wie verändert sich die Kirche durch neue Migrationsgruppen, die zwar die gleiche Sprache sprechen, aber sich sonst stark von der ursprünglichen Gemeinde unterscheiden? Es handelt sich hier um eine Migrationskirche, die bereits viele Veränderungen durchlaufen hat. Das lässt den Schluss zu, dass sie auch weiterhin Bestand haben wird und Menschen mit ihren Angeboten erfreuen kann. Vielleicht gerade als generationen- und kulturübergreifendes Laboratorium.

2.2.6 Eritreisch-orthodoxe Trinitatis Gemeinde Aarau – Liturgie ohne Schuhe[35]

Vor dem Gemeindehaus der reformierten Kirche stapeln sich ausgezogene Schuhe, von innen ertönen Gesang und dumpfe Trommelschläge. Der Gesang ist laut, kräftig und wohlklingend. Er wird abwechselnd begleitet von Klatschen und rhythmischen Handbewegungen, bei denen die Hände vor der Brust mit den Handflächen

---

35 Das Profil beruht auf Interviews mit Nardos und Ogbamichael am 25.9.2017 und mit Thomas am 11.12.2017, zwei Gottesdienstbesuchen am 27.8.2017 und am 1.7.2018 und informellen Gesprächen am 1.7.2018.

gegen oben zeigend hin und her schwenken. Die Frauen tragen alle weisse Kopf-
tücher, manche weisse Röcke, einige Männer sind in weisse Tücher gehüllt – ein
Symbol der Reinheit. Viele Kinder rennen umher. Die meisten der Gottesdienstbesucher sind jung, nur wenige sind älter als 50. Die Frauen stehen rechts vor der
Bühne, sie bilden die Mehrheit der Gottesdienstgemeinde, die Männer befinden
sich links. In einem Nebenraum findet ein Kindergottesdienst statt. Vorne auf der
Bühne steht ein Chor aus neun Männern und sechs Frauen. Über ihnen sind vier
Bilder aufgehängt. Die Gottesmutter Maria mit Jesus, rechts daneben ein Bild mit
drei Engeln, das die Trinität darstellt. Flankiert werden diese beiden Bilder von je
einem Bild, eines zeigt den Engel Gabriel, das andere den Engel Michael.

Es sind bereits an die zweihundert Personen der eritreisch-orthodoxen Gemeinde anwesend, aber immer noch stossen Leute dazu. Sie gehen auf die Knie,
küssen den Boden und bekreuzigen sich drei Mal und stellen sich dann geordnet
in die Reihe. Alles geschieht in grosser Ruhe und Zurückhaltung. Nach einer hal-
ben Stunde, die mit Gesang erfüllt war, spricht ein Diakon während 45 Minuten
mit lauter Stimme durch ein Mikrofon. Es geht dabei um das Marienfest der
letzten Woche und um die innere Haltung beim Gebet. Es wird heiss, die Leute
öffnen die Fenster. Plötzlich erscheint am offenen Fenster eine Frau, die sich
Hände wedelnd bemerkbar macht. Der Diakon unterbricht. Laut und unmissverständlich ergreift die Frau das Wort: «Darf ich Sie bitten, etwas leiser zu machen
und die Fenster zu schliessen? Ich wohne hier und habe so keinen Sonntag.»

Der Gottesdienst an jenem Sonntag geht weiter, nimmt seinen liturgischen
Lauf mit einem Maria-Lobgesang, der von einem Diakon vorgetragen wird, und
anschliessendem Gemeindegesang, der von einem Jugendchor unterstützt wird.
Es folgt eine knappe halbe Stunde lang ein Informationsteil: die eritreische
Gemeinde wurde angefragt, ob sie ein katholisches Kloster hier in der Schweiz
übernehmen möchte. Die Gemeinde wird aufgefordert, sich dazu zu äussern.
Eine Frau äussert sich kurz, ein Mann lange, aber beide positiv. Die Trinitatis-Gemeinde wünscht sich eine eigene Kirche, da die jetzige Situation für sie
nicht optimal ist. Der Diakon der Gemeinde sagt: «Wir haben nicht/keine
eigene Kirche. Das ist ein grosses Problem.» (Interview Nardos, Ogbamichael,
25.9.2017, 312). Sie müssen sich stark nach dem Programm und den Wünschen der reformierten Kirchgemeinde richten.

In der Schweiz gibt es zurzeit 19 eritreisch-orthodoxe Gemeinden.[36] Die Trinitatisgemeinde ist seit 2012 als Verein organisiert. Die Präsenz der altorientali-

---

36   Zum Vergleich: Es gibt zurzeit ungefähr an die 50 orthodoxe Kirchgemeinden der byzan-
      tinischen Tradition in der Schweiz und Serben bilden die grösste orthodoxe Kirchenge-
      meinschaft in der Schweiz.

schen Kirchen hat in den letzten Jahren aufgrund der grossen Einwanderungs-
zahlen aus Eritrea stark zugenommen. Orthodoxe Christen und Christinnen
gibt es hier nur aufgrund von Migrationsbewegungen. Insgesamt stellt das
orthodoxe Christentum in der Schweiz eine deutliche Minderheit gegenüber
anderen Konfessionen dar, ungefähr 2 % der Schweizer Bevölkerung gehört zu
einer orthodoxen Kirche.[37]

Eine eritreisch-orthodoxe Gemeinde kann nur mit einer Bewilligung der Synode der Kirche in Eritrea gegründet werden. Zuständig für die Gemeinden in der
Schweiz ist die Diözese Europa, eine von 11 Diözesen der eritreisch-orthodoxen
Tewahedo-Kirche. Alle orthodoxen Kirchgemeinden in der Schweiz unterstehen
ihren «Mutterkirchen». Die weltweite Orthodoxie teilt sich in vier unterschiedliche Kirchenfamilien auf. Die orthodoxen Kirchen östlicher (byzantinischer)
Tradition, die ost-syrische Kirche, die altorientalischen orthodoxen Kirchen und
schliesslich die mit Rom unierten Ostkirchen. Zwischen diesen vier Kirchenfamilien besteht keine eucharistische Kirchengemeinschaft. Die eritreisch-orthodoxe Kirche gehört wie die äthiopisch-orthodoxe Kirche, die armenisch-aposto-
lische Kirche, die koptisch-orthodoxe Kirche und die syrisch-orthodoxe Kirche
von Antiochien und von Indien zur dritten Gruppe, nämlich zu den altorientalischen Kirchen, die auch orientalisch-orthodoxe Kirchen genannt werden. Es
handelt sich dabei um Kirchen, die sich bereits im 5. Jahrhundert nach dem
Konzil von Ephesos (431) oder Chalcedon (451) von Rom trennten.[38]

---

37 Zahlenmässig sind Kirchgemeinden aus der orthodoxen Kirche der byzantinischen Tradi-
    tion, die oft auch schlicht orthodoxe Kirche genannt wird, und sich im 11. Jahrhundert von
    Rom trennte, am stärksten in der Schweiz vertreten. Zu dieser Gruppe gehören 16 auto-
    kephale Kirchen, die selbstständig und unabhängig voneinander operieren. Die Patriar-
    chate von Konstantinopel, Alexandrien, Antiochien, Jerusalem, Moskau, Serbien, Rumä-
    nien, Bulgarien, Georgien und die orthodoxen Kirchen von Zypern, Griechenland,
    Albanien, Polen, Tschechei und Slowakei, Finnland und Estland gehören dazu. Für weiter-
    führende Informationen zur Orthodoxie in der Schweiz vgl. Baumer, Einheit, 160–174.
38 Orthodoxe Kirchgemeinden in der Schweiz sind nicht erst ein Phänomen der letzten
    zwanzig Jahre. Aus Griechenland kamen bereits im Laufe des 18. Jahrhunderts Migran-
    ten und Migrantinnen in die Schweiz. Die erste orthodoxe Kirchgemeinde wurde 1816 in
    Bern von der russisch-orthodoxen Kirche gegründet. Die erste griechisch-orthodoxe
    Kirchgemeinde wurde in Lausanne gegründet, bereits 1925 wurde dort eine orthodoxe
    Kirche gebaut. Die erste serbisch-orthodoxe Kirchgemeinde wurde 1969 gegründet. Vgl.
    Baumer, Einheit, 160–174. Ebenso folgende Webseite, die von einem Orthodoxen in der
    Westschweiz mit der Zustimmung seines Bischofs unterhalten wird, aber nur orthodoxe
    Kirchen der byzantinischen Tradition enthält: Mayer, Orthodoxie, URL: https://orthodo
    xie.ch/de/deutsch/ (7.5.2020).

Orthodoxe Geschwister kommen, solange sie keine eigenen Kirchengebäude haben, bei anderen Konfessionen unter. Es wird deutlich: Fremde sind in unseren Kirchen mitten in unseren Quartieren zu Gast. Diese fremden Gäste haben ein anderes Verständnis von Sonntag, von Feiern, ja vielleicht auch ein anderes Verständnis von Ruhe und Zeit. Es feiern Kirchgemeinden unter einem Dach, die nicht viele Gemeinsamkeiten teilen und sich oft auch sehr fremd bleiben. Da die Gemeinde, der man die Räumlichkeiten zur Verfügung stellt, einer anderen Konfession angehört, liegt die Idee, gemeinsam einmal einen Gottesdienst zu feiern oder die Jugendarbeit zusammen zu organisieren, noch ferner, als wenn sich zwei Gemeinden mit ähnlichen theologischen Grundlagen und rituellen Praktiken die Räume teilen. Die Gemeinden dürfen sich getrost fremd bleiben. So gibt es auch in Aarau zwischen den beiden Gemeinden wenig Berührung. Einmal im Jahr beim Stadtfest treten die verschiedenen Gemeinden gemeinsam auf. Die eritreisch-orthodoxe Gastgemeinde ist, so wie das auch an vielen andern Orten üblich ist, für das kulinarische Wohl, für die Exotik, zuständig. Der Pfarrer der reformierten Kirchgemeinde, in der die eritreische Gemeinde eingemietet ist, beschreibt es so: «So dann/also ich finde es ist schön, dass es läuft. Es ist ein bisschen so: schön, dass die Kirche genutzt ist. Aber ich merke, es ist so ein bisschen, es läuft wie parallel.» (Interview Thomas, 11.12.2017, 36).

Dass Gast und Gastgeber einer anderen Konfession angehören, bringt auch Schwierigkeiten mit sich, die sich deutlich im unterschiedlichen Verständnis von heiligen Räumen zeigen. Während ein reformierter Gottesdienst keine heiligen Räume kennt und praktisch keine Utensilien für einen Gottesdienst braucht, werden für einen orthodoxen Gottesdienst Ikonen und eine Ikonostase benötigt. Die Ikonostase, eine kunstvoll bemalte Wand, die den Altarraum vom Gottesdienstraum trennt, stellt die Grenze zwischen der sichtbaren und der unsichtbaren Welt dar und verbindet die Gläubigen mit der himmlischen Kirche. Die Ikonostase ist mit Ikonen bemalt, die als Fenster zum Göttlichen betrachtet werden. Die eritreisch-orthodoxe Gemeinde in Aarau feiert ihren Gottesdienst mit Ikonen, eine transportable Ikonostase wurde bislang nicht erstellt. Ikonen oder Ikonostasen müssen immer wieder verräumt und hervorgenommen werden. Der Wunsch nach eigenen Räumlichkeiten ist deshalb in Gemeinden wie der eritreisch-orthodoxen Gemeinde besonders gross.[39]

Im Vorstand des Vereins der eritreisch-orthodoxen Trinitatisgemeinde ist jemand für Kommunikation und für den Kontakt zur Schweizer Kirchgemeinde zuständig. Diese Person ist sehr wichtig. Sie vermittelt, wenn es Unstimmigkei-

---

39 Für weitere Informationen zum Kirchenraum in der Ostkirche vgl. Popovic, Kirchenraum, 55–60; zum äthiopischen Ritus Proksch, Der äthiopische Ritus, 233–237.

ten gibt, sie beantwortet Fragen, sie ist eine regelrechte Brückenbauerin. Priester und Diakone, die die Gemeinde leiten, sprechen häufig kein Deutsch. Der Verein bezweckt, das spirituelle Leben eritreisch-orthodoxer Christen und Christinnen in der Schweiz zu pflegen und vor allem auch Kinder im christlich-orthodoxen Glauben zu unterrichten. Die kulturelle und soziale Gemeinschaft untereinander und die Integration in die Schweizer Gesellschaft werden als weitere Zwecke des Vereins angegeben.[40] Der Verein verfolgt also nicht nur spirituelle, sondern auch integrationspolitische und soziale Zwecke. Die Mitgliederversammlung ist das oberste Organ des Vereins, sie wählt den Vorstand und setzt die geringen Mitgliederbeiträge fest, die pro Familie CHF 20.– oder bei Asylsuchenden mit dem Ausweis N CHF 5.– pro Jahr betragen. Kollekten bei Gottesdiensten und Gewinne bei Festen, aber auch Unterstützung durch die Bischofskonferenz oder die katholische Organisation *migratio* helfen der Gemeinde bei ihrer Finanzierung.

Neben den wöchentlichen Gottesdiensten, die seit 2009 am Sonntagnachmittag gefeiert werden, findet einmal monatlich ein Abendmahlsgottesdienst statt. Die Gemeinde ist froh, wenn dieser Gottesdienst am Vormittag stattfinden kann, weil sie nüchtern zum Abendmahl kommen muss. Abendmahl feiern ist ein Muss, wenn man tauft oder Hochzeit hält. Neben den Gottesdiensten bietet die Gemeinde ihren Mitgliedern auch viel informelle Unterstützung in Integrationsfragen. Die Gemeinde vernetzt Leute, die vermitteln und übersetzen können, ja sogar Seelsorgedienst im Gefängnis konnte organisiert werden. Einmal pro Jahr feiert die Gemeinde in Aarau ein grosses Fest. Jede eritreisch-orthodoxe Kirchgemeinde ist einem Schutzpatron geweiht. Die Gemeinde in Aarau hat die Trinität als Schutzpatronin. Das Trinitatisfest stellt also eine Art «Geburtstagsfest» für die Gemeinde in Aarau dar, das viele Menschen anzieht. Aus der ganzen Schweiz kommen 500 bis zu 1000 eritreisch-orthodoxe Geschwister. Das Fest wird in der reformierten Kirche in Buchs gefeiert, da dort ideale Platzverhältnisse herrschen. Im Kalender der eritreisch-orthodoxen Kirche gibt es viele heilige Tage, die monatlich oder jährlich gefeiert werden. Oft fallen diese Tage auf einen Wochentag. Diese Feiertage werden dann aus Gründen der Praktikabilität auf den nächst gelegenen Sonntag verschoben. Nicht nur das Einhalten und liturgische Begehen der Feiertage stellt für die Gemeinde in der Fremde eine Herausforderung dar, sondern auch der Umgang mit dem Tod. Wenn jemand stirbt, wird der Leichnam nach Eritrea geschickt, was äusserst kostspielig ist.

---

40 Vgl. Statuten der eritreisch-orthodoxen Trinitatis-Gemeinde Aargau EOTGA vom 6. Januar 2012.

Die eritreisch-orthodoxe Tradition sieht eine Beerdigung in der Nähe einer eritreisch-orthodoxen Kirche vor, was hier nicht möglich ist.

Kurzum, eritreisch-orthodoxe Gemeinden zählen zu den jüngsten Migrationskirchen in der Schweiz. Sie stellen durch ihre konfessionelle und kulturelle Fremdheit ein besonderes Lernfeld für Schweizer Kirchen dar. Fragen der Liturgie und der Bedeutung von Räumen rücken damit insbesondere ins Blickfeld.

2.2.7 Iglesia Latina – Feste Feiern und Kinder betreuen[41]

Am 6. Januar, dem Dreikönigstag werden in der reformierten Kirche Zofingen von Kindern Dreikönigskuchen verziert, Frauen sitzen an schön dekorierten Tischen und plaudern miteinander, fast ausschliesslich auf Spanisch. Es gibt heisse Schokolade, lateinamerikanische Gitarrenmusik erfüllt den Raum, die Erzählung der drei Könige wird aus der elektronischen Handy-Bibel gelesen, drei verkleidete Könige verteilen Süssigkeiten an die Kinder. Die Atmosphäre ist warm, laut und lebendig. Kurz vor zwölf Uhr kommen mehr Menschen, ältere Schweizer und Schweizerinnen, Familien. Es werden zusätzliche Tische aufgebaut, es gibt Suppe für alle. Die «Fiesta de Reyes», die von der *Iglesia Latina* jedes Jahr organisiert wird, geht fliessend über in den «Eat-and-Meet-Anlass» der reformierten Kirchgemeinde, der vier Mal im Jahr stattfindet.

Die *Iglesia Latina* begann mit der Gründung eines Vorstandes im Herbst 2013, der sich aus Menschen aus Südamerika zusammensetzte. Verschiedene Aktivitäten wurden dann in der Folge ins Leben gerufen, so etwa ein Sommerfest, das spanischsprachige Menschen anziehen sollte. Die Idee war, mit ihnen zusammen eine Kirche zu gründen. In der Folge wurden dann gemäss den Interessen und Bedürfnissen der Latino-Gemeinschaft unterschiedliche Dinge entwickelt: eine Spielgruppe, spanische Sprachkurse, das Latino-Café, Zumba Latina, das Dreikönigsfest. Wie erwartet fanden sich auch Menschen mit theologischer Erfahrung und Vision in der Gruppe ein. So wurde von Anfang an versucht, einen Unterschied zu machen zu anderen Gruppen oder Vereinen, die sich auf gesellschaftliche Aktivitäten begrenzen.

Wie erwähnt war die spanischsprachige Spielgruppe für Kinder vor dem Kindergartenalter unter den ersten Aktivitäten der *Iglesia Latina*. Die Spielgruppe fand schnell grossen Zulauf und konnte zwei Mal in der Woche angeboten wer-

---

41 Das Profil beruht auf zwei Interviews mit Marc am 23.1.2018 und mit Thiago am 12.2.2018, einem Gottesdienstbesuch am 6.1.2018 und informellen Gesprächen am 6. und 23.1.2018.

den. Die Spielgruppe soll das Verständnis für die lateinamerikanische Kultur bei den Kindern fördern, denn viele der Kinder waren noch nie in Lateinamerika. Parallel zur Spielgruppe findet ein Kaffeetreff für die Mütter statt, ein *Café Latino* im Foyer des Kirchgemeindehauses, wo man sich über alles Mögliche austauschen kann, manchmal findet auch Deutschkonversation mit einer Deutschlehrerin statt.

Bereits vor der Gründung der *Iglesia Latina* haben der Pfarrer der reformierten Schweizer Kirchgemeinde und seine Frau, die selbst aus Argentinien kommt und Pfarrerin in der Reformierten Kirche Bern-Jura-Solothurn ist, versucht, spanischsprachige Gottesdienste anzubieten, was aber nicht auf grossen Anklang stiess. Die Gottesdienste wurden wieder eingestellt, geblieben ist aber das Weihnachtsfest. Daraus sind etwas später verschiedene «Fiestas» unter dem Jahr entstanden, sie werden von einer Gruppe Freiwilliger als *Iglesia Latina* unterhalten. In der Regel werden vier solche Feste veranstaltet: Weihnachten, Dreikönig, Ostern, Sommer. Bei diesen Fiestas gibt es zuerst einen Gottesdienst, danach wird das Zusammensein gepflegt. Vor allem am gemeinsamen Essen nehmen auch viele Menschen der schweizerischen reformierten Kirchgemeinde teil, unter deren Dach die *Iglesia Latina* lebt.

Ein ehrenamtlicher Mitarbeiter beschreibt die *Iglesia Latina* als ein «kleines Küken, das auf die Unterstützung seiner Mutter angewiesen ist» (Interview Thiago, 12.2.2018, 66). Seiner Meinung nach sollten sich grössere und kleinere Gemeinden gegenseitig unterstützen. So lebt die *Iglesia Latina* zurzeit ganz unter dem schützenden Flügel der reformierten Schweizer Kirchgemeinde. Es ist noch etwas unklar, was die *Iglesia Latina* überhaupt ist. Ist sie Teil der reformierten Kirche? Oder etwas Eigenes? Die *Iglesia Latina* wurde offiziell mit Unterstützung der Kantonalkirche und in Absprache mit der Kirchenpflege gegründet. Nicht als Projekt, sondern als eine eigene Gemeinschaft. Die Strukturen müssen allerdings noch geklärt werden. Bislang wurde noch kein Verein gegründet. Die *Iglesia* finanziert sich über einen jährlichen Zuschuss der reformierten Kirchgemeinde und darf die Räumlichkeiten der Schweizer Gemeinde gratis nutzen. Die Anlässe tragen sich aber zu einem grossen Teil selbst.

Die religiös-spirituellen Angebote der *Iglesia Latina* stehen neben den wöchentlichen eher sozial oder integrativ ausgerichteten Angeboten zurzeit etwas im Hintertreffen. Neben den vier «Fiestas» im Laufe des Jahres, gibt es noch ein Familienwochenende, wo auch thematisch zu Glaube und Kirche gearbeitet wird, ebenso in ein oder zwei weiteren Gottesdiensten pro Jahr. Der Bedarf nach regelmässigen spanischen Predigten steigt aber je länger je mehr an. Gottesdienste zu feiern stellt aber eine grössere Hürde dar als die sozialen Anlässe in der Kirche. Der reformierte Pfarrer gibt einerseits die vielen Kinder als Grund dafür an – die Gottesdienste seien dadurch einfach zu unruhig –, andererseits hat er auch die Erfahrung gemacht, dass es schwierig ist, Gottesdienst zu feiern ohne gemeinsame liturgische Elemente. Schon die Suche nach einem gemeinsamen Liedgut erscheint hier schwierig. Einzig klar ist, dass keine Orgel erwünscht ist.

Die Angebote der *Iglesia Latina* besuchen vorwiegend Frauen aus Lateinamerika, viele von ihnen leben in einer bi-nationalen Partnerschaft. Die Frauen stammen aus unterschiedlichen lateinamerikanischen Ländern und haben verschiedene konfessionelle Hintergründe. Manche von ihnen gehören formell zur katholischen Kirche, dort bezahlen sie Steuern, dort werden Kasualien, also Übergangsrituale, und andere Rituale, wie beispielsweise Wallfahrten, vorgenommen. Gottesdienste oder ähnliche Angebote werden aber durchaus auch an anderen Orten besucht. Dort wo Menschen sind, die ihnen entsprechen, dort wo sie Gemeinschaft erleben, dort wo sie sich über das Leben austauschen können. Der Pfarrer der reformierten Kirche meint: «Von Anfang an haben wir die *Iglesia Latina* als ökumenisches Projekt aufgezogen.» (Interview Marc, 23.1.2018, 8) Ein für viele Migrationskirchen typisches Phänomen wird hier deutlich: konfessionelle Grenzen verschwimmen. Andere Faktoren spielen eine grössere Rolle. Es ist die Migrationsthematik, die diese unterschiedlichen Frauen verbindet. Viele erfahren in oder durch die Migration Abwertung, besonders auch im Beruf. Viele der Frauen aus Lateinamerika sind gut gebildet, können hier aber nichts damit anfangen. Sie definieren sich fast ausschliesslich noch über ihr Muttersein. Die *Iglesia Latina* hält Angebote bereit, die vor allem Mütter oder Familien ansprechen. So kann sie niederschwellig Anlaufstelle sein und es gelingt, dass ein Stück Heimat gelebt werden kann, allein durch die gemeinsame Sprache. Es sind die Menschen, die die *Iglesia* ausmachen. Sich treffen, sehen und austauschen wollen, steht im Vordergrund des Gemeindelebens. Die Sprache verbindet über Länder- und Altersgrenzen hinweg. Über die verschiedenen Aktivitäten in der *Iglesia* entstehen Beziehungen und enge Freundschaften. Rund 30 Familien gehören ihr an. Mund-zu-Mund-Propaganda, vor allem über Social Media und persönliche Einladungen tragen dazu bei, dass die Gruppe wächst. Die Menschen, die zur *Iglesia Latina* dazugehören zeichnen sich dadurch aus, dass sie sich nicht nur wohl und geborgen in der Gemeinschaft fühlen, sondern auch etwas zu dieser Gemeinschaft beitragen wollen durch ihre Fähigkeiten und ihr Wissen. Ziel wäre es, die ganze Familie in der Kirche zu haben, auch den Mann, der meistens fernbleibt.

Neben allen Unterschieden gibt es aber auch drei Elemente, die die Menschen in der *Iglesia Latina* auf einer spirituellen Ebene verbinden. Erstens rechnet man mit der Gegenwart Gottes. Der Grossteil der Menschen, egal welchen kulturellen oder konfessionellen Hintergrund sie mitbringen, geht davon aus, dass Gott direkt in unsere Leben hineinspricht. Füreinander zu beten, sich bei der Verabschiedung den Segen Gottes zu wünschen, gehört für alle selbstverständlich dazu. Zweitens ist der Körper für die Menschen in der *Iglesia Latina* sehr wichtig. Wie kann man das auch ins geistige Leben einbringen? Es wurden bereits unterschiedliche Angebote ausprobiert, wie Tanz oder Yoga, die aber bislang von den geistigen Angeboten abgekoppelt blieben. Drittens werden durch Migrationsprozesse Identitätsfragen verstärkt. Hierzu gehören auch Fragen danach, was eigentlich der eigene Glaube ist oder bedeutet. Alle erleben, dass Glaube in der Schweiz Privatsache ist. Dies stellt einen grossen Gegensatz zum religiösen Leben in Lateinamerika dar, wo Religion im öffentlichen Raum sehr präsent ist.

Es kann festgehalten werden, dass es sich bei der *Iglesia Latina* um ein sozial-integratives Projekt einer reformierten Kirchgemeinde handelt, die die Bedürfnisse von Migrantinnen aus Lateinamerika aufgenommen hat und eine spanischsprachige Spielgruppe in ihren Räumen beherbergt. Daraus erwächst zunehmend eine Gruppe, die sich auch für spirituelle Fragen interessiert und sich durch eine bewusst ökumenische Gestaltung der kirchlichen Angebote auszeichnet.

2.2.8 La Mission Evangélique Béthésda – die Jungen sprechen Schweizerdeutsch[42]

Vor der Kirche sitzen Jugendliche auf der Bank und reden und lachen miteinander, im Eingang der Kirche spielen kleine Kinder zusammen. Sie unterhalten sich alle auf Schweizerdeutsch. Pasteur Olivier eröffnet den Gottesdienst, der ausschliesslich in Französisch gehalten ist, mit einem Gebet. Eine gute halbe Stunde wird gesungen, Lieder aus der Hillsong Community aber auch Lieder eines kongolesischen Liedermachers, Alain Moloto. Angeleitet wird dieser Teil eines singenden Gebets durch eine Band, die aus den Jugendlichen der Gemeinde besteht. Das Singen der Lieder wird unterbrochen durch laute Gebete Einzelner.

Pasteur Olivier bezeichnet seine Gemeinde als die erste französischsprachige afrikanische Kirche in der Deutschschweiz. Die Schweizer Kirchen blieben den afrikanischen Geschwistern wegen der Sprache, aber auch aufgrund anderer Barrieren, die Olivier nicht ausformuliert, versperrt. Diese Barrieren waren der

---

42 Das Profil beruht auf einem Interview mit Olivier am 16.4.2018, einem Gottesdienstbesuch am 10.6.2018 und informellen Gesprächen am 10.6.2018.

Grund für die Geburt einer französischsprachigen afrikanischen Kirche, die seit den 1990er-Jahren sonntags ihre Gottesdienste im Raum Baden feiert, eine Zeit lang unterhielt die Kirche auch einen Ableger in der Ostschweiz.

Die *Mission Evangélique Béthésda* besitzt kein eigenes Kirchengebäude. Sie feiert ihre Gottesdienste unter dem Dach einer baptistischen Gemeinde. Es gibt zwischen den Gemeindeleitern einen regelmässigen Austausch, die Gemeinden aber bleiben sich über weite Strecken fremd, manche Menschen der Schweizer Gemeinden scheuen gar den Kontakt. Das mache das gemeinsame Feiern schwierig, meint der Pastor, deshalb findet dies nur einmal im Jahr statt. Der gemeinsame Gottesdienst wird draussen im Wald gefeiert. Man feiert sozusagen in einem «dritten Raum», der es möglich macht, dass etwas Neues entsteht. Im Gegensatz zum gemeinsamen Feiern funktioniert das gemeinsame Essen nach dem Gottesdienst sehr gut. Die afrikanische Küche wird in hohem Masse geschätzt, so dass nur vom Schweizer Salatbuffet noch Reste bleiben.

Der Pastor bemüht sich darum, seine Kirche lokal zu verankern. *La Mission Evangélique Béthésda* ist Mitglied in der örtlichen Evangelischen Allianz. Er beteiligt sich an den jährlichen gemeinsamen Gottesdiensten und nimmt an den monatlichen gemeinsamen Gebeten teil. Die Pastoren der verschiedenen Gemeinden der Allianz praktizieren auch immer wieder Kanzeltausch. Für den Pastor wirkt und wirkte die Allianz nicht nur sehr unterstützend durch regelmässige Gebete, sondern auch durch Taten. In einer Krisenzeit hat die Allianz der *Mission Evangélique Béthésda* einen Buchhalter zur Verfügung gestellt. Pasteur Olivier gibt der Allianz gegenüber der *Conférence des Eglises Evangéliques Africaines en Suisse (CEAS)* den Vorzug. Er ist zwar ebenfalls in der CEAS Mitglied, aber diese Mitgliedschaft sei keine aktive mehr. Sein Zeitbudget ist beschränkt und er hält die lokale Verankerung auf jeden Fall für praktikabler, vielleicht auch für zukunftsorientierter.

Für die Arbeit in seiner Kirche erhält der Pastor eine kleine finanzielle Hilfe der reformierten Kantonalkirche. Auch wenn er froh ist darüber, bedauert er gleichzeitig, dass sich die Zusammenarbeit zur Kantonalkirche darauf beschränkt. Es besteht kein Kontakt zu den Pfarrpersonen der reformierten Gemeinden in seiner Umgebung. Der Pastor wundert sich ebenfalls darüber, dass es so schwer ist für ihn und seine Kirche, sich in einem leer stehenden Kirchengebäude der reformierten Kirche einzumieten. Diese Räume sollten doch belebt werden, indem sie von Menschen besucht werden. Das würde seiner Meinung nach ausdrücken, dass auch seine Kirche zum Körper Christi gehört.

Kirchen konstituieren sich zwischen Fluktuation und Stabilität, so der Pastor. Bei zu viel Fluktuation kann sich keine Gemeinschaft bilden, so erlebte das die Kirche in ihren Anfängen. Aber eine Kirche, die gar keine neuen Mitglieder erhält, wird zu einer toten Kirche. Seinen Glauben bezeugen, evangelisieren und diejenigen im Glauben stärken, die bereits an Gott glauben, steht deshalb weit oben auf dem Programm der Kirche. Kasualien wie Hochzeiten oder Beerdigungen machen einen grossen Teil des Gemeindelebens aus. Dass die Menschen in der Schweiz beerdigt werden, ist ein Zeichen für die Konsolidierung der Gemeinde. Die Menschen sind in der Schweiz angekommen, ihre Kinder und Familien leben hier, es gibt keinen Grund mehr, Verstorbene in ihre Heimatländer zurückzuschicken. Ihr Leben spielt sich nun voll und ganz hier in der Schweiz ab. Der Pastor hält fest, dass dies einen Unterschied zur Anfangszeit der Kirche darstellt:

> «Sogar ich, wenn Gott mich heute zu sich ruft, ich möchte hier beerdigt werden, weil meine Kinder hier sind. Also es ist/das ist eine Realität. Als wir gekommen sind, haben wir das nicht verstanden. Aber jetzt verstehen wir schon, dass/dass wir da sind. Wir sind da, wir! (Lachen) Wir sind ein Teil dieses Landes (Lachen)». (Interview Olivier, 16.4.2018, 79, Übersetzung CH).

Die Menschen sind angekommen und zu einem Teil der Schweiz geworden. Dennoch hält es der Pastor für wichtig, dass die Kirche eine Plattform bietet, die es erlaubt, «den Glauben, wie zu Hause zu leben». Das Angekommen-Sein in der Schweiz kennt also dennoch seine Grenzen. Es gibt Momente im Leben und Orte im Alltag, die nach wie vor eine Verbindung zur Heimat, zur Kultur und zu den von dort her vertrauten Ritualen benötigen. Auf dieses Bedürfnis antwortet die Kirche. Die Kirche bietet Gottesdienste am Sonntag an, wo es parallel auch eine Sonntagsschule gibt, eine Lobpreisgruppe und eine Frauengruppe, die sich wöchentlich trifft, und ein Abendgebet jeden Freitag. Die jährlichen christlichen Feste wie Ostern und Weihnachten werden gross gefeiert, einen besonderen Schwerpunkt bildet der gemeinsame Übergang ins neue Jahr. Betend und singend wird die Nacht vom 31. Dezember in der Kirche verbracht. Die Gottesdienste werden im «afrikanischen Stil» abgehalten. Für den Pastor äussert sich das Afrikanische vor allem in der Länge und der Unstrukturiertheit der Gottesdienste. Das Afrikanische, wenn man das überhaupt so generell sagen kann, äussert sich meinen Beobachtungen zu Folge auch in der Atmosphäre vor, während und nach dem Gottesdienst. Die Menschen bereiten sich auf den Gottesdienst vor, was sich insbesondere in der sorgfältigen Wahl der Kleider und der Frisuren äussert. Dann ist die Gemeinschaft durchgehend wichtig, der Gottesdienst ist ein Treffpunkt. Die Kirche ist ein Treffpunkt für viele Menschen, die sonst oft isoliert sind. In der Kirche können die Menschen vor und nach dem Gottesdienst miteinander reden und sich austauschen über Schwierigkeiten.

Dieses Füreinander-Dasein und sich gegenseitig helfen, wird vom Pastor als afrikanisch bezeichnet. Dieser Austausch löst zwar meistens nicht direkt ein Problem, wirkt aber unterstützend. «Auch wenn wir vielleicht keine dauerhafte Lösung finden können, hier in der Schweiz zu bleiben oder was auch immer, aber/ trotzdem, irgendwo gibt es Trost, es gibt (.) es gibt/ wie sagt man das, Ermutigung, die einen ermutigen die andern, also/ das tut uns gut.» (Interview Olivier, 16.4.2018, 39, Übersetzung CH). Die Kirche wird so zu einer Kontaktzone und zu einer Hilfsgemeinschaft, einem Ort, an dem sich Menschen mit ähnlichen Herausforderungen treffen und austauschen.

Der Pastor, der in Angola eine dreijährige Bibelschule besuchte, also eine formelle Ausbildung für seinen Dienst hat, kann nicht die gesamte Arbeit in der Kirche schultern. Je nach Fähigkeiten und Talenten werden die verschiedenen Aufgaben verteilt. Aber alle diese «Ältesten» und auch der Pastor selbst arbeiten neben ihren kirchgemeindlichen Aufgaben zu 100 % in einem «weltlichen» Beruf. Der Pastor der Gemeinde arbeitet neben seinen Verpflichtungen als Pastor als Buschauffeur eines Linienbusses.

Das Gebet nimmt in der *Mission Evangélique Béthésda* einen wichtigen Stellenwert ein. Beten heisst für den Pastor in erster Linie Hören. Er wendet selbst sehr viel Zeit fürs Gebet auf. Diese persönliche Ausrichtung drückt sich auch im Gemeindeleben aus. Die Gebetsgruppe am Freitag findet wöchentlich statt, die Frauengruppe ist von Gebeten füreinander geprägt.

Die grössten Ausgaben stellen die Kosten für die Raummiete dar. Um sich eine Monatsmiete leisten zu können, braucht es Mitglieder mit einem stabilen Einkommen, die davon auch etwas an die Kirche abgeben. Die Kirche finanziert sich allein durch den Zehnten ihrer Mitglieder und durch Kollekten im Gottesdienst.

Zu Beginn kamen Menschen aus der ganzen Schweiz zu den Gottesdiensten, da es keine anderen vergleichbaren Angebote gab. Das hat sich in den letzten zehn Jahren stark verändert. Mittlerweile gibt es in der ganzen Schweiz mehrere französischsprachige afrikanische Kirchen, allein im Raum Baden gibt es zwei. Menschen aus verschiedenen afrikanischen Ländern besuchen die Gottesdienste der *Mission Evangélique Béthésda*. Sie kommen aus Kongo, Angola, Elfenbeinküste, Kamerun, Haiti. Die gemeinsame französische Sprache vereint die Leute. In den letzten zehn Jahren gab es nur wenige neue Mitglieder. Praktisch alle, die zurzeit an den Gottesdiensten teilnehmen, haben eine Aufenthaltsbewilligung, manche sind mit Schweizern oder Schweizerinnen verheiratet. In den Anfängen war die Kirche von viel grösserer Fluktuation geprägt, da sehr viele Menschen ohne Aufenthaltsbewilligung oder mit ungeregeltem Status die Kirche besuchten, und dann manchmal von einem Tag auf den anderen wieder weg waren, untergetaucht waren oder zurück in ihre Heimatländer geschickt wurden.

Für die *Mission Evangélique Béthésda* ist die zweite Generation ein wichtiges Thema. Es besteht in der Gemeinde eine grosse Hoffnung, dass die Kinder die Arbeit in dieser Kirche weiterführen werden. Der Pastor sieht auch schon erste Anzeichen dafür, da sich die jungen Menschen im Lobpreis stark engagieren. Er ist sich aber auch zumindest eines Problems bewusst, das sich für die zweite Generation in seiner Gemeinde stellt: Die Sprache der Kinder ist Schweizerdeutsch, dort sind sie zu Hause, sie unterhalten sich untereinander auf Schweizerdeutsch. Der französische biblische Wortschatz, den die Eltern benutzen, ist ihnen nicht mehr vertraut. Wie diesem Problem begegnet werden soll, ist für den Pastor noch ungelöst. Er hätte gerne zweisprachige Gottesdienste oder kirchliche Unterweisung auf Deutsch, aber dafür liess sich bislang noch niemand aus der zweiten Generation motivieren. Diese jungen Menschen haben keine Zeit, denn sie sind voll eingebunden in die Arbeit oder ihre Ausbildung.

Afrikanisch frankofone Migrationskirchen gehören zu den älteren der neueren Migrationskirchen. In diesen Kirchen stellen sich bereits andere Fragen als in den Kirchen, die noch keine zehn Jahre hier in der Schweiz etabliert sind. Wie es mit den Kindern in der Kirche weitergeht, beschäftigt solche Kirchen stark. Weiter können wir festhalten, dass das Bedürfnis nach der Verankerung in der Schweiz und nach Zusammenarbeit mit anderen Gemeinden bereits von Frustration gekennzeichnet ist.

2.2.9 Les Messagers de la Nouvelle Alliance – Beten und Singen[43]

Eine Gebetszeit am Anfang prägt den ganzen Gottesdienst. Eine Liturgin betet stellvertretend, manchmal leitet sie zu einem Gebet an, in das dann alle einstimmen. In der Folge wird in einem unablässigen Redefluss gleichzeitig gebetet. Die Gemeinde steht, viele haben ihre Bibel in Buchformat dabei. Manchmal fordert die Liturgin jemanden aus der Gemeinde auf, für etwas Bestimmtes zu beten. Beten, Singen und Applaudieren wechseln sich ab. Die Gemeinde gestaltet diesen ersten Teil des Gottesdienstes und ist auch später sehr aktiv dabei. Immer wieder ruft jemand «Amen» oder «Halleluja» oder der Prediger fordert die Gemeinde dazu auf, was viel zur Aufmerksamkeit der Gemeinde beiträgt.

Les Messagers de la Nouvelle Alliance hat gemäss den Erzählungen ihres Pastors 2007 als Gebetszelle angefangen. Zuerst haben sich vier Familien aus verschiedenen Regionen der Schweiz zum Gebet und zum Bibellesen zusammen-

---

43 Das Profil beruht auf einem Interview mit Yves am 11.4.2018 und einem Gottesdienstbesuch am 18.3.2018.

gefunden. Sie haben sich an verschiedenen Orten getroffen, in Biel, Winterthur, Baden. Mit der Zeit ist das Bedürfnis gewachsen, einen grösseren Kreis von Menschen anzusprechen und mehr Leute zu diesen Treffen einzuladen. Dadurch ist dann der wöchentliche Sonntagsgottesdienst in Baden entstanden.

Die Kirche vernetzt sich nur punktuell mit anderen Gemeinden. Sie hat Kontakt mit der Evangelischen Allianz Baden, ist aber nicht Mitglied, und feiert manchmal Gottesdienste mit der reformierten Kirchgemeinde, in deren Räume sie eingemietet ist. «Gut, Beziehung, wir haben nicht wirklich viel Beziehungen.» (Interview Yves, 11.4.2018, 130, Übersetzung CH). Pasteur Yves ist bewusst, dass es andere sogenannte Migrationskirchen gibt, die in einem viel engeren Verhältnis mit einer Schweizer Kirche stehen. So arbeiten zwei ihm bekannte kongolesische Gemeinden mit Vineyard-Gemeinden zusammen. Er bemerkt das, aber es ist nicht auszumachen, ob für ihn ein solches Modell infrage käme oder nicht. *Les Messagers de la Nouvelle Alliance* scheint sich nicht besonders lokal zu vernetzen, sie verspürt eher eine Nähe zu *Porte Ouverte* in Mulhouse, eine Kirche, deren Grösse, Internationalität der Gottesdienstbesuchenden und deren Angebotsvielfalt von Pasteur Yves sehr bewundert wird.[44]

Die Vernetzung mit anderen afrikanischen Kirchen steht für den Pastor ebenso wenig im Zentrum wie eine lokale Verankerung seiner Kirche. *Les Messagers de la Nouvelle Alliance* ist nicht Mitglied in der *Conférence des Eglises Evangéliques Africaines en Suisse (CEAS)*. Der Pastor berichtet, dass er zu deren Treffen eingeladen wird, er hält aber diese Form von Zusammenarbeit für wenig wichtig. Sein Interesse zielt darauf, mit Gemeinden und Kirchen zusammenzuarbeiten, die in der Ausrichtung ähnlich sind. So arbeitet er frei und vereinzelt mit Pastoren aus dem Kongo, in Zürich oder in Frankreich zusammen oder auch mit pentekostalen Kirchen in der Westschweiz. In der Gemeinde in Baden haben vereinzelt Leute eine Ausbildung am *IBETO (Institut Biblique et Théologique d'Orvin)* absolviert. Hierbei handelt es sich um eine pentekostale Bibelschule, die in den 1980er-Jahren in Orvin gegründet wurde und heute als *Start up Ministries* in Yverdon-les-Bains zu Hause ist.[45]

---

44 Porte Ouverte ist eine französische evangelische Kirche, in der das Wort Gottes im Zentrum steht. Die Kirche ist aufgrund einer Heilungserfahrung in den Siebzigerjahren von einem französischen Ehepaar gegründet worden. Sie hat sich kontinuierlich im gesamten französischsprachigen Raum ausgebreitet. Heute steht die Arbeit mit Kindern und Jugendlichen stark im Zentrum. Für mehr Informationen vgl. Porte Ouverte, Eglises Partenaires, URL: https://porte-ouverte.com/eglises-partenaires/ (18.5.2020).

45 Für weiterführende Informationen zur Geschichte von IBETO vgl. Start up ministries, Notre Histoire, URL: https://www.startupministries.ch/ (18.11.2020).

Die biblische Geschichte des guten Samariters (Lk 10,25–37) ist für Pasteur Yves das Leitmotiv für seine Gemeinde. Als Gemeinde wollen sie da sein für die anderen. Und zwar in der Art, wie das der Samariter getan hat. Er hat sich des Verletzten angenommen, ohne sich dabei um dessen Status oder Herkunft zu kümmern. Ziel der Gemeinde ist es, jeden Sonntag Gottesdienste zu feiern und die Leute zu evangelisieren, die rund um sie herum sind, also z. B. Kollegen und Kolleginnen bei der Arbeit. Ihr Hauptanliegen dabei ist es, Menschen zu unterstützen, die in Not sind, die vor allem in religiös-spiritueller Hinsicht bedürftig sind. Die Kirche möchte diese Leute erreichen, damit sie Jesus kennenlernen können und eine Beziehung zu ihm aufbauen können, so formuliert es der Pastor der Gemeinde. Sie möchten entmutigte Menschen ansprechen, Menschen, die vielleicht verfolgt wurden, aufgegebene und vergessene Menschen.

In dieser «Familie Gottes», die durch die samaritanische Haltung entsteht, sind ganz unterschiedliche Menschen und Kulturen miteinander vereint. Der Pastor betont einen zweiten Aspekt, der für ihn in dieser Gemeinschaft sehr zentral ist. Die Gemeinde ist durch den gemeinsamen Glauben an Jesus Christus und durch die Taufe verbunden. Erst in dieser «Familie Gottes» wird es möglich, dass man sich auf ganz unterschiedliche Menschen und Kulturen einlassen kann und die Verschiedenheit schätzen lernt. «In der Familie Gottes habe ich Schweizer kennengelernt, Südamerikaner. In der Familie Gottes habe ich Kultur kennengelernt. Das ist reich. Das ist etwas Wunderbares.» (Interview Yves, 11.4.2018, 60, Übersetzung CH). In dieser «Familie Gottes» gibt es keine Diskriminierung und keinen Rassismus. Das wird vom Pastor als etwas Wunderbares beschrieben.

Die französischsprachige afrikanische Kirche wird von zwei Pastoren gemeinsam geleitet. Seit vielen Jahren funktioniert das gut, was in den Augen von Pasteur Yves ebenfalls etwas Wunderbares darstellt. Denn eine Kirche, die von zwei Pfarrpersonen geleitet wird, trage grosses Konfliktpotenzial in sich, so der Pastor. Die beiden Pastoren sind für die geistliche Leitung der Gemeinde zuständig. Der Gemeinde steht ebenfalls ein Kirchgemeinderat vor, der für materielle Dinge, wie Saalmiete, Leitung der verschiedenen Gruppen, die die Gemeinde unterhält, zuständig ist. Neben den Sonntagsgottesdiensten gibt es in der Gemeinde auch eine Männer-, eine Frauen- und eine Lobpreisgruppe.

Die gemeinsame Sprache im Gottesdienst ist Französisch, viele der Lieder werden aber in Lingala, der Sprache des Kongo, gesungen. Das zeigt erstens, dass ein Grossteil der Gottesdienstbesuchenden aus dem Kongo stammt, und zweitens, dass Singen besser in der Muttersprache geht, die oft die Sprache des Herzens darstellt. Die Gottesdienste werden von Menschen aus dem französisch sprachigen Afrika besucht, es kommen Menschen aus dem Kongo, aus Angola, aber auch aus Togo, Burkina Faso, Burundi, Elfenbeinküste. Migration aus dem Kongo hat in den letzten Jahren sehr stark abgenommen, was auch einen Einfluss auf die Zusammensetzung in der Kirche hat.

Es kann festgehalten werden, dass es sich bei *Les Messagers de la Nouvelle Alliance* um eine Kirche handelt, die sich um Zusammenarbeit in einem pentekostalen-evangelikalen frankofonen Netzwerk bemüht. Die lokale Verankerung ist spürbar, wenn Evangelisation als ein Weitertragen des Evangeliums zu den Menschen, die einem gerade am Nächsten sind, interpretiert wird.

2.2.10 Missione Cattolica di Lingua Italiana – Seelsorge für Anderssprachige[46]

Eine katholische Migrationsgemeinde unterscheidet sich von Grund auf von evangelischen Migrationskirchen. Es handelt sich hier um eine italienischsprachige Gemeinde, die zu einer Weltkirche gehört, nicht um eine selbstständige und unabhängige Kirche, die als Verein organisiert ist, wie das viele der evangelischen Migrationskirchen sind. Katholische Einrichtungen für Migranten und Migrantinnen konnten seit ihrer Entstehung Ende des 19. Jahrhunderts immer auf eine bereits bestehende Kirchenstruktur in Ortspfarreien zurückgreifen. Diese sogenannten Missionen oder Seelsorge für Anderrsprachige wurden aufgrund der Arbeitermigration aus Italien und Spanien in vielen Schweizer Städten gegründet. Die Neugründungen erreichen in den 1960er-Jahren einen Höhepunkt. Die Idee der Missionen war es, den Gastarbeitern kirchlich eine Heimat in ihrer Sprache und Kultur zu geben. Missionen wurden als Gemeinden auf Zeit gegründet und sind Pfarreien kirchenrechtlich nicht gleichgestellt. Es zeigte sich allerdings bald, dass die Gastarbeiter bleiben und ihre Familien nachholen. So sind auch die Missionen geblieben. An manchen Orten funktioniert diese Doppelstruktur gut, an anderen ist es schwierig, da dadurch viele Ungleichheiten entstehen. Die steigenden finanziellen und personellen Aufwendungen in den Missionen können zu einem Verteilungskampf mit der lokalen Pfarreiseelsorge führen. Es wird auch die Frage aufgeworfen, inwiefern Migranten und Migrantinnen einen solchen Schutzraum brauchen. Ist eine Eingliederung in lokale Pfarreien nicht sinnvoller? Bis anhin herrscht eine gewisse Ratlosigkeit in

---

46 Das Profil beruht auf einem Erwachsenenbildungsabend der Reformierten Kirche Aargau am 21.5.2019 und auf dem Internetauftritt der Mission.

Bezug darauf, wie eine solche Integration als ein gemeinsames Konzept von Missionen und lokalen Pfarreien aussehen könnte.[47]

Die italienischen Missionen *Missione Cattolica* existieren in der Schweiz bereits seit vier Generationen. Menschen, die die *Missione Cattolica* besuchen, leben meistens als Schweizer und Schweizerinnen integriert, geniessen aber nach wie vor das Gemeindeleben in der Mission, wo ihre Muttersprache und kulturellen Gepflogenheiten gelebt und gepflegt werden.

Im Kanton Aargau gibt es vier *Missione Cattolica* (Aarau, Baden-Wettingen, Brugg, Lenzburg-Wohlen), d.h. die Hälfte der aktiven Missionen im Aargau sind italienisch. Bis zum Jahr 2013 gab es im Kanton Aargau sogar noch sechs italienischsprachige Missionen. Im Folgenden wird exemplarisch die Mission in Aarau beschrieben.

Die Leitung der *Missione Cattolica di Lingua Italiana Aarau* besteht aus einem Dreierteam. Der Missionar und Seelsorger der Gemeinde füllt seine Aufgabe seit 21 Jahren aus. Er wird dabei von einer pastoralen Mitarbeiterin und einer Sekretärin unterstützt, die für die Gemeinde arbeitet. Die Pastoral Aarau ist der römisch-katholischen Landeskirche unterstellt. Zwischen den Schweizer Pfarreien und der *Missione Cattolica* besteht eine gute Zusammenarbeit. Es finden jährlich etwa zwei bis drei mehr- oder zweisprachige Gottesdienste statt, vor allem mit der Pfarrei Aarau. Mit anderen italienischsprachigen Missionen ist sie via den schweizweiten italienischen Missionar verbunden. Die Pastoral umfasst rund 4200 Familien. Eingebürgerte Italiener und Italienerinnen zählen nicht dazu, auch wenn sie ebenfalls die Gottesdienste besuchen oder die Angebote der *Missione Cattolica* nutzen. Das wohl zentralste ihrer Angebote ist der Gottesdienst. Zum Teil werden fünf Gottesdienste in der Woche angeboten. Am Mittwoch in Aarau, am Samstag abwechslungsweise in Suhr oder Aarburg. Am Sonntag gibt es immer drei Gottesdienste in Zofingen, Aarau und Menziken. Katechese wird nicht durchgeführt, denn die Pastoral möchte keine Konkurrenz zur lokalen Schweizer Gemeinde sein. Es gibt aber Jugendgruppen und Eltern-Kinder-Treffen. Ein Chor und die Diakonie-, Liturgie- und Seniorengruppen bereichern das Gemeindeleben. Besonders wichtig sind die jährlich wiederkehrenden Feste wie Fronleichnam im Juni, Heiliger Franziskus und Castagnata (ein Benefizanlass mit Maroni) im Oktober und ein Familienfest sowie Jahresanfangsfest im Januar. Zu diesen drei Fest-Terminen wird gemeinsam an einem Ort gefeiert, sodass die Gottesdienste an den anderen Orten ausfallen. Wallfahrten und Reisen zwei bis drei Mal im Jahr runden das Gemeindepro-

---

47 Vgl. Albisser, Ergebnisse, 97 f.

gramm ab. Ebenfalls zentral in der Arbeit der *Missione Cattolica* sind die Sakramente der Taufe, Firmung und Trauung (inklusive Vorbereitung). Die italienische Pastoral verfügt über eine eigene Webseite, einen Facebook-Account und für die eingetragenen Familien ein zweimonatliches Missionsblatt mit sechs Ausgaben pro Jahr. Darüber hinaus ist sie auch in der Zeitschrift der katholischen Landeskirche Aargau präsent.

Die pastorale Mitarbeiterin der Mission in Aarau betont, dass italienischsprachige Missionare und Missionen auch heute noch nötig sind. Sie führt aus, dass entgegen der öffentlichen Wahrnehmung dank bilateraler Verträge nach wie vor viele neue Familien aus Italien in die Schweiz kommen. Für diese Familien stellt die Mission, in der die Gottesdienste gefeiert und vor allem auch die Sakramente in gewohnter Weise gespendet werden, ein wichtiger Hafen dar, der bei der Ankunft in einem neuen Land sowohl Schutz als auch Anknüpfungspunkte in die neue Heimat hinein bietet.

Das Beispiel der italienischsprachigen Mission hat noch einmal deutlich gemacht, dass sogenannte Migrationskirchen Schutzräume darstellen, sogar dann, wenn Integration schon lange gelungen ist. Darüber hinaus zeigt dieses Beispiel, dass die Verbundenheit mit einer Weltkirche, die sich lokal vielfältig ausformuliert, für die Existenz unterschiedlicher Gemeindeformen und parallel verlaufender Angebote durchaus möglich ist, ohne dass dabei Konkurrenzverhältnisse entstehen müssen.

2.3 Unterschiedliche Typen von Migrationskirchen

Migrationskirchen werden meistens aufgrund ihrer Konfession oder auch in Hinblick auf ihre Entstehungsgeschichte in verschiedene Typen eingeteilt. Typisierungen wollen das Verstehen eines komplexen Phänomens erleichtern, sie sind also als heuristisches Instrument einzuordnen. Eine Typisierung ist im besten Fall ein praxisnahes Unterscheidungsangebot, wenn sie aber zu stark von aussen herangetragen wird und Eigenverständnisse der Kirchen und Gemeinden zu wenig berücksichtigt werden, droht die Gefahr einer simplen «Schubladisierung». Deshalb ist grosse Vorsicht geboten bei der Einteilung der unterschiedlichen und vielfältigen Kirchen, mit denen wir es hier zu tun haben. Einige bekannte Typisierungen werden im Folgenden besprochen.

Eine erste und sehr grobe Unterscheidung ist die Einteilung in ältere und neuere Migrationskirchen. Im Blick sind dann in der Regel die neueren Migrationskirchen, da der Migrationsbezug der älteren zu weit zurückliege, wie das auch in der jüngsten Broschüre der Reformierten Kirchen Bern-Jura-Solothurn beschrieben wird.[48] Aber ist der Unterschied wirklich so deutlich? Ist der Schnitt zwischen neu und alt so klar zu machen? Wann beginnt denn das Zeitalter der neueren Migrationskirchen? Wie viele Jahrzehnte ist ein Migrationsbezug spürbar? Der Migrationsbezug der *Eglise française* beispielsweise geht zwar weit in die Geschichte, bis ins 16. Jahrhundert zurück, aber er wird heute wieder an vielen Orten aufgefrischt durch französischsprachige Afrikaner und Afrikanerinnen, die zur Gemeinde dazustossen. In einer solchen Betrachtung fallen viele Migrationskirchen weg, die es heute in der Schweiz gibt. Alle Ableger von Mega-Kirchen fallen weg, ebenso Gemeinden aus der katholischen oder orthodoxen Kirchenfamilie. Dies räumt auch die Broschüre ein.[49]

Migrationskirchen werden bisweilen auch in Bezug auf ihren Evangelisierungswillen typisiert nach Gemeinden reverser Missionskirchen, unabhängigen nicht-denominationellen Missionskirchen oder freikirchlichen Missionsgemeinden, die sich dadurch unterscheiden, auf wen sich der Evangelisierungswille richtet. Entweder soll die säkularisierte Gesellschaft vor Ort evangelisiert werden, das ist der Fall bei den sogenannten reversen Missionskirchen, deren Hauptbestimmung sei, das Evangelium aus dem globalen Süden zurück in den Norden zu bringen. Oder Migranten und Migrantinnen sind Objekte der Mission, die entweder nur vor Ort evangelisiert werden, wie das in unabhängigen nicht-denominationellen Missionskirchen der Fall ist, oder aber diese Menschen bringen das Christentum wiederum in ihre Heimatländer zurück, so in freikirchlichen Missionsgemeinden.[50] Die Einteilung in Typen so stark an der Frage der Evangelisierung[51] zu orientieren, greift meiner Meinung nach etwas zu kurz und sollte mit anderen Merkmalen wie Entstehungsgeschichte oder Beziehungsdynamiken ergänzt werden.

Arnd Bünker schlägt darüber hinaus eine Einteilung in drei Typen vor, die insbesondere in Bezug auf die Integration in die Schweizer Kirchenlandschaft und Gesellschaft aussagekräftig ist. Er teilt Migrationskirchen in die Typen

---

48 Vgl. Bereich OeME-Migration der Reformierten Kirchen Bern-Jura-Solothurn, Gottes Volk, 9. Erstgenerations-Kirchen oder neue Migrationskirchen, also Kirchen, die im Zielland gegründet wurden; Zweit- und Mehrgenerationen-Kirchen, historische Migrationskirchen, Schweizer Kirchen in anderen Sprachregionen und Ländern. Auch die SEK-Studie beschränkt sich auf den ersten Typ von Migrationskirchen. Vgl. Röthlisberger/ Wüthrich, Neue Migrationskirchen, 10–12.

49 Vgl. a.a.O., 10.

50 Vgl. Währisch-Oblau, Migrationskirchen, 36–39.

51 Missionsverständnis und Evangelisierungsstrategien spielen aber in der Tat in der Zusammenarbeit zwischen unterschiedlichen Kirchen vor Ort eine wichtige Rolle. Sie werden in Kapitel vier als ein theologisches Lernfeld besprochen.

Betreuung, Abgrenzung und Mission ein.[52] Bünker spricht davon, dass sich Gemeinden im Typus Betreuung als Dienstleister und Orte des Übergangs sehen. Kirchen, die zu diesem Typ dazu gehören, federn schwierige Situationen im Zusammenhang mit Migration ab und ermöglichen so die Integration in die Schweizer Gesellschaft.[53] Die «Treue zum wahren Glauben» wird im sogenannten Abgrenzungstypus betont, bei dem sich der Stolz auf eine nationale Herkunft mit dem Stolz auf eine bestimmte konfessionelle Zugehörigkeit verbindet.[54] Im Missionstypus schliesslich sind Migranten und Migrantinnen Akteure und Subjekte, sie können ihr Schicksal durch ihre missionarische Tätigkeit selbst in die Hand nehmen und mitgestalten und ihre Migrationsgeschichte erhält dadurch einen tieferen Sinn. Für Bünker stellt dieser Typus zurzeit den Haupttyp von Migrationskirchen dar, was seine Typisierung kongruent zur Typisierung von Währisch-Oblau macht, für die Evangelisierungsstrategien ein Hauptmerkmal zur Typisierung darstellen. Einige Gemeinden des Missionstypus sehen die Evangelisierung der Schweiz als ihre Hauptaufgabe, Migrationsthemen gehören nicht zu ihren Tätigkeiten. Andere Kirchen im Missionstypus sehen Evangelisierung als ein globales Programm und sich selbst als Teil eines weltweiten missionarischen Netzwerks.[55]

Eine weitere Möglichkeit, Migrationskirchen in verschiedene Typen aufzuteilen, bietet die Betrachtung ihrer Bereitschaft, sich zu öffnen. In einer Anfangsphase sind viele Migrationskirchen von Seklusion und Monokulturalität geprägt. Gläubige finden in diesen Kirchen eine erste Beheimatung, da sie dort ihren Glauben und ihre Kultur leben und bezeugen können. So erleichtert sich die Integration in die Gesellschaft hinein. Die zweite und dritte Identitätsphase von Migrationskirchen lässt sich dann durch Öffnung und Interkulturation charakterisieren. Es bilden sich interkulturelle Gemeinden, in der eine europäische Sprache als «lingua franca» gilt und die sich durch eine stärkere Durchmischung ihrer Mitglieder auszeichnen.[56] Transkulturelle Gemeinden, die am Ende eines solchen Öffnungsprozesses zu sehen sind, werden oft von Pastoren und Pastorinnen der sogenannten zweiten Generation geleitet. Damit sind Menschen

---

52 Vgl. Bünker, Typen, 117–127.
53 Vgl. a.a.O., 118–121.
54 Vgl. a.a.O., 121–123.
55 Vgl. a.a.O., 123–127.
56 Für die drei Identitätsphasen Seklusion/Öffnung/Interkulturation, die Migrationskirchen idealtypisch durchlaufen vgl. Simon, Identität, 91–94. Kahl nennt im Blick auf Kooperationsmöglichkeiten zwischen Migrations- und Landeskirchen ebenfalls drei Phasen: Multikulturalität/Interkulturalität/Transkulturalität. Kahl, Vom Verweben, 173 f.

gemeint, die selbst nicht von Migrationserfahrung geprägt sind. Der Fokus dieser Gemeinden liegt auf der transkulturellen Lebensrealität ihrer Mitglieder.[57]

Bei der Typenbildung von Migrationskirchen wird bislang die Art und Weise, wie sich Kirchen vor Ort und international vernetzen, wenig bedacht. Der Faktor der Vernetzung lässt meiner Meinung nach aber interessante Rückschlüsse über das Selbstverständnis vieler Kirchen zu. Die Frage, mit welchen anderen Kirchen eine Kirche in Beziehung steht, eröffnet Einsichten in ihre theologische Beheimatung. Darüber hinaus können anhand der Frage nach lokalen und internationalen Vernetzungen interessante Verbindungen zwischen Migrationskirchen und einheimischen Kirchen zum Vorschein kommen, die eine ganz neue Gruppierung der Kirchen in der Schweiz erlauben. Damit können Dichotomien wie fremd-einheimisch aufgelöst werden. Deshalb erscheint es mir als zukunftsweisend, den Faktor der Vernetzung in Typenbildungen miteinzubeziehen.

2.4 Ein erstes Zwischenfazit

Die Heterogenität der Migrationskirchen in der Schweiz ist durch die Beschreibungen ebenso deutlich geworden wie der Umstand, dass gerade im Feld der sogenannten Migrationskirchen Konfessionsgrenzen mehr und mehr verschwinden und Kategorisierungen schwieriger werden. Die oben beschriebenen Kirchen liessen sich aufgrund ihrer Entstehungsgeschichte, aufgrund ihres Alters oder ihrer Konfession, aufgrund ihres Evangelisierungswillens, ihres Betreuungsangebotes oder ihrer Bereitschaft, sich zu öffnen, aber auch in Anbetracht der internationalen Vernetzung oder lokalen Verankerung in verschiedene Gruppen einteilen. Eine Zuordnung der von mir untersuchten Kirchen zu einem bestimmten Typ ist und bleibt aber uneindeutig.

Nicht nur die auffällige Heterogenität zeichnet die hier dargestellten Migrationskirchen aus, es gibt durchaus auch einige Themen, die alle Kirchen miteinander verbinden. Eine Konstante ist in dem Umstand zu sehen, dass sie alle keine Hausbesitzerinnen sind. Sie sind konstant auf der Suche nach geeigneten Räumen für ihre Angebote.[58] Des Weiteren ist das Mitgestalten in allen von mir

---

57 Vgl. Dümling, Migrationskirchen 2016, 121. Ein Beispiel für eine solche Kirche ist die *Living Generation Church* in Hamburg. Vgl. Living Generation Church, living generation, URL: http://living-gen.com/ (2.6.2020). Vergleichbares in der Schweiz ist mir bislang nicht bekannt.

58 In ihrer jüngsten Publikation zu Migrationskirchen heben die Reformierten Kirchen Bern-Jura-Solothurn sieben gemeinsame Merkmale von Migrationskirchen hervor, die sich wie folgt zusammenfassen lassen: fluide Organisationsform, keine stabile Mitglied-

untersuchten Kirchen wichtig – denn die Mitgliedschaft in einer Migrationskirche zeichnet sich nicht durch Formalitäten aus. Vielmehr steht das aktive Mitgestalten des Gemeindelebens im Zentrum, sei es während des Gottesdienstes oder durch ein Engagement in den unterschiedlichen Gruppen (Lobpreis, Frauen, Gebet u. Ä.), die in fast allen Kirchen angeboten werden. Darüber hinaus fällt auch auf, dass viele der untersuchten Migrationskirchen charismatische Merkmale wie Heilungsrituale, Befreiungsgebete und theologisch-spirituelle Bildung teilen. Geistig zu wachsen und sich zu entwickeln steht im Vordergrund. Weitere theologische Gemeinsamkeiten stellen die Schriftbezogenheit und die Zentralität einer gelebten und persönlichen Beziehung zu Jesus dar. Solche theologischen Konstanten prägen und gestalten, wie wir später noch sehen werden, oftmals auch Partnerschaften und Beziehungen mit anderen Kirchen. Fragen, die die zweite Generation betreffen, vereinen schliesslich ebenfalls alle Migrationskirchen. Wenn die zweite Generation wegbricht, stellen sich nämlich dringende Fragen der Selbsterhaltung. Vielfach machen Migranten und Migrantinnen der zweiten oder dritten Generation die Erfahrung, dass sie in der Kirche ihrer Eltern keine Heimat mehr finden. Nicht nur die Sprache stellt eine Barriere dar, sondern die zweite Generation entfremdet sich vor allem in Bezug auf Frömmigkeitsfragen mehr und mehr von der Elterngeneration. In afrikanischen Gemeinden beispielsweise werden Ahnenglaube, patriarchale Autoritätsstrukturen und laute chaotische Gottesdienste von der zweiten Generation nicht mehr toleriert.[59] Wo und wie finden diese sogenannten «third culture kids» eine kirchliche Heimat? Was sind Faktoren der Beheimatung?

---

schaft, freiwillige Arbeit der Leitungspersonen, konfessionelle Grenzen verschwimmen, charismatisch, fundamentalistisch, missionarisch, grosses Einzugsgebiet, keine Hausbesitzer. Vgl. Bereich OeME-Migration der Reformierten Kirchen Bern-Jura-Solothurn, Gottes Volk, 10–13.

59 Vgl. die Ergebnisse einer empirischen Studie: Matt, Generation, 50 f.; aber auch Dümling, Migration, 89; Kahl, Präsenz, 191.

3 Ökumenische Zusammenarbeit[1]

In der Forschung stand bislang im Zentrum, inwiefern Religion Prozesse der Migration beeinflusst. Die Frage, inwiefern religiöse Gemeinschaften oder Rituale Integrationsprozesse mitbestimmen, wurde in den letzten Jahren prominent behandelt.[2] Demgegenüber wird die Frage, wie Prozesse der Migration Religionsgemeinschaften beeinflussen, weniger beachtet. Inwiefern verändert Migration Beziehungen, Projekte und den Glauben in der Schweizer Kirchenlandschaft? Inwiefern beeinflussen Prozesse der Migration Beziehungsdynamiken zwischen Kirchen unterschiedlicher Herkunft? Schotten sich Migrationskirchen von der Mehrheitsgesellschaft ab, um einen eigenen heilsamen Raum zu bilden, der im Gegensatz steht zum Chaos der Welt, das Migranten und Migrantinnen oft umgibt?[3] Mit wem gehen Kirchen, die aus Migrationsprozessen hervorgegangen sind, eine Beziehung ein? Wie wird diese Beziehung verstanden und begründet? Inwiefern verändern diese Beziehungen auch einheimische Kirchen?

Die Frage nach gelebten ökumenischen Beziehungen erscheint mir in der Migrationskirchenforschung zentral, da mit dieser Frage ins Zentrum gerückt wird, dass Migrationskirchen Akteurinnen sind, nicht einfach Empfängerinnen von diakonischen Leistungen. Es werden hier nur Beziehungen untersucht, die sich zwischen Migrationskirchen und einheimischen Kirchgemeinden im evangelischen (freikirchlichen oder kantonalkirchlichen) Bereich etablieren. Es geht also nicht um die gesamte Ökumene, der katholische Bereich beispielsweise wird gänzlich ausgeklammert. Die gelebten Beziehungen werden beschrieben und in vier Modelle gefasst. Beziehungen zu lokalen Kirchgemeinden sind für Migrationskirchen meist von Beginn an prägend und gestalten nicht selten ihre Entstehung mit. Dabei wird auch auf die unterschiedlichen Begründungsmuster eingegangen, die für eine solche ökumenische Zusammenarbeit der besonderen Art herbeigezogen werden. Die Frage nach den Beziehungen kann also auch erste Hinweise darauf geben, wie das religiöse Selbstverständnis oder auch die theologischen Grundlagen einer Kirche aussehen.

---

1   Dieses Kapitel wird in kondensierter Form in einem Sammelband mit Beiträgen des Forschungsnetzwerks «Begegnung mit dem globalen Christentum vor Ort. Migrationskirchen in Niedersachsen» Ende 2021 bei der Evangelischen Verlagsanstalt in Leipzig herausgegeben. Vgl. Hoffmann, Beziehungsdynamiken.
2   Vgl. dazu z. B. Foppa, Kirche; Baumann-Neuhaus, Glaube; Nagel, Religiöse Netzwerke.
3   So beschreibt das Schiffauer, Migration and Religion.

3.1 Beziehungsmodelle

Die Analyse meiner Interviewdaten, insbesondere des deduktiven Codes «Zusammenarbeit mit Gemeinden vor Ort» hat vier unterschiedliche Beziehungsmodelle zum Vorschein gebracht: Das Vermietungsmodell, das Kooperationsmodell, das Integrationsmodell und das Partnerschaftsmodell.[4] Diese Beziehungsmodelle werden im Folgenden, nach einer Eigenschaftsanalyse der Beziehungen, je für sich beschrieben und mit Blick auf ihre Stärken und Schwächen diskutiert.

Wenn Beziehungsmodelle beschrieben werden, ist es wichtig, die Konstellationen, die formalen Eigenschaften, aber auch die Inhalte der Beziehungen zu kennen.[5] Wer tritt mit wem in eine Beziehung und was sind die Gründe dafür? Was wird in den Beziehungen verhandelt? Die formalen Eigenschaften der untersuchten Beziehungen lassen sich anhand dessen beschreiben, wer mit wem in Beziehung tritt. Sind es Einzelpersonen oder sind es Gruppen? Und in welchem religiösen Kontext finden diese Beziehungen statt? Der Fokus meiner Untersuchung liegt auf Beziehungen zwischen Migrationskirchen und einheimischen Kirchen, zwischen einzelnen Gemeinden und grösseren Zusammenschlüssen, also auf Beziehungen zwischen Gruppen. Es ist klar, dass es bei Beziehungen immer um ein Geschehen zwischen einzelnen Personen geht, aber meine Forschungsfrage richtet sich nicht auf die persönliche Dimension solcher Beziehungen. Es geht um Beziehungen zwischen Gruppen, in denen einzelne Personen eine wichtige Rolle als Funktionsträger und Vermittlerinnen einnehmen können. Die von mir untersuchten Beziehungen gestalten sich in einem christlichen Kontext aus, meist innerhalb der gleichen Konfession oder in einem ähnlichen Frömmigkeitssetting. Der Grossteil meiner Interviewpartner kommt aus einer Kirche, die aus der Reformation hervorgegangen ist. Nur wenige Beziehungen stellen Beziehungen zwischen verschiedenen Konfessionen dar.

Zentral für meine Frage nach den Beziehungen sind aber nicht nur die formalen Kriterien, sondern vor allem auch die Inhalte der vorgefundenen Beziehun-

---

4   Die Namen für die Modelle haben sich aus den Codes bei der Interviewauswertung ergeben.

5   Ich lehne mich damit an den Vorschlag von Alexander-Kenneth Nagel an, der im Rahmen der NRW-Nachwuchsforschergruppe «Religion vernetzt» mithilfe einer Netzwerkanalyse soziale Wirklichkeit von Migrationskirchen durch Beziehungen, nicht anhand von individuellen Attributen oder Eigenschaften, beschreibt. Visualisiert wird ein solches Netzwerk mit Knoten und Linien, sogenannten Kanten, welche die Knoten verbinden. Die Knoten in einem solchen Netzwerk stehen für die Akteure, die Kanten für Inhalte, Richtung und Intensität der Beziehungen. Vgl. Nagel, Religiöse Netzwerke, 21–27.

gen. Wie treten die verschiedenen Gruppen miteinander in Beziehung? Was tauschen sie aus? Was sind gemeinsame Themen zwischen den Gruppen? Es lassen sich vier Inhalte ausmachen, die in jeder Beziehung da sind, aber in unterschiedlichen Abstufungen auftreten.[6] Es geht in allen Beziehungen erstens um eine Form von *Kontaktpflege*. Das Interesse für das jeweilige Gegenüber kann unterschiedlich ausgeprägt sein, ebenso der Grad des Vertrauens und des Vertrauensaufbaus. Zweitens geht es in den von mir beobachteten Beziehungen um einen *materiellen Austausch*, der sehr unterschiedlich ausgestaltet wird. Eine gemeinsame Raumnutzung für Gottesdienste bedeutet eine Form des materiellen Austausches, der einen Geldtransfer von der einen auf die andere Seite umfasst. Unter das Stichwort des materiellen Austausches fallen auch Spenden und gemeinsam finanzierte Projekte, aber auch das Finanzierungssystem von Gemeinden. Die dritte Gruppe von Beziehungsinhalten umfasst jeglichen *spirituellen Austausch*, seien dies Gebete, Gottesdienste, Seelsorge oder Evangelisationen. Die vierte Art von Beziehungsinhalten lässt sich mit *Öffentlichkeit* überschreiben. Beziehungen können auf eine öffentliche Wirksamkeit abzielen, auf eine Möglichkeit, ein gemeinsames Forum zu haben oder darauf, gemeinsam etwas zu erreichen.

Während es in allen gelebten Beziehungen um eine Art Kontaktpflege und auch um einen materiellen Austausch geht, findet sich die Dimension des spirituellen Austausches und der Öffentlichkeit nur in Einzelfällen oder punktuell. Diese beiden Beziehungsinhalte erfordern ein gegenseitiges Interesse und einen höheren Grad des Vertrauens zwischen den Partnerinnen. Gleichzeitig ist aber auch festzuhalten, dass die Beschreibung der Beziehungsinhalte allein noch nichts über die Intensität einer Beziehung aussagt. Auch eine Beziehung auf der spirituellen Dimension kann sehr oberflächlich bleiben, wenn sich die Partnerinnen dabei nicht wirklich begegnen.

Die formalen Eigenschaften der beobachteten Beziehungen haben ergeben, dass es sich um Beziehungen zwischen Gruppen handelt. Die Inhalte, die zwischen diesen Gruppen ausgetauscht werden, sind unterschiedlich gelagert, woraus sich, je nach Gewichtung eines Inhalts, vier Modelle ergeben. Das Vermietungsmodell, in dem die Partnerinnen vor allem an einem materiellen Austausch interessiert sind, das Kooperationsmodell, das Integrationsmodell und das Partnerschaftsmodell, in denen jeder der vier genannten Inhalte in unterschiedlicher Gewichtung eine Rolle spielt.

---

6   Die folgenden Beziehungsinhalte habe ich in Anlehnung an Nagel formuliert. Vgl. A. a. O., 24 f.

3.1.1 Vermietungsmodell

Das erste Modell ist das Modell, das zwischen Migrations- und Landeskirchen im Kanton Aargau und darüber hinaus in weiten Teilen der Schweiz üblicherweise gelebt wird. Der Wunsch für eine Zusammenarbeit geht in der Regel von einer Migrationskirche aus, die auf der Suche nach einem geeigneten Gottesdienstort ist. Es geht in dieser Art von Beziehung also vor allem um einen materiellen Austausch. Die Beziehung besteht oft zwischen ungleichen Partnern, die einander über weite Strecken fremd bleiben. Die Kontaktpflege beschränkt sich auf ein Minimum, das sich auf die Art und Weise der Raumnutzung bezieht. Für diese Form von Beziehung sind Regeln nötig, die normalerweise hierarchisch, von der Kirchenpflege der Schweizer Kirche, gesetzt werden. Es bestehen zwischen den Migrationskirchen und den Kantonalkirchen Mietverträge (die auch Partnerschaftsverträge genannt werden), wo die Zeiten für die Raumbenutzung und die Kosten festgelegt werden. Nicht selten wird der Anspruch der vermietenden Kirchgemeinde höher gesetzt als die der mietenden Gemeinde, d. h. wenn die Räume von der Vermieterin benötigt werden, müssen die Mieter zurücktreten. Reinigung nimmt einen eigenen Punkt im Vertrag ein.[7] Zusammenarbeit bedeutet in dieser Form nicht selten eine relativ grosse Abhängigkeit und geht wenig über das Raumteilen hinaus, gemeinsame Aktivitäten spiritueller Art sind schwierig auf die Beine zu stellen und werden darüber hinaus von Misstrauen begleitet. Der spirituelle Austausch beschränkt sich auf ganz wenige, meistens einmalige Erlebnisse im Kirchenjahr oder auf den Kontakt zwischen einzelnen Vertretern der Gemeinden. Inwiefern die Öffentlichkeitswirksamkeit in dieser Form von Beziehungsmodell eine Rolle spielt, ist schwer zu sagen. In der Regel finden die Gastgemeinden, wenn sie lediglich in einem Vermietungsmodell mit der lokalen Gemeinde zusammenarbeiten, nicht einmal Eingang auf deren Webseite.

Seit wenigen Monaten beherbergt eine reformierte Kirchgemeinde in Stadtnähe eine eritreisch-orthodoxe Kirchgemeinde. Zuständig für die Raumvermietung und -benutzung ist in erster Linie das Sekretariat der Schweizer Kirchgemeinde. Die eritreische Gemeinde hat einen Beauftragten für Öffentlichkeitsarbeit, der gut deutsch spricht und schon einige Jahre mit einem geregelten Aufenthaltsstatus in der Schweiz lebt und einer regelmässigen Arbeit nachgeht.

---

7 Vgl. z. B. den Muster-Mietvertrag der Reformierten Kirche Zürich: Arbeitsgruppe «Migrationskirchen» des Stadtverbands, Mietvertrag, URL: www.refbejuso.ch/filead min/user_upload/Downloads/OeME_Migration/Migration-Integration/OM_Inhalte_ Mietvertrag.pdf (1.2.2019).

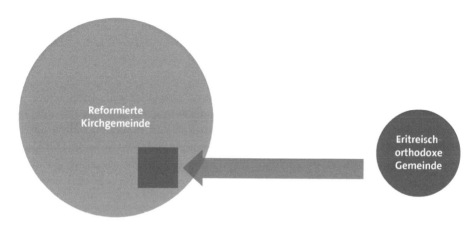

Abb. 1: Das Vermietungsmodell

Der Pfarrer der Schweizer Gemeinde hat wenig Zeit, sich vertieft mit der Gast-gemeinde auseinanderzusetzen. Wichtig ist für ihn in erster Linie, dass die auf-gestellten Bedingungen eingehalten werden.

> «Ja eben. // Wir haben weder Zeit // noch die Energie, noch das Wissen, um uns da gross damit auseinanderzusetzen. Wir haben einfach den Eindruck, diese Leute sind seit einem Jahr da. Sie haben nie Probleme gemacht. Sie halten sich an die Regeln. [...] Sie sind freundlich. Sie bemühen sich um das Einhalten der Termine, ja.» (Interview Daniel, Therese, 2.7.2018, 25)

Eine frankofone afrikanische Gemeinde, die seit rund 30 Jahren in und um eine Kleinstadt existiert und zu den ersten afrikanischen Gemeinden in der Schweiz gehört, hat schon öfters ihre Räumlichkeiten wechseln müssen. Seit dem Jahr 2000 mieten sie sich bei einer baptistischen Gemeinde ein, einer Schweizer Freikirche, die mehrheitlich aus deutschen Zuwanderern besteht. Ihre Bezie-hung beschränkt sich auf den geteilten Gottesdienstraum und punktuelle Gespräche und Gebete zwischen den Pfarrpersonen. Ein gemeinsam stattfinden-der Wald-Gottesdienst jeweils im Sommer mit anschliessendem Picknick funkti-oniert in den Augen des kongolesischen Pastors nicht optimal.

> «Wir haben es gut // also / wir leben sehr, sehr gut zusammen. Kein Problem, nichts zu klagen. Aber wir merken einfach, wenn wir gemeinsame Aktivitäten haben/ es gibt immer einen Teil, der nichts von uns wissen will. Und auch wenn wir, wenn wir unser

Essen teilen, unser afrikanisches Essen, dann gibt es einen Teil, die kommen und sagen, ah, das ist gut, das ist gut. Und der andere Teil/ der andere Teil, der schmollt.» (Interview Olivier, 16.4.2018, 95, Übersetzung CH)

Das Vermietungsmodell zeichnet sich durch ein Machtgefälle zwischen den Partnern aus und dadurch, dass man dank Regeln gemeinsam unter einem Dach leben kann. Dazu brauchen die beiden (oder in manchen Fällen auch mehrere) Gemeinden nichts oder nicht viel voneinander zu wissen. Die Zusammenarbeit funktioniert auch so. Im Vordergrund steht, dass die Zusammenarbeit möglichst reibungslos klappt und Kirchenräume optimal genutzt werden können.

3.1.2 Kooperationsmodell

Dieses zweite Modell umfasst Projekt-Beziehungen, die einzelne Gemeinden mit anderen Gemeinden oder Gemeindebünden eingehen. Für gemeinsame Gottesdienste, eine Gebetsnacht oder eine Strassenevangelisation werden geeignete Partnerinnen gesucht. Der spirituelle Austausch zwischen Gemeinden steht in dieser Art von Beziehung im Vordergrund. Nicht selten befinden sich die Projektpartnerinnen in einem ähnlichen Frömmigkeitssetting. Das gemeinsam realisierte Projekt, die Kooperation, kann aber auch sozial-diakonisch ausgerichtet oder materieller Natur sein, ein offener Begegnungstreff oder eine Spende zur Überbrückung einer Notlage sind hierfür Beispiele. Der materielle Austausch spielt in dieser Beziehungsform also ebenfalls eine relativ grosse Rolle. Die Beziehung kann als spirituelle Bereicherung verstanden werden, aber auch als soziales Engagement, zu dem eine Kirchgemeinde verpflichtet ist. Der Kontakt zwischen Gemeinden wird anhand solcher Projekte aufrechterhalten und immer weiter vertieft. Die öffentliche Wirksamkeit von Strassenevangelisationen und grossen Gottesdiensten ist nicht zu unterschätzen und spielt in diesem Beziehungsmodell eine tragende Rolle. Unterschiedliche Gemeinden treten zusammen auf und drücken so ihr Kirchenverständnis aus. Das Kirchenverständnis, das hinter diesem Beziehungsmodell steht, lässt sich mit dem Bild des Leibes Christi umschreiben. Der Leib Christi ist grösser als eine Gemeinde. Es gibt in den Gemeinden ein Bewusstsein dafür, dass zum Kirche-Sein mehr dazu gehört als die Gemeinde in den eigenen vier Wänden.

Wie etwa die Hälfte der Pastoren in evangelischen Migrationskirchen im Kanton Aargau ist auch ein nigerianischer Pastor Mitglied bei der lokalen Evangelischen Allianz. Durch diese Mitgliedschaft steht seine international ausge-

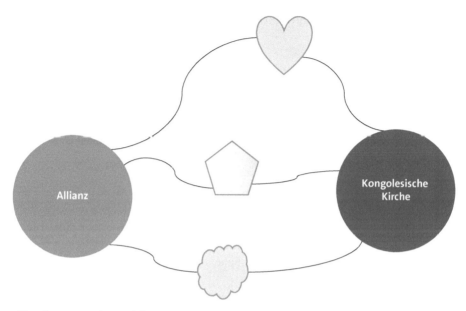

Abb. 2: Das Kooperationsmodell

richtete, englischsprachige Gemeinde in einer Beziehung mit unterschiedlichen, aber theologisch ähnlich ausgerichteten Gemeinden, die regelmässig, aber punktuell, gemeinsame Aktivitäten unternehmen. Durch gemeinsame Projekte erreichen auch die Migrationskirchen eine grössere Zahl an Menschen, sie haben so ein grösseres Forum.

> «Wir sind Teil der Allianz. So arbeiten wir hier in der Gemeinde zusammen. Als Mitglieder der Allianz arbeiten wir zusammen, legen Geld zusammen jedes Jahr. Und wir haben soziale Verpflichtungen innerhalb der Gemeinde. Wir machen Dinge zusammen, als Kirchen. Wir Leute der Kirchen kommen zusammen. Wir haben mindestens einen Gottesdienst zusammen. Jedes Jahr haben wir zwei gemacht. Zusammen. Und wir machen auch Ausstellungen, um die Gemeinde zu erreichen. Alles das als Mitglied der Allianz.» (Interview Dot, 20.6.2017, 95, Übersetzung CH)

Der Pastor der kongolesischen Gemeinde berichtet eindrücklich, wie die Beziehung zur Allianz ihn und seine Gemeinde aus einer finanziellen Notlage befreit hat. Nachdem der Kassier Geld veruntreut hatte, stand die Kirche an einem totalen Tiefpunkt. Die Beziehung zur Allianz war in dieser schwierigen Zeit nicht nur eine seelische Unterstützung für die Gemeinde, sondern auch eine praktische, materielle.

> «Ja, ja, das hilft uns in dem Sinn/ dass wir nicht allein sind. Und/ (…) sie sind/ die Allianz ist da, genau dann/ sie unterstützen jede Kirche. Wir tragen also jede Kirche in unseren Herzen […] Wir fanden uns also wirklich/ wir hatten nichts. Und ich habe diese Situation in der Allianz geschildert. (…) Und die Allianz war wirklich da, um uns zu helfen, uns zu beraten, und dann/ bis es wirklich ganz beendet war.» (Interview Olivier, 16.4.2018, 119, Übersetzung CH)

Diese Form der Beziehung lebt davon, dass sie punktuell ist, kurzfristige Projekte angedacht und durchgeführt werden. Danach gehen die Projektpartner wieder auseinander und gehen ihre eigenen Wege. Die Partner für eine solche Projektarbeit werden bewusst ausgesucht, zum Gelingen eines Projektes tragen gemeinsame Grundlagen, wie eine ähnliche Theologie, viel bei.

3.1.3 Integrationsmodell

Das Integrationsmodell hat mit dem folgenden Partnerschaftsmodell viel Ähnlichkeit. In beiden Modellen befinden sich eine Migrationskirche und eine einheimische Kirche in einer engen Beziehung. Die Gemeinden leben zusammen, was viel mehr umfasst als ein Raum-Teilen wie im Vermietungsmodell. Der Kontakt wird intensiv gepflegt, sich gegenseitig zu vertrauen spielt in diesem Beziehungsmodell eine grosse Rolle. Es werden Programme gemeinsam gestaltet, das Gemeindeleben und die Finanzen werden geteilt. Der materielle und der spirituelle Austausch werden ebenso gepflegt wie die öffentliche Wirksamkeit. Auf den Internetseiten der lokalen Kirchgemeinde ist die Webseite der Partnergemeinde aufgeführt und verlinkt.

Der Unterschied zwischen dem Integrations- und dem Partnerschaftsmodell besteht darin, dass im Integrationsmodell die Migrationskirche regelrecht in der bestehenden einheimischen Gemeinde aufgeht.

So berichtet die Pastorin der arabisch sprechenden Gemeinde innerhalb der methodistischen Gemeinde, dass sie in der Schweizer Gemeinde eine neue Heimat gefunden haben, und sie sich aufgehoben fühlen.

> «Sie haben uns total adoptiert. Ich nenne sie bis heute Muttergemeinde. Das finde ich ein sehr schöner Begriff, weil sie umarmen uns richtig so wie eine Mutter.» (Interview Sara, 14.12.2017, 6)

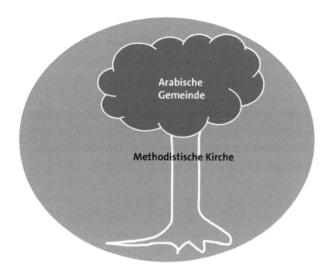

Abb. 3: Das Integrationsmodell

Die Kirchen wollen nicht als eigenständige Gemeinden parallel weiter bestehen, sondern eine Untergemeinde der bestehenden Gemeinde sein, auf der sie aufbauen können.

> «Wir wollen Wurzeln haben in [der] einheimischen Gemeinde.» (Interview Sara, 14.12.2017, 28)

Die eigene Identität wird in diesem Beziehungsmodell gegenüber dem Heimisch-Werden als zweitrangig empfunden. Diese Form von Zusammenarbeit ermöglicht ein Ankommen in der Fremde, Ziel der Zusammenarbeit ist es, eine neue Heimat zu finden. Das Verhältnis ist aber von einem deutlichen Machtgefälle gekennzeichnet. Die einheimische Kirchgemeinde gibt den Ton an und setzt die Spielregeln.

3.1.4 Partnerschaftsmodell

Diese Form von Zusammenarbeit unterscheidet sich von einer einfachen Raum-Vermietungs-Beziehung, da nicht nur der materielle Austausch gepflegt wird, sondern alle vier Beziehungsinhalte in gleichem Masse vertreten sind, wie das auch im Integrationsmodell der Fall ist. Der Unterschied zum Integrationsmodell besteht hier im Versuch, das Machtgefälle zu überwinden. Dieses Modell der Beziehung stellt eine Partnerschaft zwischen Gleichwertigen dar. Zwei Gemeinden finden sich, tun sich zusammen und teilen ihre Räume, Programme und Finanzen. Sie bleiben dabei aber autonome Gemeinden. Zusammenarbeit wird als ein Geben und Nehmen verstanden, als ein gegenseitiger Lernprozess, dessen Gelingen als ein übernatürliches Geschehen verstanden wird. Die Beziehungen gestalten sich also sowohl als Austausch auf materieller Ebene, als auch als spiritueller Austausch. Strukturelle Lösungen einer Zusammenarbeit können nur auf der Grundlage des gegenseitigen Vertrauens bestehen und wachsen. Deshalb ist es äusserst wichtig, dass der Kontakt vor allem zwischen den Gemeindeleitenden, aber auch zwischen den Gemeinden insgesamt, regelmässig gepflegt wird. Die Menschen müssen sich kennen und vertrauen, um miteinander eine Partnerschaft eingehen zu können. Diese Art von Zusammenarbeit zielt darauf, miteinander als Geschwister verbunden zu sein, die gemeinsam unterwegs sind. Die Partnerschaft wird deutlich öffentlich sichtbar.

Die eritreische charismatische Gemeinde lebt eine solche Partnerschaft mit einer Schweizer Freikirche. Der Schweizer Pastor streicht das Miteinander in der Zusammenarbeit zwischen den beiden Gemeinden, das auch öffentlich sein muss, deutlich heraus.

«Aber auf der anderen Seite ist uns wichtig, den Öffentlichkeitscharakter und das Miteinander auch, den Ausdruck, wir sind miteinander unterwegs, das Feiern, das gemeinsame Anteilgeben, das ist für uns irgendwie schon wichtig.» (Interview Christoph, David, Susanne, 27.6.2017, 314)

Die persönliche vertrauensvolle Beziehung zwischen den Leitenden der Gemeinden ist für das Gelingen der Zusammenarbeit zentral.

«Ja, wir vertrauen einander. Und wir spüren eben, wie David das gesagt hat, das ist etwas Übernatürliches, wie Gott uns zusammengeführt hat. Wir spüren/ wir gehören zusammen. Ohne jetzt eine Überverantwortung zu haben. […] Und eigentlich, das Wichtigste war für uns von Anfang an, dass einfach unsere Beziehung funktioniert, deshalb treffen wir uns regelmässig, beten zusammen. Unternehmen Dinge zusammen. Und eigentlich mein Versuch war auch immer, dass wir auf Führungsebenen guten Austausch haben.» (Interview Christoph, David, Susanne, 27.6.2017, 387)

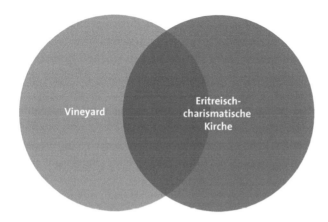

Abb. 4: Das Partnerschaftsmodell

Dieses Beziehungsmodell ist nicht nur von Langfristigkeit geprägt, sondern setzt Interesse am anderen voraus. Während vor allem das Vermietungsmodell mit wenig oder gar keinem Interesse oder Kenntnis des Partners auskommt, kann eine solche Zusammenarbeit ohne gegenseitiges Interesse nicht zu Stande kommen.

3.1.5 Analyse der Beziehungsmodelle

Die hier aufgeführten Modelle sind nicht im Sinne einer abschliessenden Liste zu verstehen.[8] Es wird sich zeigen, wie sich die zwischenkirchlichen Beziehungen in der Schweiz weiter entwickeln. In einer kritischen Diskussion werden nun aber die Stärken und Schwächen der in der Empirie vorgefundenen Modelle benannt. Dadurch kann zum Vorschein gelangen, wann und warum welches Beziehungsmodell in der Anwendung Sinn macht. Weder die Auflistung, noch die Beschrei-

---

8   Bereits 2011 hat Benjamin Simon für Deutschland drei Möglichkeiten zur Kooperation zwischen landeskirchlichen oder freikirchlichen Gemeinden mit «Gemeinden anderer Sprache und Herkunft» formuliert: Das Parallel-Modell entspricht meinem Vermietungsmodell, das Schwester-Kirchen-Modell umfasst das, was ich als Integrations- oder Partnerschaftsmodell verstehe, das Integrations-Modell meint Integration auf der landeskirchlichen Ebene. Simon, Christliche Gemeinden und Migration, 258. Diese Modelle finden sich auch in der EKD Erklärung «Gemeinsam evangelisch!». Der deutlichste Unterschied zu den von mir deskriptiv verwendeten Modellen liegt darin, dass hier klar das Integrations-Modell favorisiert wird.

bung oder die Analyse der Modelle soll aber dazu führen, eines der Beziehungsmodelle in der ökumenischen Zusammenarbeit zu favorisieren. Die folgende
Analyse hat zum Ziel, Kirchgemeinden (oder die Partner in solchen Beziehungen) dafür zu sensibilisieren, dass es verschiedene Formen und Modelle der
Zusammenarbeit gibt, die ihren je spezifischen Ort und ihre Zeit haben.

Das Vermietungsmodell hat den grossen Vorteil, dass es mit wenig Aufwand
verbunden ist. Es braucht keine lange Vorlaufzeit, es kann sofort damit begon-
nen werden, wenn die Parameter klar sind. Beide Seiten müssen wenig in die
Zusammenarbeit investieren. Darüber hinaus können leere Kirchengebäude mit
neuem Leben gefüllt werden. Selten gehen Menschen aus den beiden unterschiedlichen Gruppen aber aufeinander zu, beide Seiten sind froh, wenn es keine
Probleme gibt. So wird es auch vermieden, in einen näheren oder engeren Kontakt mit den anderen zu treten. Das gegenseitige Einander-auf-Distanz-Halten
ist die Schwäche dieses Modells.

Das Kooperationsmodell stellt oft einen ersten Versuch dar, mit «fremden
Geschwistern»[9] wirklich in einen Kontakt zu treten. Man versteht sich hier als
ein grosses Ganzes. Die Kurzzeitigkeit eines Projektes und der klar begrenzte
Zeitrahmen helfen dabei, dass sich verschiedene Parteien eher auf eine Zusammenarbeit einlassen und sich für etwas verpflichten. Ein Nachteil ist darin zu
sehen, dass solch kurzzeitig angelegte Projekte oft ohne Konsequenzen für weitere ökumenische Beziehungen bleiben.

Der deutliche Vorteil sowohl im Integrations- als auch im Partnerschaftsmodell liegt darin, dass beide nur durch ein wirkliches Engagement, durch ein
Sich-Öffnen auf beiden Seiten und den Austausch funktionieren. Eine Gefahr in
diesen engeren Partnerschaftsmodellen liegt darin, die eigene Identität zu verlie-
ren und ganz im Anderen aufzugehen.

Während das erste Modell noch mit wenig Interesse am Untermieter auskom-
men kann, ist das in den drei anderen Modellen nicht möglich. Sie setzen ein
deutliches Interesse am Anderen voraus. Wenn man in eine Beziehung mit
einer anderen Gemeinde einsteigt, gilt es also auf beiden Seiten zu allererst
abzuklären, wie hoch das Interesse an der anderen Gemeinde wirklich ist.
Weiter scheint mir wichtig, zu bedenken, dass eine Zusammenarbeit immer
auch eine Art von Kontrollverlust mit sich bringt. Dies zeigt sich vor allem auf
der Seite der Schweizer etablierten Gemeinden. Der Kontrollverlust ist in jedem
Modell unterschiedlich gross. Während das Vermietungsmodell mit einem klei-

---

9   Nicht selten wurde die andere christliche Gemeinde, mit der man in einer Beziehung
     steht, von den Interviewpartnern mit diesem etwas widersprüchlichen Begriff bezeichnet,
     der meines Erachtens ins Herz der Diskussion vorstösst.

nen Kontrollverlust einhergeht, wird er im Kooperations- und im Partnerschaftsmodell immer grösser. Während sich die Frage eines möglichen Kontrollverlustes vor allem in den Schweizer Gemeinden stellt, sollte über die Frage des gegenseitigen Interesses, des Interesses am Anderen und an dem, was dem Eigenen fremd ist, in Schweizer Gemeinden und in Gemeinden mit einem Migrationshintergrund in gleichem Masse nachgedacht werden.

In der Analyse der Beziehungen zeigt sich, dass Gemeinden ihre Beziehungen nicht selten in mehr als einem Modell leben. Die unterschiedlichen Beziehungsmodelle werden dann oft in der Reihenfolge durchlaufen, wie sie von mir weiter oben beschrieben wurden. Das ist aber nicht als eine chronologische oder hierarchisch-wertende Abfolge zu verstehen. Die Beziehungen beginnen zwar oft mit einem Vermietungsmodell, aber nicht immer. Es gibt Gruppen, die von einem Vermietungsmodell über ein Kooperationsmodell zu einem Partnerschaftsmodell kommen, andere Gruppen beginnen in einem Kooperationsmodell und gehen in ein Vermietungsmodell über, wieder andere starten ihre Beziehung direkt in einem Partnerschaftsmodell. Das Übergehen in eine andere Stufe der Beziehung ist aber keine Bedingung für eine gute Beziehung. Jedes Modell kann auch ganz für sich alleine gelebt werden, ohne zu einem späteren Zeitpunkt in ein nächstes Modell überzugehen. Eine gelebte und gepflegte Beziehung in einem Vermietungsmodell hat genauso ihre Berechtigung wie ein enges Partnerschaftsmodell.

Unterschiedliche Konstellationen und Kontexte erfordern verschiedene Beziehungsmodelle. Wichtig ist, dass die Gemeinden, die miteinander in einer Beziehung stehen, wissen, was sie tun. Und dieses Wissen muss auf beiden Seiten der Beziehung vorhanden sein. Meines Erachtens geschieht in der Praxis nicht selten der fatale Fehler, dass eine Gemeinde das Gefühl hat, sie befinde sich in einem engen Partnerschaftsmodell, das Gegenüber aber davon ausgeht, dass es sich um eine «Raumbeziehung» handelt. In Wirklichkeit also geht die gelebte Beziehung nicht über ein Vermietungsmodell hinaus. Erwartungen und Engagement befinden sich bei den beteiligten Gemeinden bei einem solchen Missverständnis nicht auf der gleichen Ebene, die Zusammenarbeit wird schwierig.

Wie bereits erwähnt, sind die von mir in der Empirie vorgefundenen Modelle nicht als eine abgeschlossene Reihe zu betrachten. Sie können und sollen weiter ergänzt werden. Dies kann beispielsweise durch das in Dänemark beobachtete Rad-Modell geschehen, das im Schweizer Kontext zurzeit noch ein nicht existierendes Zukunftsmodell darstellt.[10] Das Rad-Modell funktioniert so, dass ver-

---

10 Für weitere Informationen zu interkulturellen Kirchenmodellen in Dänemark siehe Dalsgaard, Modeller, 133 ff.

schiedene Gemeinden über eine gemeinsame Nabe miteinander verbunden sind, es geht also über alle oben beschriebenen Modelle hinaus, in denen die Beziehung zwischen zwei Gruppen im Zentrum steht. Im Unterschied zum Kooperationsmodell werden hier nicht nur einzelne Projekte gemeinsam unternommen, sondern alle Projekte und alle Gemeinden werden durch ein verbindendes Element, die Nabe, zusammen gehalten. Die Schwierigkeit besteht darin, dass noch unklar ist, was denn die gemeinsame Nabe sein soll. Ist das ein gemeinsam gefeierter Gottesdienst, ist das ein Leitungsgremium, in dem immer Vertreter der einzelnen Gemeinden Einsitz haben? Der grosse Gewinn dieses Modells ist, dass es möglich wird, dass sich hybride Identitäten bilden. Gemeindemitglieder haben die Möglichkeit in verschiedenen Gemeinden mitzumachen. Dies könnte durchaus für die zweite und dritte Generation von Migrationskirchen ein interessantes Modell von Kirche sein.

Darüber hinaus hat Friedemann Burkhardt aus kirchentheoretischer Sicht unlängst vier Modelle interkultureller Kirchen- und Gemeindeentwicklung zur Diskussion gestellt, mit denen die «Neugestaltung kirchlichen und gemeindlichen Lebens» in einer multikulturellen Gesellschaft angeregt werden soll.[11] Burkhardt betont, dass die Aufnahme des Aspektes der Interkulturalität in die Debatte um kirchentheoretische Konzepte in der Praktischen Theologie unabdingbar ist. Er spricht in diesem Zusammenhang von offen-assimilierenden Gemeinden, vom multikongregationalistisch-ökumenischen Kirchen- und Gemeindetyp, von multikulturellen und integrativ-interkulturellen Gemeinden. Jedes dieser Modelle nimmt auf seine Art und Weise die besonderen Bedürfnisse einer multikulturellen Bevölkerung auf. Es geht in diesen Modellen also anders als in den von mir für eine Analyse vorgeschlagenen Modellen nicht um zwischenkirchliche Beziehungen, sondern um multi- und interkulturellen Gemeindeaufbau. Kirchentheorie, so Burkhardt, ist nur tragfähig, wenn der Aspekt der Interkulturalität eingebunden wird.[12]

3.2   Deutungen der Zusammenarbeit

Rund die Hälfte meiner Interviewpartner spricht unaufgefordert darüber, was zu einer Zusammenarbeit mit einer anderen Gemeinde führt und wie diese gedeutet wird. Welche Metaphern werden zur Begründung einer Zusammenarbeit herangezogen? Welche Bedeutungen werden der Zusammenarbeit zuge-

---

11 Burkhardt, Modelle, 318.

12 Vgl. Burkhardt, Interkulturelle Kirchen- und Gemeindeentwicklung, 226 f.

schrieben? Vereinfacht gesagt: die Zusammenarbeit wird lebenspraktisch, theologisch oder gesellschaftspolitisch gedeutet.

Die orthodoxen Geschwister begründen ihre Zusammenarbeit damit, dass sie Räume brauchen. Am liebsten hätten sie eine Kirche für sich allein, wo sie ihre Ikonen nicht immer versorgen müssen, zu den für sie günstigen Zeiten Gottesdienst feiern können und sich nicht nach den Zeiten der gastgebenden Kirche richten müssen. Diese eher lebenspraktische Art, eine Zusammenarbeit zu begründen, könnte auch damit zusammenhängen, dass sich die Gemeinden, die hier zusammenarbeiten, theologisch ganz fremd sind. Die orthodoxen Gemeinden sind in reformierten Kirchen eingemietet.

«Die Schweiz, oder die Schweizer Leute haben uns positiv geantwortet wegen Kirche. Die geben uns jeden Samstag oder jeden Sonntag frei euren Raum/ bei manchen Kantonen zahlen wir ein bisschen.» (Interview Nardos, Ogbamichael, 25.9.2017, 33)

Eine weitere, ebenfalls eher lebenspraktische Art, die Zusammenarbeit zu begründen, findet sich in einer Latinogruppe, die zu einer reformierten Kirchgemeinde eine enge Partnerschaft pflegt.

«Der kleine Hahn ist immer verletzlich und dann nicht Kraft. Und wenn kalte Zeiten kommen, könnte er einfach sterben. Wenn die Mutter kommt/ kann ihn auch unterstützen. Mit ihren Flügeln. Später diese/ dieses kleine Hähnchen ist grösser und grösser und plötzlich ein Hahn. Das ist die *Iglesia Latina*. Könnte grösser sein. Aber jetzt ist sie dieses verletzliche/ Güggeli.» (Interview Thiago, 12.2.2018, 77)

Die Zusammenarbeit hilft der kleinen, jungen Gemeinde zu überleben. Es fällt auf, dass hier eine familiale Metapher verwendet wird, um eine asymmetrische Beziehung zwischen den Gemeinden zu beschreiben. Es handelt sich bei der Beziehung zwischen den Gemeinden um eine Mutter-Kind-Beziehung, die ein deutliches Gefälle aufweist. Man könnte von einer Selbst-Infantilisierung der Gemeinde sprechen, die sich in eine grosse Abhängigkeit von einer Schweizer Gemeinde begibt. Das Kind sucht und braucht den Schutz der Mutter.

Interessanterweise werden familiale Metaphern ebenfalls verwendet, wenn eine Zusammenarbeit theologisch begründet oder gedeutet wird. Im Gegensatz zur oben beschriebenen asymmetrischen Mutter-Kind-Beziehung werden hier aber Metaphern herbeigezogen, die auf die Gleichwertigkeit der Beziehungspartner hinweist.

> «Wir sind alle Kinder des Herrn überall auf dieser Welt. Und wir müssen lernen, wie wir zusammenarbeiten können als Körper Christi. Die Kirche ist grösser als eine Gruppe oder eine Denomination. Es ist notwendig, dass wir Menschen finden, mit denen wir zusammenarbeiten können.» (Interview Dot, 23.10.2017, 126, Übersetzung CH)

Die gemeinsame Gotteskindschaft ist eine beliebte Begründung für eine Zusammenarbeit. Als Kinder Gottes sind wir dazu verpflichtet, gemeinsam am Reich Gottes zu bauen. Der nigerianische Pastor merkt aber auch an, dass es immer darum geht, genau zu prüfen, mit wem man zusammenarbeitet. Es sind Leute gefragt, die an Gott glauben und die christliche Lehre nicht verletzen.

> «Wir müssen aufpassen, dass die Partner, die wir haben, Menschen sind, die an Gott glauben, und dass ihre Doktrin der Lehre Christi nicht schadet.» (Interview Dot, 23.10.2017, 126, Übersetzung CH)

Der nigerianische Pastor begründet die Zusammenarbeit zwar mit einer sehr weiten Metapher, wir sind alle Kinder Gottes, überall auf der Welt. Aber er schränkt die Zusammenarbeit in einem zweiten Satz gleich wieder ein. Er betont, dass die Partner, mit denen er zusammenarbeiten will, gläubig sein und eine Lehre vertreten müssen, die der Lehre Christi nicht schaden kann. In seinen Augen gibt es also geeignete und ungeeignete Partner für eine Zusammenarbeit, die Qualität eines Partners lässt sich an seiner Rechtgläubigkeit messen.

Ein kongolesischer Pastor begründet seine Initiative für Zusammenarbeit ebenfalls theologisch mit dem Leib Christi und der Verwandtschaft zwischen den Glaubensgeschwistern, also ganz ähnlich wie der nigerianische Pastor in familialen Metaphern, aber ohne in das Diskursfeld der Rechtgläubigkeit einzutreten.

> «Und auch unsere Freude, wirklich Teil dieser Familie zu sein, die wir hier in der Schweiz kennen gelernt haben. Das sind unsere Brüder und Schwestern, also/ wir wollen unseren Glauben teilen, wir alle. Wir wollen zusammen sein, Gemeinschaft haben. Und dann/ also, das ist unsere Sorge Nummer 1. Wir wollen nicht noch isoliert werden. Deshalb sind wir hier in der Allianz dabei. Wir sind auch/ wir machen/ einen Teil des Leibes Christi aus. Also für die Bewegung, das ist/ das ist unser Ziel. Unser Ziel.» (Interview Olivier, 16.4.2018, 171)

Neben der familialen Metapher, die der Pastor für die Begründung einer Zusammenarbeit benutzt, fällt hier auf, dass er sehr deutlich betont, dass sie als Gemeinde auf keinen Fall isoliert sein wollen. Damit tritt er in ein integrationspolitisches Diskursfeld ein, in dem davon ausgegangen wird, dass Migrationskirchen (und vor allem auch Moscheegemeinden) sich zu gefährlichen Parallelgesellschaften entwickeln können. Ein Leiter einer Latinogruppe begründet seinen Wunsch nach Zusammenarbeit ebenfalls in diesem Diskursfeld. Er macht unmissverständlich deutlich, dass er und seine Gemeinde auf keinen Fall eine Parallelgesellschaft darstellen wollen:

«Aber wir müssen nicht lassen/ die Beziehungen zu der/ schweizerischen Gesellschaft. Weil es ist wichtig, auch. (.) Wir können es nicht vergessen. (...) Wir können nicht isoliert eine/ (.) Parallelgesellschaft gründen.» (Interview Thiago, 12.2.2018, 24)

Neben lebenspraktischen und theologischen Begründungen für eine Zusammenarbeit treten also auch deutlich gesellschaftspolitische Begründungszusammenhänge in den Vordergrund. Es wird nicht nur betont, dass sie als Gemeinschaften auf keinen Fall ein Parallel-Dasein führen wollen, sondern der Umstand, dass Schweizer Kirchen ihre Räume zur Verfügung stellen, wird auch dahin gehend gedeutet, dass die Integrationspolitik der Schweiz insgesamt einen positiven Anstrich bekommt. Das Klima in der Schweiz wird so im Sinne einer Willkommenskultur eingeschätzt. Die verwendeten Metaphern sagen darüber hinaus auch viel über das ekklesiologische Selbstverständnis und über die Identitätssuche der Kirchen aus. Sie verstehen sich oft als im Werden und auf der Suche, gleichzeitig ist ihnen das Eingebundensein in einen grösseren Kontext für ihre Existenz sehr wichtig.

Die Metapher der Gastfreundschaft oder das biblische Bild der Einheit in Vielfalt – beides aus ökumenischen Dokumenten wohl vertraut – taucht in den Interviews nie auf. Dafür steht das Bild des Leibes Christi, die Geschwisterschaft und das Bild der Familie stark im Vordergrund. Interessant ist aber, dass die familialen Metaphern im Sinne einer Mutter-Kind-Beziehung, die ein kleinräumiges und inklusives Beziehungsmuster beschreiben, in ihrer Asymmetrie sehr nahe an der Metapher der Gastfreundschaft sind. Die neuen Gemeinden sind angewiesen auf Schutz und Hilfe der einheimischen, etablierten Gemeinden. Die Zusammenarbeit wird also funktional begründet. Die Muttergemeinde, um bei den familialen Metaphern zu bleiben, hilft den neu ankommenden Menschen in der Schweiz, eine neue Heimat zu finden. Hier spielt die gesellschaftspolitische Debatte darüber, wie Menschen in der Fremde eine neue Heimat finden, wie sie in der neuen Welt integriert werden können, mit hinein. Muttergemeinden werden als grosse Hilfe zur Integration im Sinne von Heimat finden empfunden.

Nicht selten überschneiden sich also theologische Begründungen für und Zuschreibungen zu einer Zusammenarbeit mit gesellschaftspolitischen Diskursen über Heimat und Parallelgesellschaft. Diesen beiden Themenkomplexen – Theologie und Integrationspolitik – ist in Zukunft noch vertiefter nachzugehen. Wie hängen die Bilder des Leibes Christi und der Familie mit Heimat und Parallelgesellschaft genau zusammen? Und wie sind sie mit den Beziehungsmodellen zusammen zu denken?

3.3 Einige Einsichten für die weitere (migrations)ökumenische Zusammenarbeit

Es sind theologische Fixpunkte und Ähnlichkeiten im Frömmigkeitsstil, die Partnerschaften und Beziehungen mit anderen Kirchen oder Gemeinden ermöglichen und auch gestalten. Theologische Nähe fördert also Beziehungen. Die aus einer theologischen Nähe heraus entstandenen Beziehungen sind aber eigentlich noch gar keine ökumenischen Beziehungen. Ökumene meint ja vielmehr, dass der Kontakt und die Beziehung mit «dem anderen» gesucht und gepflegt wird. Ökumenische Beziehungen leben davon, dass eine Einheit in Verschiedenheit angestrebt wird. Dagegen nur eine Einheit unter Gleichgesinnten anzustreben, würde viel zu kurz greifen.

Die theologische Begründung für eine Zusammenarbeit mit dem Argument der Rechtgläubigkeit, wie sie manche meiner Interviewpartner explizit oder unterschwellig eingebracht haben, scheint demnach ein kritischer Punkt zu sein für eine (migrations)ökumenische Zusammenarbeit. Eine Qualifizierung und Unterscheidung zwischen geeigneten und ungeeigneten Partnern innerhalb der Christus-Familie erschwert eine wirkliche ökumenische Zusammenarbeit. In der ökumenischen Zusammenarbeit geht es ja genau darum, Unterschiede auf verschiedenen Ebenen auszuhalten und damit einen Umgang zu finden. Die Einschränkung unserer Partner und Partnerinnen auf solche, die die gleichen theologisch-dogmatischen Voraussetzungen teilen, begrenzt die Ökumene. Die Diskussion um geeignete Partner und Partnerinnen für eine Zusammenarbeit weist auf den grossen theologischen Diskurs über «wahre» und «falsche» Christen und Christinnen hin, der teilweise hitzig geführt wird, und in dem die einen Christen den anderen ihren Glauben absprechen. Indem ein Pastor die Fragen der Zusammenarbeit zur Frage nach geeigneten und ungeeigneten Partnern zuspitzt, wird etwas davon deutlich, welchen Stellenwert Fragen der Zusammenarbeit, ja ökumenische Fragen allgemein, in manchen Gemeinden einnehmen. Sie stellen ein Unterkapitel zu Fragen der Rechtgläubigkeit dar. Diesem Zugang liegt ein ganz anderes Ökumeneverständnis zugrunde. Ökumene soll in dieser Arbeit demgegenüber als eine Form des Zusammenlebens, als Konvivenz verstanden werden, in der man sich unterstützt, voneinander lernt, gemeinsam feiert und auch Konflikte und Differenzen aushält und dabei nicht Fragen der Rechtgläubigkeit vorordnet.[13]

Aus meinen Beobachtungen zu den gelebten Beziehungen lassen sich nun folgende Voraussetzungen oder Bedingungen für eine gut funktionierende Zusammenarbeit in der Migrationsökumene vor Ort ableiten:

Zusammenarbeiten bedeutet nicht selten, Konflikte aushalten zu können. Zusammenarbeit braucht Zeit und Nerven und heisst, dass man die eigene Komfortzone verlassen, Grenzverschiebungen zulassen muss. In allen Interviews wurde aber trotz solcher Hürden darauf verwiesen, dass eine Zusammenarbeit einen Nutzen hat, dass man durch Zusammenarbeit mit anderen Gemeinden Zeichen setzen kann. Was für Zeichen das sind oder sein sollen, wird unterschiedlich verstanden. Die Angaben umfassen eine grosse Bandbreite und pendeln sich ein zwischen spirituell verstandenen Zeichen, die beispielsweise auf eine Weltevangelisation verweisen, und mehr weltzugewandten Zeichen wie den Einsatz für mehr Gerechtigkeit in der Asylpolitik.

Für eine gute lokale Zusammenarbeit zwischen unterschiedlichen Gemeinden ist gegenseitiges Vertrauen wichtig. Das wird durch eine intensive Kennenlern-Phase erreicht, in der Schlüsselpersonen aus den beteiligten Gemeinden eine zentrale Rolle spielen. In allen Interviews war immer wieder von der wegweisenden Position solcher Personen die Rede. Oft sind das Pfarrpersonen, es können aber auch Sekretariatsmitarbeitende von Schweizer Gemeinden sein oder Öffentlichkeitsbeauftragte einer Migrationskirche. Auf der Seite der Migrationskirche sind Deutschkenntnisse und Kenntnisse des Schweizer Kontextes für eine solche Mittler-Rolle wesentlich. Auf der Schweizer Seite scheinen nicht unbedingt Kenntnisse über die fremden Geschwister ausschlaggebend zu sein, sondern vielmehr, wer Lust und Zeit dazu hat. Das ist kritisch zu betrachten, denn solche Brückenbauer und Brückenbauerinnen bringen idealerweise auch

---

13 Theo Sundermeier hat den Begriff der Konvivenz in die Interkulturelle Theologie bereits Mitte der 1980er-Jahre eingebracht. Seither wurde er vielfach ausformuliert, auf die Dimension und die Rolle von Konflikten wurde aber meiner Meinung nach bislang zu wenig Gewicht gelegt. Vgl. Theo Sundermeier, Konvivenz; zur Kritik an diesem Modell siehe Grünschloss, Glaube, 307 ff.

transkulturelle Fähigkeiten mit. Passend wäre es, wenn für eine solche Aufgabe jemand gefunden wird, der oder die zwischen den Kontexten hin und her «floaten» kann. Meines Erachtens sind solche Menschen vor allem in der zweiten Generation in Migrationskirchen zu finden. Die «zweite Generation» zeichnet sich dadurch aus, dass sie keine eigene Migrationserfahrung mehr hat, also jungen Schweizern und Schweizerinnen nahe ist. Gleichzeitig besitzt diese zweite Generation aber auch multiple und hybride Identitäten, womit sie sich eben in verschiedenen Kontexten bewegen können.[14]

Die Zusammenarbeit zwischen unterschiedlichen Gemeinden wird oft hierarchisch organisiert. Das heisst, es wird von einem höheren Gremium entschieden, ob eine Zusammenarbeit möglich ist. Auf der Schweizer Seite liegt die Entscheidungsgewalt oft bei der Kirchenpflege, manchmal kann sie aber auch bei einer Pfarrperson, im Pfarrteam oder beim erweiterten Mitarbeitendenteam liegen, je nachdem wie die Gemeinde organisiert ist. In Migrationskirchen scheint die Entscheidungsgewalt sehr oft bei der Pfarrperson allein zu liegen. Gewöhnliche Kirchgemeindeglieder haben auf beiden Seiten wenig Einfluss auf eine Beziehung zu anderen Gemeinden, zumindest kam das in den Interviews nie zur Sprache.

Die Zusammenarbeit wird nicht nur hierarchisch organisiert, sondern sie beschränkt sich in den von mir interviewten Gemeinden zu einem grossen Teil auf eine Zusammenarbeit zwischen Leitungspersonen. Dort scheint eine Zusammenarbeit meist sehr gut zu funktionieren, die Leitenden sind nicht selten auch privat miteinander befreundet. Freundschaften können also ökumenische Beziehungen fördern, und das nicht nur auf einer Leitungsebene. Es gilt anzuregen, dass ökumenische Beziehungen auch «bottom up» entstehen können. Beispielsweise anhand gemeinsamer Erlebnisse und Gespräche beim Essen.

Abschliessend halte ich eine Beobachtung fest, die in erster Linie für die Schweizer Kirchen wichtig ist. Die lokale Migrationsökumene lehrt die Schweizer Kirchen Partnerschaften in ökumenischen Beziehungen zu überdenken. In unseren Schweizer Kantonalkirchen wird unter Ökumene nicht selten die Beziehung zwischen reformierten und katholischen Gemeinden verstanden. Ein solches Ökumeneverständnis greift aber in zweierlei Hinsicht zu kurz. Erstens wird

---

14 Barbara Matt hat sich in ihrer theologischen Masterarbeit mit der zweiten Generation evangelischer Migrationskirchen in Deutschland anhand einer empirischen Studie auseinandergesetzt. Faktoren einer kirchlichen Beheimatung sind für diese jungen Menschen ganz ähnlich wie bei jungen Menschen ohne Migrationshintergrund: Gemeinschaft und Beziehungsebene haben hohe Bedeutung für den Besuch einer Gemeinde, ebenso eine lockere, willkommen heissende Atmosphäre, das Mitgestalten des gemeindlichen Lebens, im Glauben wachsen zu können, zeitgemässe Sprache und Musik. Vgl. ihre Einsichten in gekürzter Form Matt, Generation, 62 ff.

so die weltweite Dimension des Christentums mehr oder weniger ausgeklammert und zweitens sind Beziehungen zwischen Schweizer Landes- und Freikirchen überhaupt nicht im Blick. Migrationskirchen rücken beide Themen ins Bewusstsein, sowohl die globale Familie aller Christen und Christinnen als auch die innerevangelische Ökumene. Hier in der Schweiz sind es nämlich nicht selten evangelische Freikirchen, die mit Migrationskirchen enge Beziehungen eingehen. Das mag an einer ähnlichen theologischen Ausrichtung liegen oder aber auch an der geteilten Minderheitenposition. Die Auseinandersetzung mit Migrationskirchen lässt uns also auch die Zusammenarbeit zwischen Landes- und Freikirchen neu bedenken. Ökumene bedeutet schliesslich, dass sich alle auf dem bewohnten Erdkreis verstreuten Christen und Christinnen um Einheit bemühen. Um dies zu erreichen ist eine mannigfaltige Zusammenarbeit gefragt. In der Auseinandersetzung mit der Zusammenarbeit zwischen Migrationskirchen und einheimischen Gemeinden wird es weiterhin darum gehen, die theologischen Motive und Begründungsmuster für eine Zusammenarbeit in der Empirie aber auch in kirchlichen Dokumenten herauszuschälen.

Zusammenarbeit und ökumenische Beziehungen brauchen Vertrauen, Zeit und Nerven. Sie werden bislang gerade im migrationsökumenischen Kontext hierarchisch organisiert und leben von Schlüsselpersonen. Freundschaften und eine ähnliche theologische Ausrichtung fördern und vereinfachen Beziehungen. Es gilt, diese Beziehungen auf eine breitere Basis zu stellen, die lokalen Akteure und Akteurinnen zu definieren. Darüber hinaus wird es für die Beziehungen zwischen Migrations-, Frei- und Landeskirchen immer wichtiger werden, strittige theologische Themen, wie beispielsweise Heilung, Gebet oder Schriftverständnis, zu benennen und zu diskutieren. Diesem Themenfeld wenden wir uns im folgenden Kapitel zu.

4   Theologische Lernfelder

In vielen akademischen und kirchlichen Veröffentlichungen wird vor allem und zuerst von Befremdung, Herausforderungen und Spannungsfeldern gesprochen, wenn es um die Begegnung oder Zusammenarbeit zwischen Migrationskirchen und anderen Kirchen geht oder um theologische Themen, die sich daraus ergeben.[1] Ich schlage demgegenüber vor, von *Lernfeldern* zu sprechen, wenn wir Berührungspunkte zwischen unterschiedlichen kirchlichen Formationen in den Blick nehmen.[2] Wenn wir von Lernfeldern sprechen, bringt das andere Implikationen mit sich als das Reden über Kontroversthemen und Irritationen. Lernfelder implizieren, dass beide Seiten sich auf einen Lernprozess einlassen, sie sind positiver konnotiert und nehmen ihren Ausgangspunkt nicht darin, dass es zwischen unterschiedlichen Kirchen und Kulturen erst einmal zu Schwierigkeiten kommt. Ebenso impliziert das Reden vom Lernen Veränderungsbereitschaft. Wenn ich hier von Lernen spreche, geht es um ein ganzheitliches Lernen, bei dem die Erfahrung sehr zentral ist. Selbstverständlich darf dabei nicht unterschlagen werden, dass es in der Begegnung und in der Zusammenarbeit zwischen Migrationskirchen und sogenannten autochthonen Kirchen auch zu Schwierigkeiten und Reibungen kommt. Dabei gilt es vor allem im Blick zu behalten, dass die in einer Begegnung entstehenden Schwierigkeiten vielschichtig sind und sich auf unterschiedlichen Ebenen abspielen.[3] Praktische Schwie-

---

1   So beispielsweise der Bereich OeME-Migration der Reformierten Kirchen Bern-Jura-Solothurn, Gottes Volk, 23; Währisch-Oblau, Missionary Self-Perception, 306–310; Heinemann, Interkulturalität, 219–232; Gerloff/Egler, Das schwarze Lächeln Gottes; Heimbrock/Scholz, Kirche.

2   Damit bin ich nicht allein, auch Gregor Etzelmüller spricht von Lernfeldern und plädiert dafür, zunächst danach zu fragen, was reformierte Grosskirchen theologisch von Migrationskirchen lernen können. Er arbeitet nicht empirisch, sondern aus dem, was er in Begegnungen und der Lektüre wahrgenommen hat, fünf Lernpotenziale heraus: Schriftlektüre, Materialität des Heils, Leiden um Christi willen, dualistische Weltsicht, Mission und Bekehrung. Ein Beitrag dazu wird im Sammelband des Netzwerks «Begegnung mit dem globalen Christentum vor Ort. Migrationskirchen in Niedersachsen» Ende 2021 bei der Evangelischen Verlagsanstalt in Leipzig erscheinen. Vgl. Etzelmüller, Migrationskirchen.

3   Die Problemschichten, die Claudia Währisch-Oblau aufzählt, kann ich durch meine eigenen Beobachtungen bestätigen. Es gibt erstens die basale Ebene der praktischen Schwierigkeiten, die rund um die gemeinsame Nutzung von Räumlichkeiten entstehen, und weiten Raum einnimmt. Die zweite Schicht enthält Probleme, die mit unterschiedlichen Vorstellungen der Zusammenarbeit oder dem Interesse am anderen zusammen-

rigkeiten bei der Zusammenarbeit stehen oft im Vordergrund und beeinflussen dann in der Folge auch den theologischen Dialog zwischen den Kirchen. Im Folgenden stehen nun aber theologische Lernfelder im Zentrum, die nicht zuletzt für die Praxis des Gottesdienstes zentral sind.[4]

In meiner empirischen Forschung tauchten immer wieder theologische Themen auf, die in Schweizer reformierten Kirchgemeinden und Migrationskirchen von unterschiedlicher Bedeutung sind, verschieden verstanden und zum Teil kontrovers diskutiert werden. In den Interviews wurde viel über die unterschiedliche Gestaltung von Gottesdiensten gesprochen, über das Beten, Predigen und Singen, und davon, wie wichtig Evangelisation ist. Die Teilnahme an Gottesdiensten und Konferenzen von Migrationskirchen hat gezeigt, wie zentral Gebet und Heilung in vielen dieser Kirchen sind.[5] Diese Themenfelder, die sowohl in den Interviews zur Sprache kamen, als auch im Gottesdienstleben beobachtet werden konnten, halte ich für fruchtbare Lernfelder im Bereich Migration und Kirche. Nicht nur meine empirischen Ergebnisse weisen darauf hin, dass diese beiden Themenfelder zentral sind, sie werden auch in der Forschungsliteratur als wichtige Marker betrachtet, wenn darüber nachgedacht wird, wie sich das Christentum durch Migration verändert. Brian Stanley meint, dass Migration das Christentum diversifiziert «with a new infusion of spiritual vitality and missionary confidence».[6] So werde ich im Folgenden meine herausgearbeiteten Themen, ihre unterschiedlichen Verstehensweisen und Gemeinsamkeiten gebündelt als zwei Lernfelder unter den Titeln *Spirituelle Vitalität* und *Missionarische Zuversicht* verhandeln.

---

hängen. Drittens prägen unterschiedliche Ideen und Vorstellungen zu Integration die Begegnung, viertens hängt die Zusammenarbeit auch von einem unterschiedlichen Verständnis von Partikularität und Universalität ab. Die fünfte Problemschicht stellen materielle und soziale Unterschiede der Mitglieder dar. Vgl. Währisch-Oblau, Missionary Self-Perception, 306–310.

4   Die lebenspraktischen Lernfelder werden im Kapitel fünf behandelt, wo es um konkrete Handlungsvorschläge für die Zusammenarbeit zwischen Migrations- und Kantonalkirchen geht.

5   Die Analyse meiner Interviews hat gezeigt, dass mit fünf Codes besonders häufig codiert wurde: Gemeindeverständnis, Gottesdienst, Heilung, Gebet, Mission. Während die Auswertung des Codes Gemeindeverständnis vor allem für die Beziehungen zwischen Migrations- und Kantonalkirchen aussagekräftig ist, weisen die anderen vier Top-Codes darauf hin, auf welche theologisch-interkulturellen Themen Gewicht gelegt werden sollte. Während der Code Heilung vor allem bei Kirchen, die sich in einem pentekostalen Umfeld bewegen, vergeben wurde, kam der Code Mission bei allen vor.

6   Stanley, Christianity, 356.

Diese Lernfelder sind nicht ausschliessend oder abschliessend gedacht, sondern eher exemplarisch zu verstehen. Die beiden Lernfelder sind eng aufeinander bezogen. Sie sind beide stereotyp besetzt und es sind Themen, mit denen sich Schweizer reformierte Kirchen wenig auseinandersetzen. Mit beiden Themenkomplexen befinden wir uns auch auf der praktisch-rituellen Dimension von Religion, nicht nur auf der kognitiv-dogmatischen. Dies scheint mir für die Zusammenarbeit und Gespräche zwischen reformierten Schweizer Kirchen und Migrationskirchen wichtig. Fruchtbar streiten und voneinander lernen, können wir in erster Linie anhand Themen, die sich auf der Ebene der Praxis befinden.

Es gilt dabei zu bedenken, dass weder Migrationskirchen noch Schweizer reformierte Kirchen einen homogenen Block bilden, sondern gerade auch die hier besprochenen Themen, die sich in dogmatischer Perspektive in erster Linie in die Pneumatologie und Eschatologie, aber auch in die Gotteslehre einordnen lassen, zu den zentralsten Spannungsfeldern innerhalb jeder christlichen Strömung gehören.[7] Im Wissen darum, dass das herkömmliche konfessionelle Zuordnungsraster oft nicht greift und ohne komplexe Verflechtungen aufzulösen, möchte ich im Folgenden aber dennoch Knotenpunkte benennen, um damit Möglichkeiten für unterschiedliche Kirchenformationen zu schaffen, miteinander ins Gespräch zu kommen und voneinander zu lernen.

Wenn im Folgenden die Themenkomplexe anhand von Fallbeispielen in Migrationskirchen vorgestellt werden, die sich eher im charismatischen Feld des Christentums befinden, steht die erfahrungsbetonte Spiritualität stark im Vordergrund. Es geht hier aber keinesfalls darum, solche «charismatische Basistheologie» aus einer europäischen akademischen Perspektive kritisch zu hinterfragen. Vielmehr ist es mir ein Anliegen, ausgehend von einem Fallbeispiel, typische theologische Perspektiven und Schwerpunktsetzungen aufzuzeigen, die dann zu zentralen Lernfeldern zwischen den verschiedenen Kirchenformationen führen können. Nicht um zu exotisieren, sondern um neu über die Themen Heilung, Gebet und Mission nachzudenken und Fronten aufzuweichen, nähern wir uns den Themen in verschiedenen Schritten. Fallbeispiele helfen dabei, mit den Themen vertraut zu werden. Sie werden dann in einem zweiten Schritt etwas verfremdet, indem sie in ihren Frömmigkeitskontext eingeordnet werden. Im nächsten Schritt steht dann die Frage im Zentrum, wie reformierte

---

7 Giovanni Maltese benennt beispielsweise acht zentrale Spannungsfelder innerhalb der pentekostalen Theologie: Exegese und Hermeneutik, Geschichte und Identität, Pneumatologie und Soteriologie, Geisterfahrung und Glossolalie, Ethik und soziale Gerechtigkeit, Ekklesiologie und Ökumene, Mission, Eschatologie und Interreligiöser Dialog. Vgl. Maltese, Pentekostale Theologie, 411.

Schweizer Kirchen mit diesen Themen umgehen.[8] Wo liegen Unterschiede, wo finden sich Anknüpfungspunkte? Mit diesem Vorgehen sollen nicht nur Fronten aufgebrochen, sondern auch Möglichkeiten für ein gemeinsames Lernen geschaffen werden.

4.1 Spirituelle Vitalität

Unter dem Stichwort *Spirituelle Vitalität* werden Heilung und Gebet diskutiert, zwei Aspekte des spirituellen Lebens in Migrationskirchen, die sowohl in den Beobachtungsprotokollen als auch in den Interviews im Vordergrund standen.[9]

4.1.1 Heilung und Befreiung

Der Vorplatz der reformierten Kirche am Rande der Stadt ist gut gefüllt. Heute findet die jährliche Konferenz der eritreisch-charismatischen Kirchen in der Schweiz statt. Mittlerweile gehören elf Kirchen in neun Kantonen zu dieser Allianz. Der Anlass wird Konferenz genannt, es handelt sich dabei um einen zweitägigen Gottesdienst, bei dem Heilung und Befreiung im Zentrum stehen. Die Besucher und Besucherinnen stehen und sitzen in Gruppen beieinander, Kinder rennen umher, alle sind gepflegt gekleidet und frisiert. Von den Männern tragen einige Anzug und Krawatte.

Plötzlich verschieben sich die Leute in Richtung Eingang. Platzanweiser schicken sie nach links, nach rechts, achten darauf, dass die Kinderwagen und Rucksäcke nicht im Weg stehen. Der Lobpreis beginnt und dauert rund eine Stunde. Der Gesang wird durch verschiedene Gebete unterbrochen. Nach etwa 20 Minuten kommt der Prophet Meshgina, der für diese Konferenz aus Kanada eingeladen wurde. Die Einladung erfolgte über die Partnerkirche der Aarauer Kirche, die Vineyard Aarau. Der Prophet hat nicht nur eine Einladung erhalten, sondern hatte auch selbst das Gefühl, eine geistliche Führung, dass er kommen müsse. Alle Leute verbringen diese erste Zeit des

---

8   Die kantonalkirchliche Position zu den drei Themen habe ich vor allem aus Publikationen von Kantonalkirchen und meinen eigenen Erfahrungen als reformierte Pfarrerin gezogen. Interessant wäre eine empirische Folgestudie, mit welcher die kantonalkirchliche Position zu diesen Themen ebenfalls durch Interviews und teilnehmende Beobachtung erhoben wird.

9   Unter dem Stichwort *Spirituelle Vitalität* könnten auch andere Schwerpunkte gesetzt werden, wie z. B. die musikalische Gestaltung des Gottesdienstes oder andere liturgische Elemente. In meiner empirischen Forschung waren aber doch das Gebet und die Heilung diejenigen Themenkomplexe, die von der Mehrheit der Interviewten und untersuchten Gemeinden angesprochen oder praktiziert wurden.

Gottesdienstes mit sich selbst. Viele beten, einige singen mit. Auch der Prophet betet, singt, nimmt am Lobpreis teil. Nach einer guten Stunde beginnt die Predigt, die wiederum eine Stunde dauert. Grob bekomme ich die Stossrichtung der Predigt mit: im Glauben wachsen, sich von der Welt trennen. (2Petr 1,1–15; 2Petr 3; 2Thess 2,14; Joh 1,1). Das die Predigt abschliessende Gebet endet damit, dass eine Frau sich plötzlich schüttelt. Sie wird nach vorne zum Propheten gebracht, er interviewt die Frau mit einem Mikrofon; das Problem, das die Person beschäftigt, wird erfragt. Der Prophet sagt, er befrage den Dämon, der die Frau plagt. Dann wird gebetet. Der Prophet befiehlt, dass das Leiden ein Ende nimmt, die ganze Gemeinde unterstützt ihn dabei. Alle Menschen stehen, sie strecken ihren rechten Arm aus und rufen auf Geheiss des Propheten etwas, das so viel wie «fahr aus» bedeutet. Immer mehr Frauen kommen auf den Platz vor dem Predigerpult, der mit Scheinwerfern ausgeleuchtet ist. Sie schütteln sich und gehen zu Boden. Männer und Frauen, die vor der Konferenz dazu bestimmt wurden, stützen die Frauen, legen ihnen Tücher um die Hüften, um sie vor Blicken zu schützen. Im Interview wird diese Erfahrung des Ergriffenseins vom Heiligen Geist mit einer Geburt verglichen, es beginnt danach ein neues Leben. Der Prophet hält Ausschau nach zwei weiteren Dämonen, die sich seinen Aussagen zufolge im Kirchenraum verstecken. Es kommen immer weitere Personen nach vorne, alles Frauen, ganz selten auch mal ein junger Mann. Irgendwann scheinen alle Dämonen gefunden worden zu sein, die Stimmung beruhigt sich nach rund eineinhalb Stunden merklich und der Prophet geht zu Prophezeiungen weiter. Auch hier sind es fast nur Frauen, die zum Propheten kommen oder von ihm aus der Menge herausgepickt werden. Teilweise spricht er privat und leise mit ihnen, teilweise laut ins Mikrofon für alle hörbar. Du wirst eine gute Ehe mit drei Kindern haben, du wirst einen eigenen YouTube-Kanal für Evangelisation haben, du wirst eine Sängerin für Gott werden. Manche werden während dieses Zuspruchs, während der Prophezeiung, vom Heiligen Geist ergriffen, sie gehen zu Boden, und es findet eine weitere Befreiung statt. Danach folgt eine Zeit für Heilung von bestimmten Krankheiten oder Leiden. Menschen, auch hier wieder mehrheitlich Frauen, kommen in grösseren Gruppen nach vorne. Der Prophet spricht ausschliesslich Tigrinya, doch manchmal wechselt er ins Englische und ruft mit lauter Stimme: «Jesus, Power, Demon». Es herrscht ein ständiges Kommen und Gehen in diesem siebenstündigen Gottesdienst. Nicht alle der rund 1000 Teilnehmenden sind am Geschehen voll dabei, das einzig dadurch zu einem Ende kommt, weil der Raum nur bis 19 Uhr gemietet werden konnte. Am nächsten Tag kommen noch mehr Leute. «Man bekommt so einen Hunger nach mehr.» (Interview David, Susanne, 21.8.2017, 102).[10]

---

10 Es handelt sich hier um eine dichte Beschreibung einer Heilungskonferenz. Grundlegend dafür waren das Beobachtungsprotokoll meiner teilnehmenden Beobachtung, 29.7.2017,

An dieser Konferenz fällt besonders auf, dass es fast ausschliesslich Frauen sind, die empfänglich sind für Dämonen und der Heilung bedürfen. Vereinzelt sind es auch junge Männer, die sich dem Ritual unterziehen. Der Zusammenhang zwischen dem Weiblichen, der Frau und dem Bösen ist eine Thematik, die Theologie und Kirche durch Zeiten hindurch und über Länder- und Konfessionsgrenzen hinweg stark geprägt hat.[11] In Interviews im Rahmen meiner empirischen Forschung wird dazu erläutert, dass Frauen besonders empfänglich sind für «böse Geister». Einerseits widerfährt ihnen – wie auch jungen Männern – auf der Flucht und im Krieg viel Leid, Gewalt, körperlicher und sexueller Missbrauch. Dies wird als ein Einfallstor für Dämonen interpretiert. Andererseits haben Frauen allgemein mehr zu tun mit sogenannten «magischen Handlungen. Zum Beispiel die Kaffeezeremonie kann ja sehr magisch sein, wenn das jemand richtig mit Magie und Glaube durchführt». Darüber hinaus gelten Mädchen und Frauen auch als «emotional offener, böse Mächte können leichter Platz nehmen» (Interview David, Susanne, 21.8.2017, 183). Dass Frauen in Heilungszeremonien einen prominenten Platz einnehmen, kann schliesslich auch damit in Zusammenhang gebracht werden, dass Frauen im Pentekostalismus insgesamt eine paradoxe Stellung innehaben. Sie gelten einerseits als den Männern untergeordnet, aber können auch sehr unabhängig handeln und bis zu einem gewissen Grad selbstständig auftreten. Man braucht beispielsweise nur an Paula White oder Joyce Myers zu denken, die beide grossen charismatischen Kirchen vorstehen. Auf biblischen Grundlagen werden Frauen Leitungsfunktionen zuteil (oder eben auch abgesprochen). Die zentrale Stellung des Heiligen Geistes und der charismatischen Gaben, die alle Menschen empfangen können, trägt dazu bei, dass Frauen im Prinzip relativ grosse Möglichkeiten in der Mitgestaltung der Gottesdienste und in der Leitung einer Gemeinde haben. Dennoch spielt die Ein- und Unterordnung in ein patriarchales System eine zentrale Rolle. Macht muss ständig mit Schwäche, Unabhängigkeit mit Unterwürfigkeit ausbalanciert werden. Das führt dazu, dass Frauen oft auf stereotype Bereiche von Heirat, Kindererziehung oder Gefühlsprobleme festgelegt werden.[12]

Weiter fällt einer Schweizer Beobachterin auf, dass Dämonen als ernst zu nehmende Wirklichkeit gelten. Das gilt nicht nur für die in Bern stattfindende

---

12–17 Uhr, Bern, Interviews und informelle Gespräche mit Verantwortlichen und Teilnehmenden an der Konferenz.

11 Vgl. z.B. Kuhlmann/Schäfer-Bossert (Hg.), Hat das Böse ein Geschlecht? Hier werden Konkretionen des Bösen in den Blick genommen und verschiedene, auch internationale und interreligiöse Perspektiven zusammengebracht.

12 Vgl. zur Stellung der Frau im Pentekostalismus English de Alminana, Women.

und von vorwiegend eritreischen Menschen besuchte Heilungskonferenz, sondern viele Christen, insbesondere aus afrikanischen Ländern, rechnen mit einer dämonischen Wirklichkeit. Die sichtbare Welt ist in eine unsichtbare eingebettet, die sich wiederum auf die sichtbare Welt auswirkt. Die unsichtbare Welt ist geprägt von einem Kampf zwischen Gut und Böse, zwischen dem trinitarischen Gott auf der einen Seite und dem Teufel und bösen Mächten auf der anderen Seite.[13] Dieser unsichtbare Kampf findet auch im menschlichen Körper und Leben statt. Glaube bedeutet in erster Linie, den Kampf gegen böse Mächte aufzunehmen. Glaube und Gebet können solche bösen Mächte bekämpfen. Darüber hinaus gilt, dass traditionellerweise in afrikanischen Kontexten nicht zwischen einem heiligen und profanen Bereich unterschieden wird. Krankheiten sind beispielsweise das Ergebnis böser Mächte. Charismatische Kirchen integrieren eine solche Weltsicht, die Realität von Geistern, Dämonen und unsichtbaren Machtkämpfen zwischen Gut und Böse werden anerkannt und dem Teufel zugeordnet. Und es werden Rituale zur Befreiung angeboten.[14] Mit solchen Befreiungsritualen werden Schwierigkeiten also zu überwinden versucht, Heil und Heilung wird damit angestrebt.

Schliesslich fällt auf, wie uniform sich die gesamte Gemeinde verhält. Alle scheinen zu wissen, wie die Handbewegung aussieht, die einen Heilungsprozess einleiten kann, die dazu gemurmelten Worte wirken wie eine Art Geheimcode, die der eingeweihten Gemeinschaft bekannt ist. Die Wortwahl des Pastors, wenn er mit einem bösen Geist spricht oder dem Heiligen Geist befiehlt, die Person zu heilen, klingt bekannt. Trotz der fremden Sprache sind mir einzelne Sequenzen mit Worten wie «Jesus» oder «Power» oder das Anblasen der Heilung suchenden Person aus anderen Befreiungszeremonien vertraut. Heilen und Befreien lernt der Mensch nicht nur durch eine Lehre, sondern auch durch Imitation und Übermittlung.[15] Dank moderner Kommunikations- und Reisetechnologien zirkuliert heute weltweit ein «common pool of divine healing beliefs and practices»,[16] der seinerseits dazu beiträgt, dass Heilungsrituale in charismatischen Kirchen sich bis zum Wortlaut ähneln.

Seit Beginn der Pfingstbewegung bildet Heilung einen wichtigen Bestandteil der Bewegung. Heilungsrituale werden in den Gottesdiensten regelmässig praktiziert und sind wichtig in der charismatischen Spiritualität. In der Pentekosta-

---

13 Vgl. Währisch-Oblau, Material Salvation, 65.
14 Prominent wurde diese Einsicht vor allem durch Birgit Meyers Forschung in Ghana Ende der 1990er-Jahre: Meyer, Translating the Devil.
15 Vgl. Gunther Brown, Testing Prayer, 57f.
16 Gunther Brown, Introduction, 19.

lismusforschung spricht man davon, dass diese heute am schnellsten wachsende christliche Familie der pfingstlichen und charismatischen Kirchen dieses grosse Wachstum in lateinamerikanischen, asiatischen und afrikanischen Ländern in erster Linie dank Heilungserlebnissen erlebt.[17]

In den Anfängen der Pfingstbewegung war vor allem die Meinung vorherrschend, dass Krankheit ein Werk des Teufels sei. Wer glaubt, wird geheilt – so lautete die kurze Formel. Mehr und mehr wurde auch die ekklesiologische Dimension der Heilung betont und das Heilen an ein «Amt» gebunden. Wer heilen kann, besitzt nicht nur die spezielle Gabe des Heilens, die – wie in 1Kor 12, 8–11 beschrieben – nicht allen zuteilwird. Das Heilen wird nun auch nur noch von Menschen ausgeführt, die eine besondere Stellung in der Gemeinde innehaben, in Jak 5,14 sind es die Ältesten einer Gemeinde, die heilen können oder dürfen. Ebenso wichtig wurde daneben die Anerkennung des souveränen Willens Gottes. Es bleibt schlussendlich Gott überlassen, wann und wie er Heilung herbeiführt. Eine charismatische Spiritualität zeichnet sich aber auch dadurch aus, dass immer mit einer spontanen Heilung durch den Geist Gottes gerechnet wird.[18]

Diese Spontaneität des Heiligen Geistes ist im eritreischen Gottesdienst gut fühlbar. Die Frauen sind plötzlich und gewaltig von einer Kraft ergriffen, die, wenn man nahe daneben steht, eindrücklich ist. Dieser Zustand des Ergriffenseins und Umgeworfen-Werdens wird «slain in the spirit» genannt, niedergeworfen, getötet vom Heiligen Geist. Der Heilige Geist tritt nicht als ein leises Säuseln auf, sondern gewaltig, mächtig, Zustände umwerfend. Ganz so, wie das Pfingsterlebnis in der Apostelgeschichte beschrieben wird. Wie ein Sturm braust der Heilige Geist heran, ergreift die Menschen und wälzt alles um.

Glauben Menschen in der Schweiz an solche Kräfte? Menschen aus Europa oder Nordamerika, die von der Reformation, Aufklärung und einem darwinistischen naturwissenschaftlichen Weltbild geprägt sind, kommt dieses Verständnis der Welt, die als *enchanted*, verzaubert, bezeichnet wird, oft fremd und vielleicht auch verstörend oder abstossend vor. Obwohl ich hier eine Sicht des Weltchristentums einnehme, die mit Philipp Jenkins grob zwischen einem konservativen Süden und einem liberalen Norden unterscheidet, mahne ich auch

---

17 Vgl. a.a.O., 3.

18 Für eine historische und systematische Studie zu Heil und Heilung in der Pfingstbewegung vgl. Alexander, Pentecostal Healing. Yong liefert in seiner Dogmatik eine multidimensionale Sicht des Heils. Heil wird als Transformation hin zu Christus verstanden, ist prozessual und ganzheitlich zu verstehen. Vgl. Yong, Spirit.

zur Vorsicht bei solchen Einteilungen.[19] In Wirklichkeit gestaltet sich das Christentum viel komplexer und nicht einfach entlang dieser Achsen aus. In der Schweiz gibt es durchaus auch Milieus, in denen Erfahrung höher gewichtet und damit gerechnet wird, dass spirituelle Kräfte in der Welt wirken.[20] Bei solchen Einteilungen gerät zudem leicht in Vergessenheit, dass eine grosse Stärke dieses Flügels des Christentums darin zu sehen ist, dass er Heil und Rettung auch in der Welt hier und heute verortet und nicht nur auf ein Jenseits verschiebt.[21] Erlösung von körperlichen Leiden ist ein Ausdruck von Gottes rettendem Handeln und trägt dazu bei, dass praktische Dinge und Alltagsnöte angepackt werden. Wenn wir die Zeugnisberichte auf der Webseite der *Christ International Church* betrachten, wird deutlich, dass Heilung und Befreiung Wege sein können, mit den unterschiedlichsten Herausforderungen der Moderne umzugehen.

Bei einer Veranstaltung betete der Pastor für einen Amateurboxer, dessen Hand schmerzte. Der Mann blickte plötzlich überrascht zu seinen Freunden, weil der ganze Schmerz weg war. Gott heilte seine Hand auf der Stelle!

…

Wir haben Geld nach Afrika geschickt und es ist seit fünf Monaten verschwunden. Letzte Woche hat mein Pastor in einem prophetischen Gebet verkündet, dass all meine verlorenen Ressourcen wiederhergestellt werden. Ehre sei Jesus. Eine Woche später erhielt ich einen Brief von Western Union, dass wir kommen und das verlorene Geld abholen sollen. Alle Ehre sei Jesus.

…

Mein Sohn wurde Alkoholiker und verliess sein Zuhause und landete auf der Strasse. Der Mann Gottes hat mit mir gebetet und jetzt ist mein Son wieder zu Hause. Ehre sei Gott.

…

Die Ärzte haben gesagt, dass ich kein Kind mehr bekommen kann, aber die Kirche betete mit mir. Heute habe ich den kleinen Jungen geboren, von dem die Medizin sagt, es sei nicht möglich.[22]

---

19 Vgl. Jenkins, The Next Christendom.
20 Man braucht dabei nur an den gross gewordenen Heilungsmarkt zu denken. Vgl. Coste, Einstellung zu Medizinsystemen, 61–72.
21 Darauf hat zuerst Miroslav Volf hingewiesen: Volf, Materiality.
22 Alle Zitate aus Christ International Church, Testimonies, URL: https://www.cichurch. org/testimonies (21.8.2020), Übersetzung CH.

Es wird hier sichtbar, dass Heilung verschiedene Dimensionen hat. Heilung reicht von wunderbarer körperlicher Heilung bis dazu, dass Familien wieder heil sind. Heil werden kann der Körper, der Geist, aber auch zwischenmenschliche Beziehungen können heilen. Verursacher für Unheil sind Krankheiten, Sucht, allgemeines Fehlverhalten oder einfach Sünde. Das wird in vielen der von mir untersuchten Kirchen als teuflisches Werk bezeichnet. «Es braucht eine kämpfende Kirche, um gegen die Tore der Hölle anzutreten.»[23] Befreiungspraktiken, *deliverance*, stellen eine besondere Form von Heilungsritualen dar, die in den von mir untersuchten Migrationskirchen, die in einem pentekostalen Umfeld beheimatet sind, besonders grossen Raum einnehmen. Diese Befreiungspraktiken werden in der Schweiz gerne als Dämonenaustreibung oder «exorzistische Heilpraktiken»[24] benannt, Bezeichnungen die an das Mittelalter erinnern und somit ausdrücken, dass es sich nicht lohnt, sich weiter damit zu beschäftigen. Allgemeiner ausgedrückt könnte man davon sprechen, dass viele Migrationskirchen sich darauf konzentrieren, durch spirituelles Tun, materiellen Segen, wie beispielsweise eine körperliche Heilung, herbeizuführen. Könnten Kirchen in der Schweiz etwas von dieser Weltsicht lernen?

Heilung verbinden wir in unserer postsäkularen[25] Gesellschaft in der Schweiz in erster Linie mit Medizin und Spital. Religion hat damit wenig zu tun. Wenn es um Heilen oder Heilung geht, spricht man kirchlich von Heil. In der reformierten Kirche wird betont, dass Heilen als etwas Ganzheitliches zu verstehen ist. Es braucht nicht nur körperliche und medizinische Aspekte zum Heil, sondern auch die psychische, seelische und religiöse Dimension des Heils und der Heilung muss mitberücksichtigt werden, es braucht beide Aspekte, um heil zu werden. Dennoch scheint es so, dass für körperliche Aspekte einer Heilung in der Schweiz in erster Linie die Medizin zuständig ist. Zum besseren Verständnis der Situation werfen wir einen Blick darauf, wie in der Schweiz mit der seelisch-religiösen Dimension von Heilung umgegangen wird. Mitte der 1980er-Jahre wurden Segnungsgottesdienste in den reformierten Kirchen der Schweiz erstmals eingeführt. Damit wurden auch Fragen zum Heilen und zur

---

23 Auszug aus einer Predigt an der *Catch-the-Fire-Conference* der *Christ International Church* in Baden, 8.9.2017.
24 Röthlisberger/Wüthrich, Neue Migrationskirchen, 93.
25 Jürgen Habermas hat 2001 den Ausdruck der postsäkularen Gesellschaft geprägt. Danach hat er vielfältige Verbreitung erfahren. Vgl. Habermas, Glauben. Postsäkular betont den Umstand, dass Religion keineswegs aus unserer Gesellschaft verschwunden, sondern in medialen, politischen, wissenschaftlichen Öffentlichkeiten sehr präsent ist.

Heilung in die Diskussion eingebracht.[26] Segnungsgottesdienste sprechen den Menschen direkt und als Individuum an und lassen die Liebe Gottes in einer Geste, nicht in Worte gekleidet, erfahren.[27] Handauflegen in der Form von Segnen und Salben wird in vielen Kirchgemeinden der reformierten Kirchen also seit über dreissig Jahren angeboten. Die Einbettung des Handauflegens oder der Salbung in den Gottesdienstablauf bringt den Vorteil mit sich, dass eine Konzentration auf das Gebet um Heilung vermieden wird.[28] Zum Segnen und Salben bilden sich an vielen Orten Freiwilligenteams, die sorgfältig ausgewählt, eingeführt und weitergebildet werden. Heilen kann also gelernt werden.[29] Salben und Handauflegen wird in der reformierten Kirche einerseits als eine vergessen gegangene Ergänzung zum Predigen gesehen, schliesslich erhalten wir im Matthäusevangelium nicht nur die Aufforderung zu predigen sondern auch den Befehl, Kranke gesund zu machen (Mt 10,7 f.), andererseits wird Handauflegen oder Salben immer in den Zusammenhang von Segen gestellt. Handauflegen ist ein Ritual, das Segen spendet. Darüber hinaus nehmen Rituale des Handauflegens das grundlegende menschliche Bedürfnis nach Körperkontakt ernst. Die Bedeutung von Berührung wird für die menschliche Entwicklung als überaus wichtig eingeschätzt. Handauflegen wird als eine Geste der Zuwendung verstanden.

Dass das Handauflegen wieder Konjunktur erhielt in den reformierten Kirchen, hängt damit zusammen, dass in verschiedenen theologischen Disziplinen das segnende Handeln Gottes wieder mehr ins Zentrum gerückt wird, welches

---

26 Zu den Pionieren und Pionierinnen zählt auch Prof. Walter J. Hollenweger (1927–2016), Professor für Interkulturelle Theologie in Birmingham 1971–1989. Hollenweger gilt als einer der wichtigsten Wegbereiter der Interkulturellen Theologie, wie sie heute verstanden wird. Er setzte sich dafür ein, dass Theologie und religiöse Erfahrung von Menschen aus dem globalen Süden durch europäische Theologie anerkannt werden. Es scheint so als habe seine Beschäftigung mit der Weltweiten Christenheit auch sein eigenes Glaubens- und Gottesdienstleben beeinflusst. Hollenweger pflegte Mt 10,7 f. zuzuspitzen auf «Prediget und heilet». Vgl. Liechti-Genge, Segnen, 490.493. Hollenweger kommt aus der Pfingstbewegung, wechselte zur reformierten Kirche der Schweiz und war als Professor für Missionstheologie in Birmingham tätig, wo er mit Heilungsgottesdiensten der anglikanischen Kirche in Berührung kam, was ihn sehr prägte. Vgl. Hollenweger, Nicht Privatsache, 410.
27 Vgl. Liechti-Genge, Segnen, 492.
28 In rund einem Dutzend Kirchgemeinden wird das Handauflegen auch ausserhalb des Gottesdienstes praktiziert. Vgl. Eglin, Handauflegen, 27.
29 Es gibt bei den Weiterbildungskursen von a+w beispielsweise einen *Lehrgang heilsame Rituale in der Kirche*, der in fünf Modulen christliche Formen der Segnung und Heilung erkundet: Bildungkirche, Gesamtübersicht, URL: https://www.bildungkirche.ch/weiter bildung/weiterbildungskurse/gesamtubersicht#detail&key=571 (10.6.2020).

gegenüber dem rettenden Handeln Gottes seit der Theologie Karl Barths stark zurückgetreten ist.[30] Das liturgische Handauflegung kann als praktische Konsequenz dieser theologischen Erkenntnisse und Entwicklungen gesehen werden, aber auch als eine Reaktion auf die zunehmende Erlebnisorientierung unserer Gesellschaft in den letzten dreissig Jahren.[31] Zusätzlich liegen Wurzeln für die Entwicklung des liturgischen Handauflegens auch in der Charismatischen Erneuerung vieler katholischer, aber auch freikirchlicher und evangelischer Gemeinden, die Ende der 1960er-Jahre in den USA und in der Folge auch in Europa eingesetzt hat. Das Erlebnis der Taufe im Heiligen Geist und eine lebendige Beziehung zu Jesus Christus rückten damit in allen Kirchen stärker in den Vordergrund.[32] Darüber hinaus wird aus der weltweiten Christenheit die Anfrage an unsere reformierten Kirchen herangetragen, sich offensiver mit dem Heilungsauftrag der Kirche auseinanderzusetzen. Grosse ökumenische Versammlungen standen bereits unter dem Thema Heilung.[33]

Im Folgenden werden vier wesentliche Punkte besprochen, die deutlich machen sollen, wo Unterschiede in Befreiungs- und Heilungsritualen in Migrationskirchen und Schweizer reformierten Kirchen liegen. Die Unterschiede lassen sich nicht nur in der theologischen Verschiedenheit festmachen, sondern betreffen nicht selten auch die «geografische» Herkunft der Kirche. Wenn wir hier Unterschiede für charismatische und reformierte Traditionen festmachen, gilt das vor allem, wenn wir von reformierten Traditionen im globalen Norden und charismatischen Traditionen aus dem globalen Süden sprechen.

Erstens wird Glaube in den reformierten Traditionen im Allgemeinen als etwas rein Gedankliches gefasst. Die sinnliche Dimension der Körperlichkeit und des Erlebens gerät demgegenüber stark ins Hintertreffen. Kirchen der charismatischen Prägung fokussieren viel stärker darauf, dass Glauben erfahrbar ist und körperlich erlebt werden kann. Befreiungsrituale als eine bestimmte Form von Heilung sind als eine spezielle «Lösungspraxis», mit Schwierigkeiten und Problemen umzugehen, zu betrachten. Der Glaube wird dadurch zum körperlich spürbaren Kampf gegen das Böse.

Zweitens richten sich Heilungsrituale in den verschiedenen Kirchen auf unterschiedliche Ziele aus. Während ein charismatisches Heilungsprogramm

---

30 So beispielsweise Claus Westermann in seinem grundlegenden Buch Segen, das 1992 erschien.

31 So Zimmerling, Heil, 30.34.

32 Für weitere Informationen zur Charismatischen Erneuerung siehe z. B. Kopfermann, Charismatische Gemeindeerneuerung.

33 Weltmissionskonferenz in Athen 2005, 10. Vollversammlung des Lutherischen Weltbundes 2003. Vgl. dazu Karle/Thomas, Krankheitsdeutung, 12 f.

auf Heilung ausgerichtet ist, wird in Kirchen der Reformation Heilung als ein mögliches Ergebnis unter anderen betrachtet. Die Gegenwart ist die wichtigste Zeit in einem charismatischen Heilungsritual. Hier und jetzt soll Heilung passieren. In Salbungsgottesdiensten der reformierten Tradition wird hingegen Erinnerung viel höher gewertet. Ein Heilungsritual erinnert den Menschen an die Liebe Gottes und dadurch kann sich der Mensch der Barmherzigkeit Gottes vergewissern. Die These der Unverfügbarkeit der Heilung wird in den Kirchen der Reformation also viel stärker gewichtet, während in charismatischen Kirchen durchaus auch ein Leistungsdruck bei Gläubigen und Heilenden entstehen könnte. So wird auch eine Krankensegnung in Kirchen, die auf die Reformation zurückgehen, eher als «eine sinnliche Form der Verkündigung des Evangeliums von der voraussetzungslosen Annahme des Menschen durch Gott» verstanden, während «für Charismatiker die Chance eines öffentlichen Machterweises des Geistes Gottes» bei einem Heilungsritual im Zentrum steht.[34]

Ein *dritter Punkt* der Unterscheidung findet sich bei den heilenden Personen. Während Heilen in reformierten Gemeinden Handeln der Gemeinde ist, der Gedanke des allgemeinen Priestertums kann sich in Segnungshandlungen ausdrücken, konzentriert man sich in charismatischen Kirchen stärker auf das Charisma des Heilers oder der Heilerin. Geistesgaben werden an einzelne vergeben.[35] Unterschiedliche biblische Begründungen für das Heilen werden dafür herangezogen. Heilen wird im Markusevangelium als ein Zeichen, das dem Glauben folgt (MK 16,17), verstanden und steht somit allen Menschen offen. Gleichzeitig beschreibt Paulus das Handauflegen als eine besondere Gabe des Geistes (1Kor 12,9), der Jakobusbrief bindet das Handauflegen gar an ein Amt (Jak 5,14).

Viertens unterscheiden sich Heilungsrituale oft in den Weltbildern und Wirklichkeitsverständnissen, die ihnen zugrunde liegen. Wird mit Dämonen gerechnet? Wer mit Dämonen rechnet, kann Jesu Handeln aus dem Neuen Testament kopieren, wer hingegen ein anderes, mehr naturwissenschaftlich ausgerichtetes Verständnis zugrunde legt, wird zu den Dämonenaustreibungen im Neuen Testament keinen Zugang haben und nach neuen Wegen suchen, diese Geschichten der Bibel, die in der Geschichte weit zurückliegen, zu verstehen.[36] Der Neutesta-

---

34 Zimmerling, Krankheit, 576.
35 Eine kritische Sicht auf Heilung und vor allem auf die Person des Heilers in der charismatischen Bewegung der Christenheit liefert Hollenweger, Crucial Issues, 178–183.
36 Bergunder schildert die Bedeutung der Heilung in der südindischen Pfingstbewegung und nennt dabei böse Geister und schwarze Magie als Hauptursachen von Krankheit und Unglück. Vgl. Bergunder, Südindische Pfingstbewegung, 184–210.

mentler Rudolf Bultmann verhalf mit seinem Ansatz der Entmythologisierung der evangelischen Theologie zum Durchbruch, die biblischen Geschichten anders zu interpretieren, nicht mehr in ihren mythologischen Zusammenhängen, sondern existentiell, in der die Differenz zwischen Gott und Welt gewahrt wird. Die theologischen Aussagen der Bibel werden so mit einem modernen Weltbild kompatibel.[37] Für den Umgang mit Bösem in der reformierten Theologie ist der systematische Theologe Ingolf U. Dalferth wegweisend. Er hat sich über Jahre hinweg und in mehreren umfassenden Studien mit dem Problem des Bösen auseinandergesetzt, in denen vor allem deutlich wird, dass er weder einen festen Begriff von Gott, noch einen festen Begriff des Bösen verwendet. Sie bedingen sich gegenseitig. Erst so kann Religion helfen, mit Unerklärbarem zu leben.[38] Dennoch gilt es, dass trotz unterschiedlicher Weltbilder nicht nur von Gottes Freiheit geredet wird, sondern sie auch erfahrbar wird, «liturgisch sichtbar und verleiblicht».[39]

Kirchliche Verlautbarungen zum Thema Heilung zeigen bisweilen, dass das Bedürfnis nach Abgrenzung insbesondere zu Befreiungsritualen in anderen Traditionen steigt. Die SEK-Studie beispielsweise stellt infrage, ob «der anzutreffende Dämonenglaube» und die damit verbundenen «exorzistischen Heilungspraktiken und Gebetsheilungen» mit einem hiesigen Glaubensverständnis vereinbart werden können.[40] Der Auftrag zu heilen droht dadurch in reformierten Kirchen verloren zu gehen. Charismatische Kirchen, gerade in der Form vieler Migrationskirchen, die sich bei uns etablieren, erinnern aber an diesen Auftrag. Es scheint angezeigt, auch aus den reformierten Traditionen heraus Liturgien und Fürbittehandlungen mit einem Bezug zu Heilung zu entwickeln. Das wird in Segnungsgottesdiensten und Salbungsritualen in nicht wenigen reformierten Kirchgemeinden bereits gemacht, doch werden solche Gottesdienstformen nicht selten als eine Sonderform gesehen und einem Nischendasein überlassen.

Drei Dimensionen von Heilung gilt es meines Erachtens in allen Kirchen zu stärken. Darauf lassen sich Heilungsrituale aufbauen, die in unterschiedlichen Kirchen praktiziert werden können.

Erstens sind Heilungsrituale jeglicher Art seelsorgerliche Handlungen, die Trost und Segen spenden, und in denen sich Gott den Menschen zuwendet,

---

37 Vgl. Bultmann, Neues Testament.
38 Vgl. dazu vor allem die 600-seitige theologische Hermeneutik des Bösen: Dalferth, Malum.
39 Hollenweger, Geist, 118.
40 Röthlisberger/Wüthrich, Neue Migrationskirchen, 93.

der Heilige Geist wirkt. Gleichzeitig stellen sie aber auch ein Beziehungsgeschehen zwischen Menschen dar. In einem Heilungsritual wird durch die Berührung und das Persönlich-angesprochen-Sein menschliche Zuwendung erfahren. Darin kann die Nähe Gottes auf besondere Weise erlebt werden. Von der Liebe Gottes wird nicht nur gesprochen, sie wird auch erfahrbar, die Zärtlichkeit Gottes wird inszeniert.[41]

Zweitens kann durch Heilungsrituale die eschatologische Dimension des bereits angebrochenen aber noch nicht endgültig vollendeten Gottesreiches deutlich werden, die sowohl in einer charismatischen als auch reformierten Theologie einen zentralen Platz einnehmen kann.[42] Der Himmel bricht sozusagen kurz und fragmentarisch in unsere Welt ein. In Jesu Wirken, seinen Mahlgemeinschaften und Heilungstaten, blitzt das Reich Gottes, das er verkündet, bereits auf. An diesem präsentischen und immanenten Aspekt der Reich-Gottes-Hoffnung gilt es auch heute noch festzuhalten. Dass Menschen tatsächlich wundersame Heilungen erfahren, kann als Zeichen des bereits angebrochenen Gottesreiches verstanden werden und könnte unsere Hoffnung noch stärker auf die Gegenwart beziehen. Dass Heilung aber unverfügbar bleibt, nicht alles heil wird, ist seinerseits ein Zeichen dafür, dass wir eben noch nicht voll und ganz in Gottes Reich leben und dass das Reich Gottes unverfügbar ist.[43]

Drittens gilt es den soziologischen Aspekt der Heilung im Neuen Testament zu betonen. Jesus wendet sich Menschen zu, die ausgeschlossen sind von der Gemeinschaft. Durch sein heilendes Handeln finden sie Anschluss und werden wieder in die Mitte der Gesellschaft gebracht.[44] «Die soziologische Perspektive auf die Heilungs- und Befreiungsgeschichten öffnet einen Blick auf das heilende

---

41 Vgl. Liechti-Genge, Segnen, 492.

42 Im schwäbischen Pietismus spielt der Gedanke des präsentischen Gottesreiches eine wichtige Rolle. Christoph Blumhardt (1842–1919) betonte, «dass auf Erden Gottes Reich sei (...) Ich habe keinen Gott im Himmel, den haben die Engel, ich will da unten beten.» Zitiert nach: Esche, Reich Gottes, 5. Insbesondere reformierte Theologen in der Schweiz sprachen auf dieses Unterfangen an, die Reich-Gottes-Theologie irdisch zu verankern. Der religiöse Sozialismus entstand. In der Vineyard-Bewegung werden Heilungserfahrungen als eine zeichenhafte Vorwegnahme des angebrochenen Reiches Gottes interpretiert. Vgl. Bühlmann, Heilung, 46; allgemeiner zur Heilung vgl. das grundlegende Werk des Gründers, John Wimber: Wimber/Springer, Power Healing.

43 Michael Welker beschreibt das Reich Gottes als zukünftig und gegenwärtig, immanent und transzendent, innerlich und äusserlich, als ein emergentes Geschehen. «Das Reich Gottes ist ein Emergenzgeschehen, indem es Menschen immer neu dazu herausfordert, die Wechselverhältnisse freier Selbstzurücknahme als unverfügbare Qualitätsveränderungen konkreter Lebenszusammenhänge zu erfassen.» Welker, Reich Gottes, 507.

44 Vgl. dazu beispielsweise die Frau mit Blutungen Mk 5,25–34.

Handeln Jesu, bei dem nicht das Mirakel im Vordergrund steht, sondern Jesu soziale Zuwendung in Wort und Tat im Hinblick auf Teilhabe an der Gemeinschaft.»[45] Diese Perspektive kann von vielen Kirchen geteilt werden, auch wenn ihnen andere Wirklichkeitsverständnisse zugrunde liegen.

Problematisch bleibt bei jeder Praxis der Heilung die «Therapeutisierung von Religion und die Spiritualisierung von Gesundheit und Krankheit».[46] Kirchen dürfen nicht der Illusion der Machbarkeit verfallen, sondern sollten versuchen, Unverfügbarkeit und Grenzen der Machbarkeit von Gesundheit zu artikulieren und sich mit Ernsthaftigkeit auf das Problem von Leiden, Krankheit und Schmerzen einzulassen und sich darin mit Christus verbunden zu wissen. Es hängt nicht vom eigenen Glauben ab, ob Heilung geschieht. Es geht also beim Thema Heilung vor allem auch um den Umgang mit Krankheit und um eine Art Gratwanderung zwischen Eigenverantwortung und Geschehenlassen. Der Begriff Heilung ist heutzutage im Sprachgebrauch fast ausschliesslich mit Wiederherstellung konnotiert bzw. mit dem definitiven Bann von Leid und Defizit. Im theologischen Sinn heisst Heilung meines Erachtens aber auch etwas Weiteres, nämlich versöhnt zu werden, ins Reine zu kommen mit dem Unabänderlichen.

Zum Schluss unterbreite ich einen Vorschlag, an welchen Kriterien sich eine Praxis der Heilung ausrichten sollte.[47] Heilung ist immer in den Bezugsrahmen der Verkündigung einzubauen. Heilungsrituale sind Angebote der Gemeinde und mit den anderen Angeboten vernetzt. Heilung ist nicht mit Heil zu verwechseln, der Mensch ist und bleibt vorbehaltlos von Gott angenommen. Eine Heilung ist nicht von der Grösse des finanziellen Opfers abhängig, sie kann nicht durch menschliche Möglichkeiten herbeigeführt werden. Gott heilt, und Gott ist in seinem Handeln souverän. Heilung bedeutet nicht, dass Schäden repariert werden und es muss mit Heilungsprozessen gerechnet werden, die auch schwierig sein können. Religiöse Heilungsrituale schliessen eine medizinische Versorgung nicht aus. Ein solcher Kriterienkatalog würde sich gut als Diskussionsgrundlage zwischen reformierten Kirchen und Migrationskirchen eignen.

---

45 Metzenthin, Jesus, 70.
46 Ernsting, Salbungsgottesdienste, 256.
47 Ich orientiere mich dabei an den 10 Thesen von Zimmerling, Krankheit, 577f. und an den ethischen Prinzipien bei Eglin, Handauflegen, 26.

4.1.2 Gebet

Ich nehme mir sehr viel Zeit fürs Gebet. Ich höre auf Gott, den Herrn, und auf die dringenden Bedürfnisse der Gemeinde. Daran orientiere ich meine Botschaft. (Interview Olivier, 16.4.2018, 61, Übersetzung CH)

…

Himmlischer Vater, ich danke dir für dieses Privileg, am Leben zu sein. Und danke, dass du uns seit dem letzten Mal, als wir uns trafen, bis heute beschützt hast. Heiliger Geist, wir beten, dass du dieses Treffen leitest. Dass es nicht nur Gespräche sind, sondern dass es Diskussionen über Themen sein sollen, die du uns dokumentieren lassen willst. Und lass alles, Gott, dir Ehre bringen. In Jesu mächtigem Namen. Amen. (Interview Dot, 23.10.2017, 12, Übersetzung CH)

…

In Afrika betet man für alles. Dass das Wasser nicht vergiftet ist. Dass du sicher im Spital ankommst, wenn du einen Unfall hast (…) Wir vertrauen auf Gott in allen Fragen. Wenn du dein Bett im Spital hast, bittest du Gott, dass der Doktor ein richtiger ist. Und dass das, was in deinen Körper gespritzt wird, echt ist. Du brauchst Gott also jede Sekunde. In Europa haben die Regierung und die Krankenhäuser die Rolle Gottes übernommen. Die Menschen brauchen Gott nicht mehr. (.) Sogar die Ausländer. In der Tat, die meisten Ausländer. (Interview Dot, 20.6.2017, 67, Übersetzung CH)

…

O Gott, Schöpfer des Himmels und der Erde. Ich habe gelernt, dass ich dich in den Zeiten der Not anrufen soll. Ich bin jetzt in grossen Schwierigkeiten. Ich weiss nicht, wohin gehen oder wo ich schlafen kann. Ich muss mich mit dieser Telefonkabine zufrieden geben. Du hast mir die Gnade erwiesen, in dieses schöne Land zu kommen trotz all der Gefahren, die ich durchlitten habe. Ich bitte dich also, dass man mich hier leben lässt. Ich weiss, es ist nicht mein Land, aber auch ich habe ein Recht auf Leben. Wenn die Menschen die Grenzen gemacht haben, so bist doch du es, der die Erde geschaffen hat, auf der die Länder liegen, auch die Schweiz. Rühre also das Herz der Behörden an, damit sie mir das Recht geben, hier zu leben. Schon in dieser Nacht mach, dass mich kein Polizist entdeckt und mich wegschafft. Lass mich jemandem in diesem Land begegnen, der gut ist. Wenn du mich hier wohnen lässt, werde ich dir immer dankbar sein. Amen. (Gebet Anaclet Mitendo, in: Frei/Ritter, Du weisst, wer wir sind, 18).

…

Es sind ungefähr dreissig Menschen zum Gottesdienst versammelt, viele haben ihre Bibel dabei, ein Verstärker, ein Mischpult und sechs Mikrofone stehen bereit. Auf dem Abendmahlstisch steht ein Beamer. Vier Sängerinnen werden von einem Keyboard, einem Saxofon, einem Schlagzeug und Congas begleitet. Französische Lieder werden gesungen. Die Gemeinde singt besonders bei den eingängigen Refrains mit. Verschiedene Bibeltexte werden mit dem Beamer als Hintergrund eingeblendet. Auf den Gesang folgt eine Gebetszeit. Die Liturgin, die durch den ganzen Gottesdienst führt, eröffnet das Gebet indem sie Gott anruft: «Du bist Gott, Gott, Gott, der Herr, der Retter, der Schöpfer». Alle steigen ins Gebet mit ein, beten durcheinander, in Worten, die unverständlich bleiben. Als die Gebetswelle etwas nachlässt, ruft die Liturgin jemanden auf, weiter zu beten, ein Lied wird dazwischen gesungen. Danach gibt die Liturgin an, wofür wir beten sollen: Dass wir das Wort Gottes hören. Alle beten und applaudieren. (Ausschnitt Beobachtungsprotokoll Gottesdienst *Les Messagers de la Novelle Alliance*, Baden, 18.3.2018)

Gebet spielt in den von mir besuchten Gemeinden eine grosse Rolle. Viele Migrationskirchen beten lange, laut und zusammen während des Gottesdienstes und unterhalten eine eigene Gebetsgruppe, die sich einmal in der Woche trifft, oft am Freitagabend. Gemeinsam und füreinander wird gebetet, für die Nöte und Sorgen, die die Gemeinde beschäftigen. Es wird laut, durcheinander und mit Inbrunst gebetet. Das Beten ist für die Mitglieder in den von mir untersuchten Migrationskirchen etwas ganz Alltägliches. Es wird überall und für alles gebetet. Das Gebet stellt nicht einen speziellen Raum ausserhalb des Gewöhnlichen dar. Und dem Gebet wird vor allem auch etwas zugetraut, an die Wirkung eines Gebetes wird geglaubt. Von Migrationskirchen geht eine grosse «Gebetskraft» aus, wie es eine Interviewpartnerin beschrieben hat. Es ist nicht die Richtung des Gebetes, die in manchen Migrationskirchen erstaunt, es wird zu Gott dem Vater, zum Heiligen Geist und im Namen Jesu gebetet, es ist die Art und die Intensität des Betens, die auffällt und sich in die charismatische Bewegung einordnen lässt.

Das Gebet wird hier in erster Linie als ein übernatürliches Geschehen verstanden. Das Gebet bewirkt etwas, der Beter und die Beterin verlassen sich auf das direkte Eingreifen Gottes durch den Heiligen Geist. Gebete werden so dem ekstatischen Bereich zugerechnet, sie überschreiten Grenzen der kausal strukturierten Wirklichkeit.[48] Das Beten in Zungen ist beim pfingstlich-charismatischen Beten zentral. In semantischer Hinsicht bleiben diese Gebete zwar unverständlich, sie werden von den Gemeindemitgliedern aber als äusserst sinnträchtig und bedeutsam wahrgenommen. Menschen, die in Zungen beten, weisen auf die positive Auswirkung der Glossolalie hin. Sie öffnet eine Tiefenschicht

---

48 Vgl. Wissmann, Ekstase, 490 f.

zu sich selbst, hilft dabei, richtige Worte zu finden, die Beterin kann darin Erfrischung oder gar Heilung erfahren.[49]

Das Zungengebet spielte in den von mir besuchten Gemeinden nicht die Hauptrolle. Viele der Gebete, bei denen ich dabei war, haben einen autoritativen Charakter. Gott wird in diesen autoritativen Gebeten nicht um etwas gebeten, sondern es wird befohlen, dass er aktiv wird, die Gebete sind laut, die Befehle werden mehrmals wiederholt. Es wird autoritativ gebetet, um Heilungen herbei zu befehlen oder dem Feind entgegen zu treten. Das gesprochene Wort hat somit grosse Macht.[50] Bei diesen Gebeten handelt es sich um eine Art Übernahme von Jesu Autorität über Situationen und Bedingungen, die Gottes Willen entgegengesetzt sind. Es wird damit Jesu Autorität über das Böse geltend gemacht.[51] Damit sind solche Gebete anschlussfähig auf mindestens zwei Seiten. Einerseits an traditionell afrikanische Vorstellungen einer «beseelten Welt», in der die spirituelle und die physische Dimension immer aufeinander bezogen sind, andererseits an die sogenannte *Word-of-Faith-Bewegung*. Diese Bewegung entstand in den USA und hat vor allem im pfingstlich-charismatischen Umfeld grossen Einfluss. Durch Kenneth Hagin und Kenneth Copeland wurde sie besonders populär. Die Word-of-Faith-Bewegung wird als Teil des Prosperity Gospel verstanden.[52] Gesundheit und Erfolg werden hier als «Bundesrechte» von Gläubigen betrachtet, die allein durch Glauben und Proklamation in Besitz genommen werden können. Alle Gläubigen können also eine für sie positive Realität herbeiführen, allein dadurch, dass sie daran glauben und diese Realität «bekennen».[53]

Lobpreis und Anbetung nahmen in den von mir besuchten Gottesdiensten weiten Raum ein. Sie sind die zentralen Mittel der Geisterfahrung in charismatischen Gottesdiensten. Das ist der zentrale Moment des Gottesdienstes, nicht die Predigt oder das Abendmahl spielen die Hauptrolle. Während Gottesdienste in der Schweiz in den reformierten und katholischen Kirchen eher christologisch orientiert sind, orientieren sich charismatische Gottesdienste pneumatisch. Es ist die Erwartung, dass der Geist hier und jetzt wirkt, die einen charismatischen Gottesdienst dynamisch macht. Charismatische Gottesdienste stellen durch ihre

---

49 Vgl. Vivier van-Eetveldt, Zungenreden. Für eine weiterführende Diskussion der Glossolalie in der pfingstlichen und charismatischen Theologie siehe Macchia, Zungen; Smith, Zungen.

50 Vgl. Währisch-Oblau, Material Salvation, 67–69.

51 Vgl. Kraft, Spiritual Warfare, 1092.

52 Für eine Übersicht zum Prosperity Gospel siehe Heuser, Prosperity. Für umfassende Informationen siehe Bowler, Blessed.

53 Vgl. Währisch-Oblau, Missionary Self-Perception, 282 f.

pneumatische Orientierung ein Gegengewicht zu Gottesdiensten dar, in denen die Kategorie des Erinnerns im Zentrum steht. Neben ihrer pneumatischen Orientierung zeichnen sich charismatische Gottesdienste auch durch eine Demokratisierung und eine Überwindung der Intellektualisierung aus.[54]

Die Gottesdienste in Migrationskirchen dauern in der Regel lang. Sie erstaunen und wirken anziehend und fremd zugleich, vor allem durch die als intensiv erlebte Gläubigkeit der Gottesdienstbesuchenden und die Engagiertheit beim Singen und Beten. Eine solche Gottesdienst- und Gebetspraxis ist in Schweizer reformierten Kirchen eher ungewöhnlich, obwohl sowohl die Gemeinschaft als auch der Heilige Geist auch im reformierten Gebet eine zentrale Stellung einnehmen. Ralph Kunz beschreibt das Gebet im reformierten Profil als schlicht, tatkräftig und gemeinschaftlich. «Beten ist Geistgeschehen im doppelten Sinn: Erstens ist es ein Geschehen des Geistes im Betenden und zweitens ist es ein Geschehenlassen des Betenden, das durch den Geist gewirkt ist.»[55] In unseren Schweizer Kantonalkirchen ist zu beobachten, dass das Element der Ordnung, das von Paulus von der Gemeinde in Korinth eingefordert wurde, deutlich überhandgenommen hat. Hier sind unsere Kirchen in bester Gesellschaft mit anderen Kirchen der Weltchristenheit. Denn seit dem 2. Jahrhundert sind vorgegebene Ordnungen in den Kirchen dominant, das «ekstatische» Element des Gottesdienstes wurde mehr und mehr zurückgedrängt. Die Aufklärung verstärkte diese Tendenz merklich.[56] In der Regel enthält das Gebet in einem reformierten Gottesdienst vier Sprechakte. In der Anaklese wird Gott angerufen, in der Anamnese werden seine Taten vergegenwärtigt, in der Epiklese wird der Heilige Geist herbeigerufen und in der Akklamation durch das Amen der Gemeinde wird das Gesagte bekräftigt.[57] Gebete wirken in reformierten Gottesdiensten nicht nur geordnet, manchmal sogar etwas formal. Es fällt weiter auf, dass der Mensch als Mitwirkender an der Erfüllung der Bitten adressiert wird. Göttliches Wirken jenseits des Menschen wird als illusorisch infrage gestellt. Das Politische Nachtgebet möge als Beispiel für eine Gebetspraxis stehen, die nicht Wunder von aussen erwartet, sondern den Menschen in das Wunder der

---

54 In einer kleinen Schrift stellt Gregor Etzelmüller fünf verschiedene Typen christlicher Liturgien vor. Er zeigt auf, dass die Diversität der Liturgien keine Gefahr für die Einheit der Christenheit darstellt, sondern dass es sich lohnt, wenn unterschiedliche Kirchen gemeinsam über Chancen und Besonderheiten der jeweiligen Profile nachdenken. Vgl. Etzelmüller, Gottesdienst.

55 Kunz, Sing, 276.

56 Vgl. Zimmerling, Beten, 280f.

57 Vgl. Weyel, Gebet, 237.

Veränderung miteinbezieht und die Zukunft vorwegnehmend im Gebet formuliert.[58] Gebete in der reformierten Tradition zeichnen sich aber auch durch Subjektivität aus, Bitt- und Dankgebete sind vorherrschend. Das Lob nimmt im persönlichen Gebet wenig Raum ein, ebenso wenig wird geklagt. Die Bitten, so in neueren protestantischen dogmatischen Entwürfen zum Gebet, konzentrieren sich auf innere Gaben wie Geduld, Kraft und Mut. Es geht also vor allem darum, dass die Beterin sich beim Beten neu verstehen lernt, nicht darum, dass sich die Situation verändert.[59] Das Gebet wird als Form der Kontingenzbewältigung verstanden. Existentielle menschliche Lebenserfahrungen wie Not, Leid oder auch Freude werden vor einem transzendenten Adressaten formuliert.

Auf den ersten Blick wirkt dies wie eine grosse Analogie zur pentekostalen Gebetspraxis, bald aber wird deutlich, dass das Gebet in reformierter Praxis als ein «Ausdruck anthropologischer Grundbefindlichkeit»[60] verstanden wird. Es geht darum, Not und Leid zu formulieren, aber nicht darum, dass durch ein Gebet oder ein Ritual in das Geschehen eingegriffen werden kann. Das stellt einen immensen Unterschied zu vielen Gebeten in Migrationskirchen dar. Indem Gebete nur noch als ein zur Sprache bringen von Nöten verstanden werden, wird nur wenig vom Gebet erwartet, eher kein direktes Eingreifen Gottes, am ehesten noch ein innerliches Wirken Gottes. Eine solche Gebetspraxis ist typisch für unsere Breitengrade. Wir leben in einem Sozialstaat, es ist für alles gesorgt, in unseren Gebeten muss es selten um die Erhaltung des Lebens gehen.[61]

Gebete, die auf eine Intervention und auf das direkte Wirken des Heiligen Geistes im Hier und Jetzt ausgerichtet sind, leben davon, dass in einem ersten Schritt die Situation analysiert und als verkehrt diagnostiziert wird. In einem zweiten Schritt folgt die Bitte um Intervention. In meiner empirischen Forschung hat sich gezeigt, dass autoritative Interventionsgebete meist an den Pastor oder die Pastorin gebunden waren. Gleichzeitig werden sie auch als ein Zeichen dafür gewertet, dass der Beter oder die Beterin im Besitz wundersamer Kräfte ist. Das widerspricht eigentlich der demokratischen Vorstellung der Geistesgaben für

---

58 Vgl. Seidel/Zils, Aktion, 23. Das Politische Nachtgebet, verbunden insbesondere mit Dorothee Sölle und Fulbert Steffensky, entstand am Deutschen Katholikentag 1968 in Köln vor dem Hintergrund des Vietnamkrieges. In der Folge entstand eine gottesdienstliche Tradition in vielen weiteren deutschen Städten.

59 Vgl. Etzelmüller, Krise, 33. Er greift auf Tietz, Gott, 335; Härle, Mantel, 301; von Sass, Gebete, 48 zurück.

60 Weyel, Gebet, 238.

61 Aber auch in solchen Lebensumständen könnte man zumindest dankbar anerkennen, dass wir auf ganz vielfältige Weise von lebensförderlichen Umständen und Umgebungen profitieren, deren Existenz sich nicht von selbst versteht. Vgl. Etzelmüller, Krise, 34 ff.

alle Menschen und führt in manchen Kirchen zu Spaltungen.[62] Ebenso tritt das Verständnis, das insbesondere in reformierten Kirchen im Vordergrund steht, dass Versöhnung Gottes mit den Menschen im Kreuz- und Auferstehungsgeschehen bereits geschehen ist, stark in den Hintergrund. Versöhnung wird nur noch präsentisch erwartet.[63]

Das Gebet ist im christlichen Glaubensleben eine Konstante in der Liturgie wie auch im privaten Bereich. Im Gebet verbindet sich der Mensch mit dem Heiligen, der Heilige Geist wird auf unterschiedliche Art und Weise erfahren. Was ist nun das Verbindende in diesen unterschiedlichen Gebetspraxen in Geschichte und Gegenwart? Können unsere Kantonalkirchen an die Gebetspraxis in Migrationskirchen anknüpfen? Wo können wir voneinander lernen?

Beten ist in erster Linie ein Beziehungsgeschehen, eine Kommunikation. Es handelt sich dabei um eine besondere Form der Kommunikation, um eine Kommunikation mit einem Gefälle. Im Gebet anerkennt der Mensch, dass er ein Mängelwesen und bedürftig ist. Er positioniert sich unterhalb und abhängig von Gott und damit aber auch gleichzeitig unabhängig von Menschen und Mächten. Wenn wir beten, üben wir uns darin, unabhängig von dem zu werden, was gerade ist. In der Abhängigkeit von Gott wird gleichzeitig eine grosse Freiheit erlebt. Wo Gott ist, während wir beten, wird verschieden wahrgenommen. Er kann unten, oben, neben, in oder um uns sein oder für uns ein Gegenüber darstellen. Es ergeben sich verschiedene Dimensionen des Gebetes: ein Gebet kann Lob ausdrücken (Halleluja), ein Gebet kann bitten (kyrie eleison) und ein Gebet kann Gott herbeirufen (Maranatha).[64] Grundsätzlich kann das Gebet als Bitte verstanden werden, obwohl die Formen (Klage, Fürbitte, Lob, Dank, Bekenntnis) sehr vielfältig sind. Ebenso ist das Gebet als Körperpraxis oder -geste zu sehen. Weyel nennt daneben auch eine Unterscheidung in Gebet als religiöser Akt oder literarischer Text, Gebet als pragmatischer oder poetischer Typus.[65]

Im Gebet können insbesondere auch die nicht-rationalen Seiten des Menschen miteinbezogen werden, beten kann kreativ und spontan sein, Unbewusstes kann an die Oberfläche kommen. Das Zungenbeten ist das beste Beispiel dafür. Die leibliche und nicht-rationale Dimension des Gebetes, die in Migrationskirchen zentral ist, gilt es auch in Schweizer Kantonalkirchen wieder ins

---

62 Vgl. Währisch-Oblau, Material Salvation, 75.
63 Vgl. Zimmerling, Beten, 295 f.
64 Vgl. die Unterlagen vom Wochenende zu Gottesdienst und Gebet im CAS Interkulturelle Theologie und Migration, Referent Benedict Schubert, Rügel, 7.12.2019.
65 Vgl. Weyel, Gebet, 236.

Bewusstsein zu rücken. In der Kirchengeschichte kam es immer wieder zu unterschiedlichen Formen von Anbetung und leiblich-ekstatische Gebete finden sich auch schon in der Bibel.[66]

Im Gebet wird Kontingenz bewältigt, das ist eine wichtige Dimension des Gebetes, die in vielen unterschiedlichen Kirchenformationen vordergründig ist. Bei einer solchen Kontingenzbewältigung sollte es aber um mehr gehen, als nur darum, sich einfach der Wirklichkeit zu fügen. Die Worte Jesu in Gethsemane sind zusammen zu denken mit seinen letzten Worten am Kreuz: «Warum hast du mich verlassen?» (Mk 15,34). Hier wird nämlich deutlich, dass Jesus sich nicht einfach Gottes Willen ergibt. Jesus fordert Gott heraus, Stellung dazu zu nehmen, wie er sich ihm und der Welt gegenüber verhält. «Dein Wille geschehe» ist also nicht als eine Einverständniserklärung an die Welt zu sehen, sondern hier wird Gott vielmehr darum gebeten, sich gegen die Mächte der Welt durchzusetzen. Ebenso wird eine Gegenseitigkeit im Gebet ansichtig und der Umstand, dass Gott auch erst jenseits des Gebetes antwortet, in der Auferstehung, um im Bild von Gethsemane und Golgotha zu bleiben.[67]

Gebete in der reformierten Tradition sind oft sehr subjektiv geprägt. Es wird allein und still gebetet, der Fürbitte-Teil in Gottesdiensten stellt einen der wenigen Orte dar, wo im Gebet der Blick zu anderen hin geöffnet wird. Es finden nur wenige öffentliche Gebete statt. Das Gebet soll aber nicht nur innerlich und subjektiv, sondern auch gemeinschaftlich und öffentlich sein und etwas bewirken. In der neueren protestantischen Gebetspraxis ist eine Innovation zu beobachten, die in eine andere Richtung zeigt. Innerhalb der Eingangsliturgie finden vermehrt Psalmgebete statt. Die Psalmen werden abgelesen, die Schwelle, sich an diesem gemeinschaftlichen Gebet zu beteiligen, wird damit sehr niedrig gehalten.[68] Könnten wir im Hinblick auf vermehrt gemeinschaftliche Gebete, etwas vom Anbetungsteil in vielen Migrationskirchen lernen? Darüber hinaus stellt die Frage, wie sich eine pneumatische Orientierung eines Gottesdienstes rituell ausgestaltet, eine interessante Grundlage für Gespräche zwischen kantonalkirchlichen Gemeinden und Migrationskirchen dar. Was trauen wir einem Gebet zu? Wie drückt sich ein Gebet aus?

---

66 Denken wir nur an den tanzenden König David in 2 Sam 6,16, oder an die Gemeinde in Korinth 1Kor 12–14. Es wird dort in Zungen gebetet, es wird geheilt und geweissagt. Paulus ermahnt die Gemeinde, Ordnung in das Geschehen hinein zu bringen, lehnt aber nicht grundsätzlich das ekstatische Moment ab.

67 Vgl. Etzelmüller, Krise, 37 ff.

68 Vgl. a. a. O., 30.

4.2   Missionarische Zuversicht

Mission stellt für die Reformierten Kirchen Bern-Jura-Solothurn eines der Themen dar, bei denen die Meinungen in und zwischen den Kirchen weit auseinander liegen. Das Thema Mission wird exemplarisch und neben dem Thema der lebendigen Gemeinschaft als ein Hauptspannungsfeld zwischen Migrationskirchen und reformierten Kirchgemeinden besprochen.[69] Auch für die weiter zurückliegende Studie des Schweizerischen Evangelischen Kirchenbundes stellt Mission und Ökumene neben Schrift und Bekenntnis, amtstheologischen Fragen und der Frage nach rückkehrenden Religiosität(en) einen der neuralgischen Punkte dar, an denen sich Unterschiede deutlich zeigen.[70] Das ausgeprägte Sendungsbewusstsein, das quantitative Verständnis von Mission im Sinne einer Evangelisation, das in vielen Migrationskirchen vorherrscht, stösst in manchen kantonalkirchlichen Gemeinden auf Unverständnis. Andererseits wird die reformierte Kirche von vielen Migrationskirchen als unglaubwürdig oder gehemmt wahrgenommen, wenn es darum geht, für die christliche Überzeugung einzustehen. In den von mir durchgeführten Interviews mit Leitenden in Migrationskirchen war Mission sehr oft ein Thema. In 12 von 16 Interviews wurde über Mission gesprochen, in der Analyse der Interviews wurde mit dem Code «Mission und Evangelisation» deutlich mehr codiert als mit anderen Codes.[71] Es scheint sich hier ein Lernfeld zu eröffnen, das für alle Beteiligten relevant ist und in dem reformierte Kirchen und Migrationskirchen voneinander lernen können. Im Folgenden wird dieses ausgesprochene Sendungsbewusstsein in Migrationskirchen näher beleuchtet. Wie stellt es sich dar, worum geht es? Danach wird besprochen, was für reformierte Kirchen in der Schweiz wichtig ist, wenn es um Mission geht.

---

69 Vgl. Bereich OeME-Migration der Reformierten Kirchen Bern-Jura-Solothurn, Gottes Volk, 23–26. Die Broschüre nennt Endzeiterwartung, Sündenbekenntnis, Amtsverständnis, Liturgie, Rollenmodelle in der Familie, Umgang mit Homosexualität als weitere Themen, bei denen die Meinungen in Kirchen weit auseinandergehen. Es bleibt etwas unklar, ob das eine allgemeine Feststellung ist, die auch darauf verweist, dass die Meinungen bezüglich dieser Themen innerhalb einzelner Kirchgemeinden ebenso auseinandergehen können wie zwischen Migrations- und Kantonalkirchen.

70 Röthlisberger/Wüthrich, Neue Migrationskirchen, 94–96.

71 Einzig in den Interviews aus dem orthodoxen Kontext, mit der *Eglise française* und der methodistischen Lokalpfarrerin, kam Mission nicht zur Sprache. Nur der Code Gemeindeverständnis wurde noch öfter vergeben als der Code Mission.

«Wir möchten gerne alle Menschen versammeln, die es nötig haben, Jesus zu kennen. In den meisten Fällen handelt es sich hier um Menschen, die entmutigt sind, Menschen, die vielleicht verfolgt wurden, Menschen die fallen gelassen wurden, Menschen die bedürftig sind, nicht materiell, sondern spirituell bedürftig. Unsere Mission ist es, diese Menschen versammeln zu können, um über Jesus zu sprechen. Und um zuzulassen, dass sie ihr Leben entwickeln können, ihre Gemeinschaft mit Jesus. Das ist unsere Mission. Das ist eine Art von Evangelisation, aber spezifisch für Menschen, die fallen gelassen, verlassen worden sind, Menschen, die entmutigt sind, die im Elend sind. Das Gleichnis des barmherzigen Samariters, das ist unsere Vision, also zudecken, Hilfe, Barmherzigkeit Menschen entgegen bringen, die in Not sind. […] Ok, es ist also nicht strukturiert, es ist nicht strukturiert, das muss ich sagen. Das heisst für uns bedeutet Evangelisation sich nähern. Unserem Umfeld, Leuten, denen wir begegnen. In unserem Umfeld. Dort legen wir Zeugnis ab von Jesus. […] Wir machen keine strukturierte Evangelisation, wir machen keine gezielte Evangelisation. […] Wir haben es versucht, aber wir haben kein gutes Resultat erzielt. Wir konnten uns aufstellen mit unseren Trommeln und singen. Die Leute sind vorbei gegangen, wir haben ihnen einen Flyer gegeben. Aber ein paar Meter weiter, haben sie ihn weggeworfen. Das ist nicht stark genug. Aber wir legen Zeugnis ab. Mein Leben, das ist ein Zeugnis. Die Leute, die ich treffe / die sich mir nähern, denen ich mich nähere, ich spreche mit ihnen über Jesus, der der Herr ist, der Retter, der Befreier.» (Interview Yves, 11.4.2018, 32–34, Übersetzung CH).

Es kommt uns in diesem Interviewausschnitt mit einem der beiden Kirchenleitenden einer französischsprachigen afrikanischen Gemeinde kein Missionsverständnis entgegen, das auf strukturierte Evangelisation ausgelegt ist. Es geht auch nicht in erster Linie um Gemeindewachstum, sondern es geht darum, als Kirche den Menschen nahe zu sein und ihren Nöten und Bedürfnissen zu begegnen. Mission wird als Zeugnis ablegen verstanden. Das Zeugnis handelt davon, was Jesus im eigenen Leben bewirkt hat. Das wird als viel effektivere Strategie zur Evangelisation wahrgenommen, als gross angelegte Strassenevangelisationen mit viel Tamtam.

Auch für den Hauptpastor der *Christ International Church* geht es bei Missionsbemühungen nicht darum, möglichst viele Menschen in seine Kirche zu bringen, sondern darum, möglichst viele Menschen zu retten. «Weil am Ende des Tages geht es nicht darum, wie viele Menschen in diese Kirche gehen oder in diese. Es geht darum, wie viele Menschen die Kirchen zusammen retten können vor dem Zorn des Feindes. Darauf kommt es an.» (Interview Dot 23.10.2017, 130, Übersetzung CH). Viel deutlicher tritt bei ihm ein Konzept zu Tage, das die globale Bedeutung von Mission und das globale Netzwerk der Kirchen betont, und das insbesondere in pentekostalen Kirchen eine grosse Rolle spielt.

«Wir hoffen, dass wir, nachdem wir uns in 12 verschiedene Regionen der Schweiz bewegt haben, entlang der Sprachen, dass wir uns von dort aus weiter nach Europa bewegen können. Und von dort zu den entlegensten Teilen der Welt. (.) Das ist die Vision, das ist der Traum. Sofern es Gott erlauben wird, so wollen wir reisen(.)» (Interview Dot, 20.6.2017, 57, Übersetzung CH)

In vielen der von mir besuchten Migrationskirchen steht Mission und Evangelisation im Vordergrund. Es geht darum, möglichst viele Menschen für Christus zu gewinnen. Ein quantitatives Verständnis von Mission ist also vorherrschend. Wie sich diese Mission aber ausformuliert, ist ganz unterschiedlich: Mission wird als Strassenevangelisation mit Trommeln und Gesang ausgestaltet, sie wird als ein Zeugnis ablegen im Freundeskreis und bei der Arbeit verstanden. Es werden Bibelschulen aufgebaut, wo Menschen in kognitiver Art und Weise zu Gott geführt werden können, Konferenzen veranstaltet, wo das Wunderbare Gottes erlebt werden kann. Wir sehen: Missions- und Evangelisationstätigkeit kann ganz unterschiedlich aufgebaut und ausgerichtet sein. Darüber hinaus richtet sich Mission in den von mir untersuchten Migrationskirchen auch auf ganz unterschiedliche Gruppen von Menschen, einerseits auf Bedürftige und Menschen in Not, andererseits auf sogenannte Ungläubige. Wir haben an den Fallbeispielen auch gesehen, dass Mission sehr unterschiedlich verortet und begründet wird. Sie findet ihre Motivation in der Nächstenliebe, ist diakonisch ausgerichtet, oder wird in einem dualistischen Weltbild begründet, wo es darum geht, möglichst viele Seelen vor der Verdammnis zu retten.

Migrationskirchen werden in der Schweiz und in Deutschland nicht selten genau aufgrund ihres meist starken missionarischen Impulses als ökumenische Herausforderung wahrgenommen. Dabei hat sich sowohl in der öffentlichen und medialen Wahrnehmung dieser Kirchenformationen als auch im akademischen Diskurs das label der *reverse mission*, einer Umkehrmission, als Markenzeichen dieser Kirchen etabliert. «Umkehrmission hat sich als vermeintliches Charakteristikum bereits in der Anfangsphase der deutschsprachigen migrationskirchlichen Forschung um die Jahrtausendwende festgesetzt.»[72] Zu Beginn galt der revers-missionarische Typ von Migrationskirchen als einer unter mehreren,[73] er avancierte aber schon bald zum absoluten Leitbegriff: Migrationskirchen werden insgesamt als eine revers-missionarische Bewegung klassifiziert, die das Evangelium zurück in das säkularisierte Europa, die

---

72 Heuser, Umkehrmission, 29.
73 Die wohl erste Nennung der *reverse mission* im Zusammenhang mit Migrationskirchen in Mitteleuropa findet sich bei Währisch-Oblau, From Reverse Mission, 467–483.

eigentliche Wiege des Christentums, bringen möchte.[74] Andreas Heuser entlarvt den Begriff der Umkehrmission als «eurozentrischen Mythos der Migrationskirchenforschung».[75] Klar ist, dass es vielen Migrationskirchen um Mission geht, aber mit dem Begriff der *reverse mission* gewinnt man nichts, stattdessen handelt man sich drei grosse Problemkreise ein. Erstens werden Migrationskirchen damit stereotypisiert. Sie werden nicht nur als homogene Gruppe wahrgenommen, sondern auch als genau das, was die hiesigen traditionellen Kirchen nicht sind, als das, womit viele Mühe haben. Sie werden somit zum Gegenbild, ja zum Feindbild ortsansässiger Kirchen und es besteht kein Bedarf mehr, sich näher mit ihnen auseinanderzusetzen oder miteinander ins Gespräch zu kommen. Das wäre aber meines Erachtens dringend nötig. Ein zweites Problem ist in der bipolaren und eurozentrischen Sicht auf die Welt zu sehen, das dem Konzept der *reverse mission* zugrunde liegt. «Die bipolare Engführung in der Rede von einer Umkehrmission jedoch verweigert sich der gewachsenen globalgeschichtlichen Komplexität des Christentums der Gegenwart.»[76] Das Christentum hat sich nicht nur von Nord nach Süd und jetzt wieder zurück von Süd nach Nord ausgebreitet, die Ausbreitung des Christentums war und ist viel komplexer. Mit einer vereinfachten bipolaren Sicht auf die Sachlage werden polyzentrische Ansätze der Missionsgeschichtsschreibung verunmöglicht. Das Konzept einer *reverse mission* setzt drittens einen Bezug zur Grossen Mission im 19. Jahrhundert voraus, in dem viele der pietistisch geprägten Missionsgesellschaften (beispielsweise die Basler Mission 1815) gegründet wurden, Missionare und später auch Missionarinnen ausgebildet und in Länder des globalen Südens ausgesandt wurden. Der Bezug zu dieser grossen Missions- und Migrationsbewegung im 19. Jahrhundert wird in den von mir besuchten Migrationskirchen praktisch nie gemacht. Er erscheint auch als zu gesucht, denn die meisten der Migrationskirchen mit einem starken missionarischen Impetus lassen sich in ein pentekostales Umfeld einordnen, haben also mit der Grossen Mission nichts zu tun. Die historische Analogisierung, die im Begriff *reverse mission* passiert, ist also schlichtweg falsch.

Wir halten fest: In Migrationskirchen gibt es kein einheitliches, übergemeindlich verbindendes Missionsverständnis, es herrscht vielmehr eine Vielfalt von Missionskonzepten vor, die oft einen Fokus auf Globalisierung und Gemeindewachstum legen. Sensibilität für den lokalen und spezifischen Kontext, in dem Migrationskirchen verortet sind, lässt sich nicht immer ausmachen. Mission hat

---

74   Vgl. z. B. Harfst, Reverse Mission, 29–40.
75   Heuser, Umkehrmission, 49.
76   A. a. O., 32.

vielmehr zum Ziel, die Landschaft zu verändern und Grenzen zu verschieben. In vielen Konzeptionen geht es darum, den Satan zurückzudrängen, Schutzräume für Gerettete einzurichten und breiteren öffentlichen Raum einzunehmen.[77]

Das Missionsverständnis in den von mir untersuchten Migrationskirchen hat viel mehr mit der Verwurzelung vieler dieser Kirchen in einem pentekostalen Umfeld zu tun als mit Migration und Migrationserfahrungen. Viele der Kirchen gehen davon aus, dass die Schweiz eine Erweckung benötigt und sich die Kirchen in einem spirituellen Kampf befinden. Die Evangelisation wird somit eingebettet in eine spirituelle Kampfführung, *spiritual warfare*. Es geht in der Mission also vielmehr darum, in einen spirituellen Kampf einzutreten als darum, eine Botschaft zu transportieren.[78] *Spiritual warfare* ist ein amerikanisches, pentekostales Konzept, das Ende der 1980er-Jahre vor allem von John Wimber, C. Peter Wagner, Derek Prince und Charles Kraft entwickelt und befördert wurde. Es wird zwischen einem *ground-level warfare* und einem *cosmic-level warfare* unterschieden. Während der *ground-level warfare* sich mit dämonischen Kräften im Menschen befasst, geht es im *cosmic-level warfare* darum, territoriale und institutionelle Mächte zu bekämpfen. Eine bekannte Technik ist das *spiritual mapping*, wodurch in bestimmten (geografischen) Räumen und Institutionen dämonische Mächte lokalisiert werden. Um die Menschen mit dem Evangelium zu erreichen, müssen diese Regionen zuerst von den bösen Mächten befreit werden. Dazu werden Gebetsarmeen gegründet, die Gebetsmärsche durchführen und so Gottes Macht proklamieren. Gebet, Fasten, Umkehr, Vergebung, Rechtschaffenheit werden als Waffen in diesem Kampf betrachtet. Eine grosse Zahl an neutestamentlichen Stellen wird angeführt, um zu zeigen, dass die Bibel davon geprägt ist, dass die Welt sich damals wie heute in einem konstanten Kampf zwischen dem Reich Gottes und Satan befindet.[79] *Spiritual warfare* hat aber auch noch andere Wurzeln. In vielen Ländern Afrikas oder auch Asiens ist die unsichtbare mit der sichtbaren Welt eng verwoben. Was in der spirituellen Welt geschieht, hat in der Welt auf Erden sichtbare Konsequenzen und umgekehrt. Wenn also Evangelisation geschieht, muss dies mit Gebeten spirituell vorbereitet werden. Der Heilige Geist ermöglicht Evangelisation, die richtigen Worte, Heilung und Befreiung. Mission ist also mehr auf Gottes Hilfe angewiesen als auf Ausbildung. Währisch-Oblau spricht in diesem Zusammen-

---

77 So stellt das bereits Heuser für den Hamburger Kontext im Jahr 2005 fest. Vgl. Heuser, Odem, 283.
78 Vgl. Währisch-Oblau, Missionary Self-Perception, 286.
79 Vgl. z. B. Kraft, Spiritual Warfare.

hang – etwas überheblich – von «a notion of ‹evangelistic stupidity›»,[80] die für eine solche Mission notwendig ist.

Wenn wir in Bildern der *reverse mission* verhaftet bleiben, besteht kein Bedarf, Phänomene heutiger Mission in ihren theologischen und ritualpraktischen Zusammenhang einzuordnen. Heuser mahnt zu Recht an, dass wir in Bezug auf unterschiedliche Missionsverständnisse aber ein Fremdverstehen unbedingt wagen sollten und dabei versuchen sollten, den Missionsbegriff konstruktiv zu gebrauchen.[81] Kurzum, wenn wir mit oder über Migrationskirchen von Mission sprechen, sollten wir uns nicht auf bipolare oder reziproke Bilder beschränken, sondern multiperspektivisch und multidimensional von einer «mission from anywhere to anywhere»[82] sprechen. Denn bereits die Missionsgeschichte wird in vielen Ländern ganz unterschiedlich gelesen. Während sich Menschen in der Schweiz oder in Deutschland für das koloniale Unterfangen der Mission schämen und darüber klagen, dass Religionen und Kulturen zerstört wurden, freuen sich an anderen Orten Menschen darüber, dass die Mission ihnen Befreiung gebracht hat. Im Gespräch mit Migrationskirchen kann der gängige Diskurs zu Mission und Missionsgeschichte durchbrochen werden.

Des Weiteren fordert die Tatsache, dass viele Migranten und Migrantinnen sich als Missionare oder Evangelistinnen wahrnehmen, den gesamten Migrationsdiskurs heraus. Sie werden durch dieses Selbstverständnis Akteurinnen und Akteure, die ihr Leben und die Umwelt mitgestalten, sie verharren nicht als passive Opfer, die auf Entscheide und Aktion der Aufnahmegesellschaft angewiesen sind. In diesen Kirchen wird das religiöse Engagement festgelegt, das Evangelium wird auf tägliche Nöte bezogen, und es finden verschiedene Interaktionen statt mit anderen Gruppen, die sich an den Rändern der Gesellschaft befinden.[83] Durch und in Migrationskirchen können Migranten und Migrantinnen also die Gesellschaft mit beeinflussen.

In Schweizer reformierten Kirchen wird demgegenüber unter Mission oft nur eine «implizite Verkündigung des Evangeliums in öffentlichen Kulturveranstaltungen und im sozialen, diakonischen Handeln einer Kirche verstanden.»[84] In Schweizer reformierten Kirchen wird Mission als Teil der Kirchlichkeit begriffen. Mission wird als *Missio Dei* verstanden, Gott selbst ist Akteur der Mission,

---

80 Währisch-Oblau, Missionary Self-Perception, 292.
81 Heuser, Umkehrmission, 28.
82 Walls, Rise, 33.
83 Vgl. Hanciles, Beyond Christendom, 298.
84 Röthlisberger/Wüthrich, Neue Migrationskirchen, 95.

der Missionar oder die Missionarin hat lediglich hinweisenden Charakter.[85] Mission ist hier ein kommunikatives und dialogisches Unternehmen und bringt Evangelisation, soziale und politische Aktionen zusammen. Es steht stark im Vordergrund, Mission nicht auf «Sendung» zu reduzieren, sondern ganzheitlicher zu fassen. Dabei wird sowohl die Kontextualität von Mission in der Bibel und in der Kirchengeschichte reflektiert, als auch der Missionsbegriff vom Ballast der Kolonialgeschichte befreit. Mission erhält so verschiedene Stossrichtungen, sie ruft zu mutigen Taten und zum Einstehen für Gerechtigkeit auf, Mission verhilft zur Befreiung von Leiden, Mission wird als Auftrag verstanden, alle Menschen mit der christlichen Botschaft bekannt zu machen.[86] Etwas verkürzt ausgedrückt: Mission wird in Gemeinden der reformierten Kirche der Schweiz im Sinne der jüngsten Erklärung des Ökumenischen Rates der Kirchen «Gemeinsam für das Leben» verstanden.[87]

Es wird deutlich: Es geht in der Diskussion um unterschiedliche Missionsverständnisse nicht nur um unterschiedliche Verständnisse der Intensität missionarischen Handelns, sondern viel grundlegender um ein anderes Verständnis dessen, was Mission überhaupt ist. Während es in einem Missionsverständnis, das in reformierten Kantonalkirchen Gültigkeit hat, vor allem auch darum geht, im Glauben sprachfähig zu bleiben oder es erst zu werden, spielen in pentekostalen Konzepten von Mission Gebet und geistliche Kampfführung eine grössere Rolle.[88] Die unterschiedlichen Missionsverständnisse, die heute auf kleinem Raum aufeinandertreffen, gilt es, nicht gegeneinander auszuspielen oder als falsch oder richtig zu taxieren. Stattdessen scheint es fruchtbarer, miteinander über das Konzept Mission insgesamt nachzudenken und nach Gemeinsamkeiten darin zu suchen. Eine Gemeinsamkeit scheint schon allein darin zu liegen, dass Mission in allen unterschiedlichen Kirchenformationen als ein genuiner Teil ihres Kirche-Seins verstanden wird. Ebenso hat Mission immer mit Bewegung zu tun. Pentekostal geprägte Migrationskirchen sind sehr auf Wachstum angelegt und

---

85 Für eine kritische Auseinandersetzung mit dem Begriff und der Geschichte der *Missio Dei* vgl. Jansson, Wende, 401–419.
86 Die Reformierten Kirchen Bern-Jura-Solothurn geben eine kurze und knappe Zusammenfassung zum Missionsverständnis, das hier exemplarisch dafür steht, wie Kantonalkirchen in der Schweiz im allgemeinen Mission verstehen. Vgl. Bereich OeME-Migration der Reformierten Kirchen Bern-Jura-Solothurn, Gottes Volk, 23–26.
87 Die Erklärung ist auf der Webseite des Ökumenischen Rates der Kirchen (ÖRK) abrufbar. Ökumenischer Rat der Kirchen, Gemeinsam für das Leben, URL: https://www.oikoumene.org/de/resources/documents/commissions/mission-and-evangelism/together-towards-life-mission-and-evangelism-in-changing-landscapes?set_language=de (10.7.2020).
88 Währisch-Oblau, Missionary Self-Perception, 321 f.

haben deshalb ein Anliegen für Mission, die ihrerseits stark von Bewegung geprägt ist. Es werden himmlische Mächte mobilisiert, Menschen werden körperlich bewegt, wenn sie vom Heiligen Geist ergriffen sind. «Pentecostal bodies are mobile bodies – shaking, falling, growing, and traveling literally and figuratively by means of transportation technologies and communications media.»[89] Bewegung wird in pentekostal geprägten Gemeinden also einerseits individuell und lokal im eigenen Körper wahrgenommen, andererseits umfasst Bewegung auch transnationale Aspekte des Reisens, die sich virtuell oder real ausdrücken können. Es ist hier somit bereits angezeigt, dass Mission und Migration immer schon zusammenhängen. Wenn wir die Grosse Mission im 19. Jahrhundert betrachten, wird dies noch einmal sehr augenscheinlich. Diese Bewegung war sehr eng verknüpft mit den Ausbreitungsbewegungen Europas.

Die Zusammenhänge zwischen Mission und Migration theologisch auszuleuchten ist ein noch eher junges Unterfangen.[90] Gemma Tulud Cruz weist insbesondere darauf hin, dass es heute darum geht, Mission im Zeitalter der Migration[91] zu verstehen. Dabei ist es zentral, sensibel dafür zu sein, was um uns herum passiert. Es reicht also nicht aus, die biblischen Schriften und die Kirchengeschichte in ihrer Kontextualität zu verstehen, um einen für heute gültigen Missionsbegriff zu gewinnen, es muss auch der aktuelle Kontext in die theologischen Überlegungen miteinbezogen werden. Begegnung nimmt dabei eine zentrale Rolle ein, um für das aufmerksam zu sein und zu bleiben, was um uns herum geschieht.[92] Mission im Zeitalter der Migration muss demnach drei Aspekte erfüllen: Sie muss erstens «inkarnational» sein, das heisst, sich im zwischenmenschlichen Austausch hier und jetzt ausdrücken. Zweitens soll Mission bipolare Vorstellungen von «wir» und «die anderen» überwinden und drittens schliesslich liegt ein besonderes Gewicht auf dem befreienden Aspekt von Mission, was für Tulud Cruz insbesondere im Eintreten für soziale Gerechtigkeit mündet.[93]

Über diese drei Aspekte oder Dimensionen von Mission im Zeitalter der Migration zu diskutieren, halte ich für sehr geeignet, wenn wir über Mission

---

89   Gunther Brown, Afterword, 376.
90   Vgl. dazu insbesondere die beiden wegweisenden katholischen Beiträge: Campese, Mission and Migration, 247–260. Tulud Cruz, Christian Mission, 242–260.
91   Der australische Soziologe und politische Ökonom Stephen Castles hat bereits 1993 ein Buch mit dem Titel «The Age of Migration» herausgegeben und damit die Feststellung geprägt, dass unser heutiges Zeitalter vor allem durch Migration geprägt ist. Das Buch ist heute in der fünften Ausgabe erhältlich: Castles, Age of Migration.
92   Vgl. Tulud Cruz, Christian Mission, 246. Sie verweist dabei auf Lévinas, Totality and Infinity, der die Macht der Begegnung und ihr ethisches Moment betont.
93   Vgl. Tulud Cruz, Christian Mission, 251–255.

miteinander ins Gespräch kommen wollen. Ein solches Gespräch lässt es nicht zu, das Missionsverständnis des anderen als falsch zu entlarven, sondern legt das Hauptgewicht auf die Aktivitäten von Mission und darauf, was sie erreichen will. Eine Welt, in der alle in Fülle leben können.[94]

4.3 Zusammenfassende Überlegungen zu den theologischen Lernfeldern

Der Gang durch die beiden interkulturell-theologischen Lernfelder *Spirituelle Vitalität* und *Missionarische Zuversicht* hat unterschiedliche Verstehensweisen und Ausgestaltungen theologischer Schwerpunkte deutlich gemacht. Zentral sind dabei in erster Linie die zugrunde liegenden Wirklichkeitsverständnisse. Die in Schweizer reformierten Kirchen abschätzig «voraufklärerisch» oder «verzaubert» bezeichnete Weltsicht führt dazu, dass die Welt weniger in profane und sakrale Bereiche eingeteilt wird. In Migrationskirchen wird damit gerechnet, dass Gott in die Welt eingreift, in Gebet und Heilungsritualen werden Alltagsnöte angepackt. Das Glaubensleben ist auch von ekstatischen Momenten geprägt und scheint weniger formalistisch geordnet. Gleichzeitig wurde aber deutlich, dass trotz oder vielleicht auch dank der Unterschiedlichkeit, fruchtbare Gespräche stattfinden könnten, bei denen beide Seiten voneinander lernen können. Migrationskirchen können unsere reformierten Kirchen daran erinnern, dass die Kirche einerseits die gute Botschaft verkünden soll, andererseits auch einen Heilungsauftrag hat (Mt 10,7). Den Auftrag zur Verkündigung könnte man in erster Linie ganz einfach als ein Bewegen und Sich-bewegen-Lassen deuten – innerlich und äusserlich. Die seelsorgerliche, eschatologische und soziologische Dimension von Heil und Heilung scheint in ganz unterschiedlichen Kirchenformationen wichtig zu sein. Es gilt, darauf das Augenmerk zu richten, dass Gott in Heilungsritualen den Menschen nahe kommt, eine Beziehung zwischen Menschen aufgebaut wird, für einen kurzen Moment das Reich Gottes aufblitzt und Menschen durch ein Heilungsritual vom Rand in die Mitte der Gesellschaft geholt werden können. Dass das Gebet in erster Linie ein Beziehungsgeschehen ist und nicht einfach Ein-zur-Sprache-Bringen menschlicher Grundbefindlichkeiten, gilt es in Zukunft stärker zu

---

94 Für diese Diskussion hilfreich sein könnte auch Henning Wrogemanns Vorschlag eines doxologischen Missionsverständnisses, das sich vom Geschehen des Gotteslobes her entwerfen lässt. Mission geschieht erst in einem «Loslassen», bei dem man sich der göttlichen Kraft aussetzt. Vgl. Wrogemann, Mission, 193–236.

gewichten. Mission ganzheitlich und in Zusammenhang mit Implikationen zu verstehen, die sich durch Migration ergeben, wird ein wichtiges Feld der interkulturellen Theologie und zwischenkirchlichen Zusammenarbeit darstellen.

In der interkulturellen Ökumene scheinen Themen, die in der reformierten-katholischen Ökumene Kontroverspunkte darstellen – wir denken an das Sakrament des Abendmahls – zurückzutreten. Vielmehr bestimmen neben praktisch-theologischen Themen auch ethische Themen die Diskussion. Die Broschure der Reformierten Kirchen Bern-Jura-Solothurn nennt insbesondere die Endzeiterwartung, das Sündenbekenntnis, Amtsverständnis, Liturgie, Rollenmodelle in der Familie und Umgang mit Homosexualität als die Themen, bei denen die Meinungen in allen Kirchen weit auseinandergehen.[95] Hier ist zu bemerken, dass die Meinungen darüber innerhalb einzelner Kirchgemeinden ebenso auseinander gehen können, wie zwischen Migrations- und Kantonalkirchen. Diese Themen sollen nicht am Anfang einer migrationsökumenischen Begegnung stehen. Ein starker und gewachsener Vertrauensraum ist nötig, um über diese Themen ins Gespräch zu kommen, die sonst eher als Eingangshürden eines gemeinsamen Raumes empfunden werden.

Die von mir hier aufgezeichneten Lernfelder sollen dazu anregen, im Kontakt mit dem «Fremden» das Eigene zu reflektieren und sich zu Transformationsprozessen motivieren zu lassen. Werner Kahl schlägt vor, sich im Rahmen eines Besuches eines fremden Gottesdienstes unterschiedlichen Irritationen und Attraktionen auszusetzen und die Erfahrungen in einer anschliessenden Reflexion gemeinsam zu verarbeiten.[96] Ich halte diesen Vorschlag für erwachsenbildnerische Angebote für sehr praktikabel.

4.4 Migrationsökumene im Treppenhaus

Einige Voraussetzungen für eine gelungene Zusammenarbeit in der lokalen Migrationsökumene wurden am Schluss des Kapitels drei bereits geschildert. Themen, die in der Migrationsökumene diskutiert werden können, liegen nun ebenfalls vor. Meiner empirischen Untersuchung folgend wären das die Themen Heilung, Gebet und Mission. Hinzuzufügen wäre zumindest noch das Kirchenverständnis – wir erinnern uns, das Kirchenverständnis und der Evangelisierungsauftrag wurden von Arnd Bünker als zwei Hauptmerkmale eines post-

---

95 Vgl. Bereich OeME-Migration der Reformierten Kirchen Bern-Jura-Solothurn, Gottes Volk, 23.

96 Vgl. Kahl, Hexenglaube, 131.

migrantischen Christentums festgehalten.[97] Im Folgenden wird es nun darum gehen, wie man sich denn in der Migrationsökumene begegnet. In welchen Räumen? Und wie lassen sich diese Räume gestalten?

Unterschiedliche Kirchen begegnen sich in der Migrationsökumene in einem bedeutungsoffenen Zwischen-Raum. Hier wird darüber verhandelt und ausgehandelt, welche Bedeutung Symbole oder Rituale hatten, haben und in Zukunft haben werden. Homi K. Bhabha verwendet für diesen Dritten Raum, der niemandem gehört und in dem Menschen aus ihren Räumen zusammenkommen und ihn gemeinsam gestalten, die Begriffsmetapher des Treppenhauses und lässt sich für die materielle Gestalt dieses Da-Zwischens von der afro-amerikanischen Künstlerin Renée Green inspirieren.[98]

> «Das Treppenhaus als Schwellenraum zwischen den Identitätsbestimmungen wird zum Prozess symbolischer Interaktion, zum Verbindungsgefüge, das den Unterschied zwischen Oben und Unten, Schwarz und Weiss konstituiert. Das Hin und Her des Treppenhauses, die Bewegung und der Übergang in der Zeit, die es gestattet, verhindern, dass sich Identitäten an seinem oberen und unteren Ende zu ursprünglichen Polaritäten festsetzen.»[99]

Das Treppenhaus steht für einen Übergang, es stellt einen Schwellenraum dar. Das Treppenhaus ist durch Bewegung geprägt. In diesem Bild sind neue Formen von Geschichtsschreibung, aber auch neue Formen von Gemeinschaften und Zusammenleben denkbar. Das Treppenhaus steht allerdings auch für Unverbindlichkeit und Abstand, für Lärm und Konflikte. Diese eher negativen Konnotationen führen dazu, dass für dritte Räume auch andere Metaphern, wie beispielsweise die Küche, verwendet werden.[100] Ich halte aber an der von Bhabha verwendeten Metapher fest, da ich sie gerade wegen ihrer Ambivalenz für geeignet halte, migrationsökumenische Lernräume zu bezeichnen. Lernen ist immer mit schönen, gemeinschaftlichen und beglückenden Erfahrungen verbunden, aber auch von Asymmetrien, Rückschlägen, Einsamkeiten und schlechten Gefühlen geprägt.

---

97 Vgl. Bünker, Typen, 129.

98 Renée Green nutzte 1990 für ihre Installation «Sites of Genealogy» am Institute of Contemporary Art in New York das ganze Gebäude, um identitätsstiftende Binaritäten oben-unten / schwarz-weiss / Himmel-Hölle zu zeigen. Das Treppenhaus steht als konstituierender und dazwischenliegender Bereich dabei im Mittelpunkt. Vgl. für weiterführende Informationen zu Green und ihrer Kunst, Copeland, Renée Green, 162 f.

99 Bhabha, Verortung, 5.

100 Vgl. Burkhardt, Kirche, 112.

Es gilt, in diesem Treppenhaus der Migrationsökumene[101] nun dafür sensibel zu werden, aus welchen Räumen die Beteiligten kommen, wo sich eine Mitte finden lässt, wodurch eine Begegnung gelingen kann und wo Fluchtwege auszumachen sind. In einem solchermassen definierten Treppenhaus können Differenzen ausgehalten werden, und es entsteht eine Atmosphäre, die es erlaubt, gemeinsam zu lernen, sich gegenseitig zu helfen und miteinander zu feiern. Es entsteht also eine Konvivenz.[102] Einige praktische Überlegungen, wie man sich in diesem Treppenhaus begegnen könnte, sollen hier folgen.

Das Lernen in diesem Treppenhaus ist, so denke ich, der Dreh- und Angelpunkt. Bislang wurde auf das Lernen in der Migrationsökumene weniger Gewicht gelegt als auf das Helfen oder das Feiern. Lernen im Treppenhaus der Migrationsökumene ist dadurch gekennzeichnet, dass es um ein Kennenlernen, ein Dazulernen und um ein Erlernen geht. Eine wechselseitige Offenheit auch für kritische Anfragen ist Voraussetzung, Wertschätzung des anderen selbstverständlich. Wichtig ist, dass nicht nur die Traditionen des anderen wertgeschätzt werden, sondern auch ihre Ängste und Anliegen. Die anderen fungieren in dieser Art von Lernen einerseits als Spiegel. Durch den anderen eröffnet sich die Möglichkeit sich selbst mit seinen Prägungen, Vorlieben, Stärken, Schwächen und blinden Flecken besser kennenzulernen. Der eigene Standpunkt wird besser wahrgenommen. Andererseits stellen die anderen auch eine Art Fenster dar. Durch sie eröffnen sich neue Möglichkeiten, die Welt zu sehen und zu gestalten. Durch sie ergeben sich neue Wege, das Evangelium zu verstehen und auch zu leben. Ein wohlgemeintes Besserwissen hat in dieser Form von Lernen keinen Platz.[103]

Modell für solche migrationsökumenischen Treppenhäuser, in denen das Lernen eine zentrale Stellung einnimmt, könnten verschiedene Weiterbildungsformate sein, die seit den 2000er-Jahren in Deutschland im Zusammenhang mit Migration und Kirche aufgekommen sind.[104] In diesen Kursen, zu deren Gestaltung eben solche weiter oben beschriebenen theologischen Lernfelder

---

101 Andreas Heuser hat das Bild des Treppenhauses einer migratorischen Ökumene zum ersten Mal verwendet. Meine Überlegungen bauen darauf auf. Vgl. Heuser, Umkehrmission, 48 ff.

102 In einer Festschrift für Theo Sundermeier finden sich viele Ansätze, wie der Begriff der Konvivenz in der Interkulturellen Theologie ausformuliert wurde. Vgl. Becker, Mit dem Fremden.

103 Ich beziehe mich hier auf Werner Kahl, der ökumenisches Lernen in diesem Sinn formuliert hat. Vgl. Kahl, Hexenglaube, 130.

104 2001: ATTiG (African Theological Training in Germany) an der Missionsakademie in Hamburg; kikk (Kirche im interkulturellen Kontext) in Wuppertal (VEM / Evangelische Kirche im Rheinland); in den Folgejahren MiSüNo (Mission Süd-Nord) in Neuendettelsau; KiM (Kirche in Mission) am Zentrum für Ökumene in Frankfurt.

führten, kommen Menschen aus unterschiedlichen Räumen zusammen, hören sich zu und lernen voneinander. In der Schweiz besteht seit 2013 ebenfalls ein solches Weiterbildungsformat. Während dieser Weiterbildungskurs in der Anfangszeit nur für Leitende und Mitarbeitende in Migrationskirchen offen war, brachte die Überführung des kirchlichen Weiterbildungskurses in ein universitäres Format eine zentrale Änderung mit sich. Das seit 2016 bestehende *Certificate of Advanced Studies in Interkultureller Theologie und Migration* steht allen Interessierten offen, egal aus welchen Räumen sie kommen.[105] Der interkulturelle Dialog und ökumenische Handlungsperspektiven rücken damit stärker ins Zentrum. Hier lässt sich eine Entwicklung beobachten, die so auch in Deutschland stattgefunden hat. Der seit 2001 stattfindende ATTiG-Kurs (African Theological Training in Germany) wurde 2015 in ein neues Format ÖkuFIT (Ökumenische Fortbildung in Theologie) überführt. Klassische Weiterbildungsprogramme für internationale Pastoren und Pastorinnen laufen aus. An ihre Stelle rücken Kurse, die eine interkulturelle Öffnung der Kirche vorbereiten helfen und ökumenisches Lernen im Blick haben. Im einjährigen CAS-Kurs kommen an elf Kurswochenenden Menschen aus unterschiedlichen kulturellen Kontexten und mit verschiedenen theologischen und kirchlichen Prägungen an einem dritten Ort miteinander ins Gespräch. Anhand zentraler theologischer Fragen tauscht man sich aus, es wird zusammen gegessen, alle übernachten an einem gemeinsamen Ort. Nicht nur die Stärkung praxisrelevanter Kompetenzen und ein erfahrungsbezogenes Lernen stehen im Vordergrund dieses CAS, auch gemeinsame spirituelle und alltägliche Erfahrungen wie das gemeinsame Essen sind für das Lernen unersetzlich.[106]

---

105 Der Kurs wird von der Theologischen Fakultät der Universität Basel angeboten und von mehreren Deutschschweizer Kantonalkirchen getragen. Weitere Informationen zum CAS siehe die Webseite der Universität Basel, Advanced Studies, CAS Interkulturelle Theologie und Migration, URL: https://advancedstudies.unibas.ch/studienangebot/kurs/cas-interkulturelle-theologie-und-migration-119780 (23.11.2020).

106 Dieser Weiterbildungskurs ist auf Initiative verschiedener OeME-Stellen und anderen Stellen, die in der Deutschschweiz mit Migrationskirchen zu tun haben, und in enger Zusammenarbeit mit dem Fachbereich für Aussereuropäisches Christentum der Theologischen Fakultät in Basel entstanden. Die jeweiligen Stelleninhaber/-innen der reformierten Kirchen Aargau, Baselstadt/Baselland, Bern-Jura-Solothurn, Zürich haben in enger Zusammenarbeit mit dem Fachbereich Aussereuropäisches Christentum die Entstehung des Kurses vorangebracht und das Curriculum gestaltet. Sie sind auch jetzt noch in der Studiengangkommission des CAS vertreten und tragen massgeblich zum guten Gelingen der Kurse bei. Es war in der Anfangszeit besonders hilfreich, dass Prof. Andreas Heuser auf langjährige Erfahrungen als Studienleiter von ATTiG (African Theological Training in Germany) zurückblicken konnte.

Sich im Treppenhaus klarzumachen, wer aus welchen Räumen kommt, ist eine wichtige Voraussetzung für das Gelingen einer Begegnung.[107] Wir kommen bei einer Begegnung nicht nur aus unterschiedlichen geografischen Räumen sondern auch aus ganz verschiedenen gedanklichen Räumen. Insbesondere diese «nicht-räumlichen Räume» gilt es in einer Begegnung ernst zu nehmen. Grundsätzlich können wir davon sprechen, dass in der Begegnung zwischen reformierten Schweizer Kirchen und (charismatischen) Migrationskirchen Paradigmen aufeinandertreffen, die jeder Handlung, jedem Denken zugrunde liegen. Diese Paradigmen sind sehr unterschiedlich, darunter fallen auch all jene Voraussetzungen, die ein kirchliches Leben prägen. Also beispielsweise die Sicht auf die Welt, die Frage, wie sich Geschlechter zueinander verhalten, Fragen von Macht und Leitung. Bei einer Begegnung im Treppenhaus gilt es, sensibel zu werden für die eigenen zugrunde liegenden Prägungen und für diejenigen, die das Gegenüber formen. Dazu muss man dem anderen sorgfältig zuhören und verstehen, wie er oder sie die Paradigmen fasst. Es gilt, das selbstreflexive Potenzial von Irritation zu verstehen und umzusetzen. Stereotype Einteilungen und Zuweisungen sind zu unterlassen, es gilt, etwas dazuzulernen. Aufgeklärt, individualisiert, charismatisch, afrikanisch, traditionell, modern – diese «Containerbegriffe» müssen also im Gespräch erst einmal gefüllt und durch gegenseitiges Zuhören verstanden werden. Das Aufeinandertreffen unterschiedlicher Paradigmen wird sonst nur wie ein Aufeinanderprallen ganz unterschiedlicher Welten verstanden, das Wut, Verunsicherung und Beschämung auslöst. Zugrunde liegende Paradigmen sind als Identitätspositionierungen zu sehen, die kontextualisiert werden müssen. Aufgeklärt oder charismatisch bedeutet Unterschiedliches je nach Ort und Zeit, in der der Begriff verwendet wird. Dadurch kann auch die Heterogenität der eigenen Tradition, des eigenen Paradigmas, besser wahrgenommen werden und man wird sensibel dafür, dass Paradigmen und theologische Begriffe Ergebnisse von Machtkämpfen sind. Selbstkritisch mit Hoheitsansprüchen der eigenen Tradition umzugehen, wird dadurch erleichtert.[108]

---

107 Als Grundvoraussetzung für einen interkulturellen Gottesdienst schlägt Andrea Bieler vor, zuerst einmal die Wahrnehmung der Gottesdiensträume zu schulen. Diese Wahrnehmung geschieht in Bezug auf die historische Dimension der zur Geltung kommenden unterschiedlichen Liturgien, unter Einbezug postkolonialer Theorien, im Blick auf die Frage nach Einheit und Differenz und mit der Frage nach impliziten Wertvorstellungen. Diese grundlegende Wahrnehmungsschulung der Räume braucht es auch im Treppenhaus der Migrationsökumene. Vgl. Bieler, Gottesdienst, 189–214.

108 Giovanni Maltese spielt diese Fragen an der Identität der Pfingstbewegung durch. Vgl. Maltese, Pentekostale Theologie, 410.

Nachdem geklärt wurde, aus welchen Räumen die unterschiedlichen Parteien im Treppenhaus kommen, gilt es, eine Mitte zu finden. Hierzu ist erst einmal wahrzunehmen, dass wir alle eine gemeinsame Geschichte haben. Das Evangelium als wertschätzendes Angenommen-Sein des Einzelnen erfahrbar zu machen – das könnte eine Kurzformel für eine Mitte sein, mit der die unterschiedlichsten Gemeinden und ihre Mitglieder einverstanden sind. Diese grundlegende Bedeutung des Evangeliums steht in der Mitte jeder Begegnung und hält die Begegnung zusammen. Es sollten im Treppenhaus Kommunikationsformen gewählt und Begegnungsangebote gemacht werden, die diese Botschaft fördern. Alles, was im Treppenhaus angeboten wird, sollte eine partizipative Form haben und darauf ausgerichtet sein, dass die beteiligten Personen spüren, dass sie wechselseitig voneinander abhängig sind. Um den Leib Christi zu verwirklichen, sind wir aufeinander angewiesen, um Christus zu verstehen, müssen alle unterschiedlichen kulturspezifischen Interpretationen, die für sich genommen immer fragmentarisch bleiben, zusammenkommen (Eph 2,19–22).[109]

Kirche möchte eine lebendige Gemeinschaft sein – das könnte ebenfalls eine Kurzformel sein, mit der die unterschiedlichsten Gemeinden und ihre Mitglieder einverstanden sind und die deshalb eine Mitte im Treppenhaus bilden könnte. Die Gemeinschaft *(koinonia)* ist ein theologisch qualifizierter Begriff, er weist über die rechtliche und soziale Gestalt von Gemeinde hinaus. *Koinonia* meint die von Jesus Christus gestiftete Gemeinde, die Gemeinschaft mit ihm und untereinander und verweist auf das Reich Gottes. Diese theologische Qualifizierung der Gemeinschaft wurde mit der Pastoralkonstitution des Zweiten Vatikanischen Konzils *Gaudium et Spes* besonders betont. Sie ist als vierte Grunddimension der Kirche neben dem Zeugnis *(martyria)*, dem Gottesdienst *(liturgia)* und dem Dienst am Nächsten *(diakonia)* auch in der reformierten Ekklesiologie von Bedeutung.[110] Die Gemeinschaft im Treppenhaus zeichnet sich dadurch aus, dass sie inklusiv ist. Alle sind beteiligt und wechselseitig voneinander abhängig. Das Erleben der Mitte als lebendige Gemeinschaft könnte im Feiern, insbesondere im Singen, zum Ausdruck kommen. Hier muss man sich sozusagen in den Schwung der anderen hineingeben. Hier ist es notwendig, aufeinander zu hören und in den Rhythmus der anderen miteinzusteigen.[111]

---

109 Andrew Walls bezeichnet diesen Umstand als «Ephesian Moment». Vgl. Walls, Ephesian Moment, 78.

110 Ralph Kunz hat *Koinonia* als Gestaltprinzip der Kirche ins Gespräch gebracht. Vgl. Kunz, Theorie.

111 Andrea Bieler meint, dass gemeinsames Singen zum Interdependenzerleben beiträgt und so das Gelingen eines interkulturellen Gottesdienstes fördert. Vgl. Bieler, Gottesdienst, 226–231.

Im Treppenhaus sind schliesslich auch mögliche Fluchtwege zu kennzeichnen. Sich die Möglichkeit vorzubehalten, aus schwierigen Themen wieder auszusteigen, könnte einen Fluchtweg im Treppenhaus darstellen. Primär gilt, dass man in Begegnungen nicht mit den schwierigsten Themen beginnt. Es hat sich gezeigt, dass sich die schwierigsten und trennendsten Themen zwischen Kirchen vor allem im Bereich der Ethik befinden. Dies gilt bekanntlich nicht nur für Begegnungen zwischen Kirchen unterschiedlicher Herkunft, sondern auch für Kirchen ein und derselben Kirchenfamilie. Die Frage des Umgangs mit Homosexualität beispielsweise droht Kirchen zu spalten, wie wir das bei der methodistischen Kirche unlängst gesehen haben.[112] Sich mit schwierigen ethischen Themen konstruktiv auseinanderzusetzen fordert viel von den sich begegnenden Menschen. Eine längere und vertrauensvolle Beziehung, in der bereits auf beiden Seiten einiges dazugelernt wurde, ist Grundvoraussetzung dafür.

Das gemeinsame Feiern im Treppenhaus gehört ebenso wie das Lernen zur Konvivenz dazu. Gemeinsam Gottesdienst zu halten, stellt allerdings ein eher hochschwelliges Unterfangen dar. Einem Gottesdienst liegt so viel zugrunde, worin man sich unterscheiden kann. Unterschiedliche Theologien, verschiedene Musikstile und erwünschte Atmosphären, um nur Weniges zu nennen. All diese Unterschiede zu einem gelingenden Gottesdienst zusammenzuführen ist ein schwieriges Unternehmen. Es erstaunt, dass in vielen migrationsökumenischen Begegnungen sehr schnell gemeinsam Gottesdienst gefeiert wird. Heilsame Fluchtwege wären hier, andere Formen des Feierns zu finden, zum Beispiel ein gemeinsames Essen. Essen oder auch der Verzicht auf Essen ist ein wichtiger Bestandteil vieler religiöser Traditionen. Durch das Essen können Fremdheitserfahrungen gemacht werden, die reflektiert werden können, durch Essen kann man aber auch Teil einer Gemeinschaft werden oder daran teilhaben. Essen geht eigentlich fast immer, auch dann, wenn man nicht die gleiche Sprache spricht und die Welt anhand unterschiedlicher Paradigmen versteht. Gemeinsames Essen fördert Nähe zueinander. Wenn allerdings ein gemeinsamer Gottesdienst gefeiert wird, dann sollte besonderes Augenmerk auf die nonverbale Dimension und die Energiedynamiken eines Gottesdienstes gelegt werden. Diese Dynamiken können Menschen nämlich voneinander entfremden oder sie einander näherbringen. Zu fragen ist also bei der Gestaltung eines Gottesdienstes, wie

---

112 Vgl. Artikel in der Zeit vom 3. Januar 2020: Zeit Online, US-Kirche spaltet sich wegen Streit um gleichgeschlechtliche Ehe, URL: https://www.zeit.de/gesellschaft/zeitgeschehen/2020–01/usa-gleichgeschlechtliche-ehe-kirche-united-methodist-church (2.9.2020).

sich unterschiedliche Energiedynamiken entfalten können, damit sich verschiedene Menschen wohl fühlen und ein Gefühl von Heimat und Vertrautheit entstehen kann.[113] So kann das Treppenhaus der Migrationsökumene für kurze Zeit gelungene Konvivenz ermöglichen, die dann vielleicht auch ausserhalb des Treppenhauses weitergehen wird.

---

113 So auch Bieler, Gottesdienst, 215–218.

5 Migrationskirchen – die ökumenische Chance der Gegenwart?

Amira Hafner-Al Jabaji leitet die Sternstunde Religion am 12. Januar 2020 mit der Feststellung ein, dass der grösste Teil der Zuwandernden in die Schweiz Christen und Christinnen aus unterschiedlichen Ländern seien. «Mit ihren Bedürfnissen, Erfahrungen und religiösen Ansichten stellen sie die Kirchen hier in der Schweiz vor grosse Herausforderungen.»[1] Interessant ist, dass ganz deutlich von Herausforderung gesprochen wird, nicht von Bereicherung oder Horizonterweiterung, wie die Diversifizierung der christlichen Bevölkerung in der Schweiz durch Migrationsbewegungen auch bezeichnet werden könnte. Dass die Moderatorin mit dieser Frage einsteigt, scheint mir kein Zufall zu sein, sondern spiegelt die Wahrnehmung der christlichen Migranten und Migrantinnen in der Öffentlichkeit. Während die breite Öffentlichkeit christliche Migration gar nicht wahrnimmt, oder nur punktuell und sehr am Rande, wird sie in einer eher kirchlichen Öffentlichkeit als eine Herausforderung gesehen. Diskussionen um und zu Migrationskirchen zeichnen sich einerseits durch eine gewisse Problemorientierung, andererseits durch eine Idealisierung aus. Migrationskirchen werden nicht nur als Herausforderung betrachtet, sondern insbesondere von Kantonalkirchen teilweise auch zu Rettern der schrumpfenden Gemeinden hochstilisiert.

Im Gespräch dabei sind Valentine Koledoye, Bischofsvikar Bistum Basel, ursprünglich aus Nigeria; Stefan Moll, Pfarrer der evangelisch-methodistischen Kirche Baden; Eva Baumann-Neuhaus, Ethnologin und Religionswissenschaftlerin, Schweizerisches Pastoralsoziologisches Institut SPI St. Gallen. Niemand aus der evangelisch-reformierten Kirche Schweiz ist mit am Tisch. Ist das bereits ein Hinweis darauf, wie wenig oder wie stark sich diese Kirche mit dem Thema der christlichen Migration auseinandersetzt?[2]

---

1   Sternstunde Religion am 12. Januar 2020: SRF, Christliche Migration, URL: https://www.srf.ch/play/tv/sternstunde-religion/video/christliche-migration-herausforderung-fuer-das-kirchenvolk?urn=urn:srf:video:9643965a-b425-4b0f-a724-c230f6b28c59 (9.9.2020).

2   Die Leiterin des Zentrums für Migrationskirchen in Zürich wurde für eine schriftliche Stellungnahme angefragt. Die Antworten wurden im Zusammenhang der Sendung der Sternstunde Religion auf die Webseite des SRF hochgeladen. Vgl. SRF, Migrationskirchen, URL: https://www.srf.ch/kultur/gesellschaft-religion/glaube-und-gemeinschaft-migrationskirchen-bieten-halt-und-sicherheit (10.12.2020).

Während sich die Gesprächspartner darüber einig sind, dass ein Gegeneinander keine Option für eine Beziehung zwischen den unterschiedlichen christlichen Menschen und Kirchen ist, werden Schwierigkeiten und Chancen eines Neben- oder eines Miteinanders abgewogen. Beides ist eine Möglichkeit. Die Sendung zeigt, wie Kirchen in der Schweiz die verstärkte Diversifizierung des christlichen Glaubens und der christlichen Praktiken wahrnehmen und wie sie darauf reagieren. Dieser Frage werden wir im Folgenden nachgehen und dazu Dokumente verschiedener Kirchen in der Schweiz auf ihre Wahrnehmung von Migrationskirchen und auf Empfehlungen bezüglich einer Zusammenarbeit hin befragen. Der Grundtenor ist auch hier deutlich: Migrationskirchen werden als «die ökumenische Herausforderung der Gegenwart wahrgenommen».[3]

Kirchen in der Schweiz verfolgen unterschiedliche Wege, um mit Migrationskirchen zusammenzuarbeiten. Auf der Ebene der Kirchgemeinde haben wir im Kapitel drei bereits unterschiedliche Modelle dazu kennengelernt. Im Folgenden wird vorgestellt, wie vier Deutschschweizer Kantonalkirchen die Thematik Migration aufnehmen und ihre Zusammenarbeit mit Migrationskirchen gestalten. Dazu stelle ich einzelne Dokumente zu dieser Frage vor.[4] Es lassen sich einige Hauptlinien im Umgang mit Migrationskirchen aufzeigen. Einerseits besteht meistens der Anspruch, dass ein friedliches Zusammenleben von Einheimischen und Zugewanderten gelingen soll, andererseits werden Migrationskirchen aber sehr funktional in Bezug auf Integrationsfragen betrachtet. Es kommt auch vor, dass das Thema Migrationskirche sehr marginal behandelt oder an einen Spezialisten delegiert wird. Ergänzend zur Situation in der Schweizer reformierten Kirche wird die freikirchliche Situation anhand eines Beispiels erläutert. Die evangelisch-methodistische Kirche wird auf ihren Umgang mit «Fremden» hin befragt. Danach wird die landesweite Haltung der reformierten und katholischen Kirche in den Blick genommen, daran anschliessend auch die Position der Schweizerischen Evangelischen Allianz. Abschliessend wird erläutert, wie auf europäischer Ebene mit der Frage der Zusammenarbeit mit Migrationskirchen umgegangen wird.

---

3   So gekennzeichnet in der Broschüre des Bereich OeME-Migration der Reformierten Kirchen Bern-Jura-Solothurn, Gottes Volk, 19. Das Zentrum für Migrationskirchen in Zürich übernimmt diese Charakterisierung. Reformierte Kirche Zürich / Zentrum für Migrationskirchen, Idee und Geschichte, URL: www.migrationskirchen.ch/de/Hintergrundinfos.3.html#10 (15.9.2020).

4   Zusätzlich danke ich den in verschiedenen Kantonalkirchen und der EKS für die Thematik Zuständigen für ihr Mitdenken in Gesprächen und in schriftlichen Rückmeldungen: Daniel Frei, Dinah Hess, Sabine Jaggi, Bettina Lichtler, David Zaugg.

5.1   Deutschschweizer Kantonalkirchen im Vergleich

Die Kantonalkirchen in der Schweiz sind von unterschiedlicher Grösse und unterscheiden sich stark in Bezug auf die jeweilige eher städtisch oder ländlich geprägte Region. Im Folgenden werden vier Kantonalkirchen besprochen, in denen die Thematik Migrationskirche relativ breiten Raum einnimmt, das heisst auch entsprechende Ressourcen dafür bereitgestellt werden. Es handelt sich dabei um die beiden grössten Kantonalkirchen der Schweiz (Bern-Jura-Solothurn und Zürich) und um Kantonalkirchen, in deren Gebiet grössere Städte beheimatet sind (Baselstadt und Baselland).[5] Migrationskirchen bilden sich vor allem in städtischen Ballungszentren, deshalb ist die Thematik Migrationskirchen vor allem in Städten und für Kantonalkirchen mit grösseren städtischen Zentren relevant.

5.1.1   Reformierte Kirchen Bern-Jura-Solothurn

Die Reformierten Kirchen Bern-Jura-Solothurn unterhalten eine eigene Fachstelle Migration. Damit rückt diese Kantonalkirche das Thema Migration prominent ins Zentrum.[6] Die Berner Fachstelle kann sich so der Thematik mit verschiedenen Arbeitsschwerpunkten widmen. Sie beschäftigt sich sowohl mit Fragen rund um Integration, Flucht und Asyl, als auch mit den Themen Migrationskirchen und interreligiöser Dialog. Die Fachstelle Migration erstellt Informationsmaterial und leistet fachliche Grundlagenarbeit, sie versteht sich hauptsächlich als Dienstleisterin für Kirchgemeinden und Freiwillige.[7]

Gerade das Thema Migrationskirchen ist ein Querschnittthema des ganzen Bereiches OeME-Migration. Es geht bei Migrationskirchen sowohl um theologisch-ökumenische Fragestellungen, als auch um Integrationsfragen rund um Asyl und Flucht. 2019 wurde ein Handbuch für Kirchgemeinden erstellt, das

---

5   Die reformierte Landeskirche Aargau wird hier nicht vorgestellt, obwohl sich die für diese Studie erhobenen empirischen Daten auf dieses Gebiet beziehen. Das Thema Migrationskirchen nimmt in dieser Kantonalkirche bislang eher marginalen Raum ein und wird in erster Linie in und durch die Fachstelle Weltweite Kirche, eine 50 %Stelle, bearbeitet.

6   In anderen Kantonalkirchen erhält diese Thematik zwar auch Aufmerksamkeit im Fachbereich OeME (Oekumene, Mission, Entwicklungszusammenarbeit), sie kann aber meist aufgrund mangelnder Ressourcen nicht vordergründig behandelt werden.

7   Vgl. Reformierte Kirchen Bern-Jura-Solothurn, Fachstelle Migration, URL: https://www.refbejuso.ch/strukturen/oeme-migration/fachstelle-migration/ (9.9.2020).

der OeME- und Migrationsarbeit dienen soll. In diesem sechzigseitigen Handbuch werden auf zwei Seiten Migrationskirchen behandelt. Was ist überhaupt damit gemeint und was kann eine Kirchgemeinde in Bezug auf dieses Thema tun? Das Thema Migrationskirchen ist eingebettet in zehn Seiten über Migration, die sich der Frage widmen, was Migration heisst und was die Fachstelle Migration der Reformierten Kirchen Bern-Jura-Solothurn tut. Auf einführende Informationen folgen Abschnitte darüber, was eine Kirche tun kann, was Angebote der Fachstelle sind, wo es weiterführende Informationen gibt. Der gesamte Abschnitt zur Migration zielt darauf ab, dass ein friedliches Zusammenleben von Einheimischen und Zugewanderten gelingt. Dazu wird ein Handeln, das sich an christlicher Ethik und an Grund- und Menschenrechten orientiert, eingefordert.[8]

Auf der Webseite der Kirche findet sich eine virtuelle Landkarte, die die über fünfzig verschiedenen Migrationskirchen im Berner Kirchengebiet aufzeigt.[9] Diese Karte stellt nicht nur dar, wo sich Migrationskirchen befinden, sondern auch, wie vielfältig die Landschaft der Migrationskirchen ist. Sie trägt also zur Sichtbarmachung dieser Kirchen bei. Problematisch an der Landkarte ist ihre Aktualität. Migrationskirchen sind von Fluktuation und Wechsel geprägt, es entstehen immer wieder neue, andere schliessen sich zusammen oder spalten sich auf. Die Landkarte aktuell zu halten, würde ein Monitoring erfordern, wofür die Ressourcen (noch) nicht da sind. In einem Kurzfilm des jungen Filmteams Köniz wird ein Paradebeispiel für eine gute Partnerschaft zwischen einer reformierten Kirchgemeinde und einer Migrationskirche porträtiert.[10] Mit filmischen Porträts wie diesem, gelingt es, Migrationskirchen und Partnerschaften einem breiten Publikum zugänglich zu machen.

Besonders aussagekräftig für die Frage des Umgangs einer Kantonalkirche mit dem Thema Migrationskirche ist die 2017 erstellte Broschüre «Gottes Volk hat viele Farben», die das Thema Migrationskirchen als Herausforderung und Chance für die Reformierten Kirchen Bern-Jura-Solothurn behandelt. Was ist unter einer sogenannten neuen Migrationskirche zu verstehen? Welche soziologischen und theologischen Fragen stellen sich? Wie können

---

8 Vgl. Reformierte Kirchen Bern-Jura-Solothurn, OeME-Migrationsarbeit, URL: http://www.refbejuso.ch/oeme-migration/handbuch/ (9.9.2020).

9 Vgl. Reformierte Kirchen Bern-Jura-Solothurn, Migrationskirchen-Landkarte, URL: https://www.google.com/maps/d/viewer?mid=1VGlAANOIAACzMsa2yArRadViDMs& ie=UTF8&hl=de&msa=0&z=11&ll=47.02442345606076%2C7.554173500000014 (9.9.2020).

10 Vgl. YouReport – das junge Filmteam Köniz, Wagnis, URL: https://www.youtube.com/watch?v=gQ7Yc-EUzQI&t=84s (9.9.2020).

Gemeinden der Reformierten Kirchen Bern-Jura-Solothurn mit Migrationskirchen zusammenarbeiten? Die Grundeinstellung der Broschüre ist deutlich: Migrationskirchen werden als ökumenische Partner verstanden. So bildet auch das Kapitel zur ökumenischen Beziehung die Mitte der Broschüre. Ökumene wird als die Besinnung auf eine gemeinsame Herkunft, auf eine gemeinsame Zukunft, auf ein gemeinsames Ziel beschrieben. Es soll nicht ein «beziehungsloses Nebeneinander» gepflegt werden, sondern es geht um Beziehung, Auseinandersetzung und gegenseitige Öffnung in unterschiedlichen Lernfeldern wie dem Gottesdienst, Gemeindeleben, der Öffentlichkeit und Gesellschaft und Fragen der zweiten Generation.[11] In der Ökumene geht es um eine gegenseitige Öffnung und wechselseitige Hilfestellungen. Diesem Aspekt wird in der Realität aber noch relativ wenig Rechnung getragen. Auch die Broschüre formuliert nur Orte und Momente, wo sogenannte autochthone oder einheimische Kirchen Migrationskirchen helfen: bei der Vermittlung von Räumen, durch finanzielle Unterstützung, in Ausbildungsfragen.[12] Wo lassen sich einheimische Kirchen helfen? Wo bleibt beim Helfen der gegenseitige Aspekt? Dass ökumenische Beziehungen vor allem ein Geben und Nehmen darstellen, ist in der Broschüre angelegt. Dieser Aspekt kann aber im Nachdenken über die Beziehung zwischen den unterschiedlichen Kirchen und Gemeinden noch viel stärker berücksichtigt werden. Die vorgeschlagenen Projektideen könnten beispielsweise daraufhin befragt werden, wie gross der diakonische Anteil dabei ist, und wo das Projekt auf eine gelebte Beziehung auf Augenhöhe abzielt.[13] Der Fokus auf die ökumenischen Beziehungen verliert auch etwas an Gewicht, allein schon durch den Umstand, dass die ökumenischen Beziehungen in erster Linie als Herausforderung bezeichnet werden.[14] Passend dazu werden auch die Themen, bei denen die Meinungen auseinandergehen, nicht als Lern- sondern als Spannungsfelder bezeichnet. Exemplarisch werden die Themen Mission und lebendige Gemeinschaft besprochen.[15]

Ebenso verschiebt die Diskussion um Religion als Integrationshilfe im zweiten Kapitel etwas den Fokus weg vom Ökumene-Gedanken. Migrationskirchen ermöglichen Rückzug und Selbstvergewisserung, was den Menschen dabei hilft,

---

11 Vgl. Bereich OeME-Migration der Reformierten Kirchen Bern-Jura-Solothurn, Gottes Volk, 21 f.
12 Vgl. a. a. O., 22.
13 Um solidarisch und verbindlich mit Migrationskirchen zu leben, werden Kanzeltausch, Beteiligung am Stadtfest, Herbstmarkt, Themenabend zu Mission, Sprachkurs mit der Kinderbibel, Bibel-Teilete, Gastfreundschaft bei Raumfragen, gemeinsame Gottesdienste, verbindliche Partnerschaften vorgeschlagen. Vgl. a. a. O., 29–36.
14 Vgl. a. a. O., 19.
15 Vgl. a. a. O., 23–27.

sich auf ihre neue Umgebung einzulassen und sich darin zurechtzufinden. Darüber hinaus setzt das oft starke Sendungsbewusstsein in Migrationskirchen dem durch die Migration erfahrenen Statusverlust ihrer Mitglieder etwas entgegen.[16] Migrationskirchen werden dadurch sehr stark funktional betrachtet, die Dimension der Ökumene erhält damit eine Schlagseite.

Die beiden Kredite «Migrationskirchen und Integration» und «Entschädigung von Leitungspersonen», mit denen Migrationskirchen von der Kantonalkirche finanziell unterstützt werden, gilt es ebenso kritisch zu beleuchten. Diese Unterstützungen sind zwar klar reglementiert und an bestimmte Aufgaben gebunden, es stellt sich aber doch die Frage, ob hier nicht auch eine etwas einseitig helfende Haltung vorherrschend ist, die wiederum einen stärkeren Fokus auf Integration als auf Ökumene legt. Sehr positiv zu bewerten sind aus diesem Grund die theologischen Austauschrunden mit Migrationskirchen, die mit der Gründung des Kredits «Entschädigung von Leitungspersonen» 2017 ins Leben gerufen wurden. Regelmässig treffen sich hier sieben Leitungspersonen von Migrationskirchen mit dem Bereichsleiter Theologie der Kantonalkirche und Mitarbeitenden des Bereichs OeME-Migration. In diesen Austauschrunden ist das Lernen voneinander zentral. Im Mittelpunkt steht, dass die Gruppe gemeinsam unterwegs ist. Verantwortlich für die Themensetzung sind die Leitenden von Migrationskirchen, vorbereitet werden die Sitzungen von einer Steuerungsgruppe, in der jeweils zwei Vertreter von Migrationskirchen mit dabei sind. Die Palette der diskutierten Themen ist sehr breit. Sie umfasst Aspekte der Reformationsbewegungen, geht über liturgische Themen wie Zugänge zum Gebet und Stellenwert von Musik und Gesang bis hin zu ethischen Themen wie Homosexualität oder globale Solidarität und Entwicklungszusammenarbeit. Alle an den Austauschrunden Beteiligten konnten Neues lernen und Vorurteile revidieren.

In der Sommersynode 2020 wurde dieser Kredit für weitere drei Jahre verlängert, nicht zuletzt wegen dieser theologischen Austauschrunden, die Schritte hin zu einem geschwisterlichen Miteinander bedeuten. Es zeigt sich hier also, dass genau mit einem solchen Kredit, der vordergründig auf ein einseitiges Helfen zielt, auch Wege eingeschlagen werden können, die von einem Nebeneinander stärker zu einem Miteinander führen könnten.

Zusammenfassend entsteht der Eindruck, dass Wille und Bemühungen zur ökumenischen Zusammenarbeit auf der Ebene der Kantonalkirche und der Fachstelle sehr gross sind. Dies ist in einem ebenso hohen Mass in der Bieler Gesamtkirchgemeinde, in der Kirchgemeinde Spiegel und im Verein «Kirche im Haus der

---

16 Vgl. a. a. O., 15–17.

Religionen» zu spüren. Diese Kirchgemeinden bilden aber eher die Ausnahme, wenn es um konkrete, intensive und langfristige Partnerschaften und Auseinandersetzungen mit Glaubensgeschwistern aus Migrationskirchen geht.

5.1.2 Evangelisch-reformierte Landeskirche des Kantons Zürich

In der Evangelisch-reformierten Landeskirche des Kantons Zürich werden Fragen der Ökumene und Beziehungen in der Abteilung Kommunikation der gesamtkirchlichen Dienste verhandelt. Diese Abteilung trägt zu einer positiven Präsenz der Kirche in der Öffentlichkeit bei und ist gleichzeitig auch zuständig für Beziehungen und Vernetzungen mit anderen Kirchen und Religionsgemeinschaften. Hier werden auch die Beziehungen zu Migrationskirchen gepflegt.[17] Das Thema Migration wird getrennt davon ebenfalls in der Abteilung Kirchenentwicklung behandelt und auf die Frage der Flucht zugespitzt. Die Fachstelle Migration unterstützt Kirchgemeinden in ihrem Engagement für Geflüchtete. Sie berät und begleitet Kirchgemeinden beim Aufbau und bei der Durchführung von Projekten, bildet Freiwillige weiter und informiert über migrationsspezifische Themen.[18] Es fallen zwei Dinge auf: Erstens wird das Thema der Migration und Migrationskirchen an zwei Orten bearbeitet. In der Abteilung Kommunikation finden kirchenpolitische und -diplomatische Themen Eingang. Hier finden auch ökumenische Beziehungen zu Migrationskirchen ihren Platz. Die Stelleninhaberin pflegt unter anderem Kontakte zu Kirchen, die in der Arbeitsgemeinschaft Christliche Kirchen Mitglied sind. Darunter sind auch viele orthodoxe Kirchen. In der Abteilung Kirchenentwicklung wird das Thema Migration in erster Linie unter diakonischer Perspektive verhandelt. Hier findet eine Verengung des Themas auf die Themen von Flucht und Asyl statt. Zweitens fällt auf, dass das Thema Migrationskirchen auf der Ebene der Kantonalkirche einen eher marginalen Platz einnimmt. Es findet in den gesamtkirchlichen Diensten nur als ein kleines Unterthema bei den ökumenischen Beziehungen Eingang. In der Abteilung Kirchenentwicklung wird das Thema Migrationskirchen zwar mit Blick auf die (Um)nutzung von Kirchenräumen angestossen, aber noch nicht

---

17 Vgl. Reformierte Kirche Kanton Zürich, Abteilung Kommunikation, URL: https://www.zhref.ch/organisation/landeskirche/kontakt/abteilung-kommunikation (15.9.2020).
18 Vgl. Reformierte Kirche Kanton Zürich, Migration, URL: https://www.zhref.ch/themen/migration (15.9.2020).

vertieft bearbeitet.[19] Mehrheitlich wird die Thematik «ausgelagert», nämlich an das Zentrum für Migrationskirchen, das als Projekt der Reformierten Kirchgemeinde (Stadt) Zürich geführt wird. In den Strukturen dieser seit 2019 aus 32 städtischen Kirchgemeinden fusionierten Gesamtgemeinde ist das Zentrum für Migrationskirchen nicht einem örtlichen Kirchenkreis sondern der Kommission Institutionen und Projekte zugeordnet, in welcher verschiedene Projekte der Kirchgemeinde zusammengefasst sind und von ihr weitgehend finanziert werden.[20] Ursprünglich entstand das aktive Zugehen auf Migrationskirchen 2004 aufgrund einer gemeinsamen Initiative der Kantonalkirche und des Stadtverbandes der damaligen Kirchgemeinden der Stadt Zürich. Das Thema Migrationskirchen wird in Zürich also vor allem auf der Ebene Kirchgemeinde verhandelt, es müsste meines Erachtens dringend kantonalkirchlich stärker angebunden sein. Denn in der jetzigen Form wird das Thema Migrationskirchen vor allem auf die Stadt Zürich beschränkt, die Thematik ist aber auch in anderen Teilen des Kantons relevant, in erster Linie in anderen Städten wie Winterthur.

Das Zentrum für Migrationskirchen wird im Jahresbericht als «eine Brücke zwischen der evangelisch-reformierten Kirchgemeinde Zürich und den evangelischen Migrationskirchen in Zürich» bezeichnet.[21] Das Zentrum steht an einem Knotenpunkt der Stadt in unmittelbarer Nähe zur Hardbrücke. Räumlich zumindest gehört das Zentrum zur reformierten Kirchgemeinde Zürich und steht in Nachbarschaft zu den Kirchenkreisen sechs und zehn. Migrationskirchen in der Stadt Raum zu geben ist sinnvoll, die Erfahrung zeigt, dass sich Migrationskirchen vor allem in städtischen Zentren ansiedeln. Aber ob sich das Zentrum für Migrationskirchen wirklich zu einem Knotenpunkt ökumenischer Beziehungen zwischen der reformierten Kirche und evangelischen Migrationskirchen entwickeln kann, scheint mir fraglich. Die 50%-Koordinationsstelle, die die Arbeit und das Leben im Zentrum begleitet, und von der Kirchgemeinde und der Kantonalkirche je zur Hälfte finanziert wird, wird nur einen Teil der anstehenden Arbeit und Beziehungspflege leisten können. Vermutlich wird das

---

19 Vgl. Reformierte Kirche Kanton Zürich, Kirchgemeindeplus, URL: http://www.kirchgemeindeplus.ch/anderekirchen/ (10.12.2020).

20 Aktuell unterhält die Reformierte Kirche Zürich zwei Institutionen (Zentrum für Migrationskirchen und Streetchurch) und das Projekt Wegbegleitung. Zudem ist sie als eine von mehreren Trägerinnen bei der Bahnhofkirche und in der Seelsorge für Polizei und Rettungskräfte aktiv. Vgl. Reformierte Kirche Zürich, Kommission Institutionen, URL: https://reformiert-zuerich.ch/-4/institutionen-und-projekte/aktuell~1880/ (15.9.2020).

21 Vgl. Reformierte Kirche Zürich / Zentrum für Migrationskirchen, Jahresbericht 2019, 2, URL: http://www.migrationskirchen.ch/resources/ZMK_Jahresbericht20191.pdf (15.9.2020).

Zentrum für Migrationskirchen keine Dauerlösung sein. So gibt es in der Stadt zurzeit auch Pläne, die in eine andere Richtung weisen. Am jetzigen Standort des Zentrums für Migrationskirchen soll ein neues Leuchtturmprojekt «Haus der Diakonie» entstehen. Dazu soll das Gebäude saniert werden, was bedeutet, dass erst einmal die eingemieteten Kirchen ausziehen und sich dezentral neue Räumlichkeiten suchen müssen. Diese neue Entwicklung bringt meines Erachtens drei Vorteile mit sich. Erstens werden die Karten neu gemischt. In den vergangenen zehn Jahren konnten nur acht Kirchen im Zentrum unterstützt werden, alle anderen Migrationskirchen waren auf sich selbst gestellt. Zweitens kann die örtliche Nähe zu einer reformierten Kirchgemeinde Möglichkeit für mehr Begegnung schaffen. Und drittens legt sich auch eine Neudefinition der Zuständigkeiten und der Stellenbeschreibung der Leitung des Zentrums für Migrationskirchen nahe. Dass die Stelle bislang auf kirchgemeindlicher Ebene angesiedelt ist, bringt den Vorteil mit sich, dass der persönliche Kontakt zu anderen Pfarrkollegen sehr gut funktioniert. Dass es sich dabei aber um keine kantonalkirchliche Fachstelle handelt, führt dazu, dass Migrationskirchen eher als ein Nischen-Thema behandelt werden.

Zwei Beobachtungen halten wir fest: Das Thema Migrationskirchen wird stark an eine in der Kirchgemeinde Zürich tätige Spezialistin delegiert und daher wenig von der Kantonalkirche getragen. Und zweitens scheint die Idee des «Raum-Gebens» die vordergründige Strategie im Umgang mit Migrationskirchen zu sein. Migrationskirchen werden unter anderem in einem Zentrum gesammelt, um ihnen in der Schweizer Kirchenlandschaft mehr Platz einzuräumen.[22] Aber gelingt das Platz-Einräumen dadurch, dass man Migrationskirchen an einem Ort sammelt? Könnte dieses Bestreben nicht auch eine Ghettoisierung von Migrationskirchen zur Folge haben? Bräuchte es nicht mehr, damit Migrationskirchen in unserer Kirchenlandschaft Platz bekommen und Gehör finden? Dass die Thematik Migrationskirchen auf der Ebene der gesamtkirchlichen Dienste nur marginal Eingang findet, scheint mir ein wichtiges Warnsignal zu sein. Die Themen Flucht und Migrationskirchen zu trennen, erscheint sinnvoll, da es da meist um sehr verschiedene Dinge geht. Aber über Ökumene oder Kirchenentwicklung nachzudenken ohne interkulturelle Fragen miteinzubeziehen, die sich durch die Präsenz von Migrationskirchen oder christliche Migration stellen, erscheint für die Zukunft ein wenig gangbarer Weg zu sein. Deshalb erachte ich den 2020 erschienenen kantonalkirchlichen Leitfaden für Kirchgemeinden zu den Themenbereichen der Weltweiten Diakonie, Migration, Ökumene und Inter-

---

22 Vgl. Reformierte Kirche Zürich / Zentrum für Migrationskirchen, Idee und Geschichte, URL: http://www.migrationskirchen.ch/de/Hintergrundinfos.3.html#10 (15.9.2020).

religiöser Dialog für richtungsweisend. Hier werden sowohl kirchliche diakonische Werke in der weiten Welt besprochen als auch die Themen Flucht und Asyl, Ökumene, weltweite Kirche, Migrationskirchen, andere Religionen und interreligiöse Fragen behandelt.[23] Ein Newsletter Migration, Weltweite Ökumene, Interreligiöser Dialog, der fünf Mal im Jahr erscheint und von den drei für diese Bereiche Verantwortlichen herausgegeben wird, scheint das Anliegen, diese Themen stärker vernetzt zu denken, ebenfalls aufzunehmen.[24]

5.1.3 Reformierte Kirche Baselland und Evangelisch-Reformierte Kirche Basel-Stadt

Das Thema der Migrationskirchen wird in diesen beiden Kantonalkirchen vor allem im Pfarramt für Weltweite Kirche behandelt, das von den Kantonalkirchen Baselland und Baselstadt gemeinsam getragen wird. Das Thema Migrationskirchen wird hier eingebettet in den gesamten Bereich der Ökumene, Mission und Entwicklung. Die Beschäftigung mit Migrationskirchen bildet einen wichtigen Schwerpunkt der Arbeit des Pfarramts, die sich in ganz praktischen Projekten ausformuliert.[25] Das Pfarramt für Weltweite Kirche pflegt Beziehungen zu ganz unterschiedlichen Migrationskirchen vor Ort. Rund 80 Migrationskirchen befinden sich in der Region Basel. Mit etwa 25 Migrationskirchen pflegt das Pfarramt für Weltweite Kirche intensiven Kontakt. Seit 2003 besteht eine Arbeitsgemeinschaft innerhalb der Reformierten Kirche Basel mit Leitenden von Migrationskirchen. In den vergangenen Jahren wurde die Zusammenarbeit mit der Evangelischen Allianz in Bezug auf Migrationskirchen immer zentraler. Im Vorstand dieser Arbeitsgemeinschaft sind seit Kurzem auch Mitglieder der regionalen Evangelischen Allianz vertreten. Der Name aber auch die Grundhaltung in dieser Arbeitsgemeinschaft lautet: «Forum Migration – eins in Christus». Gemeinsames Bibellesen, Singen und Beten, sowie das persönliche

---

23 Reformierte Kirche Kanton Zürich, Reformierte Kirche, URL: https://www.zhref.ch/intern/kommunikation/materialien/materialien/zhref_refkirche_weitem_horizont_leitfaden_oeme-2020.pdf (18.11.2020).

24 Seit Sommer 2017 wird der Newsletter fünf Mal im Jahr herausgegeben und kann auch abonniert werden: Reformierte Kirche Kanton Zürich, Newsletter, URL: https://www.zhref.ch/themen/interreligioeser-dialog/newsletter (18.11.2020).

25 Ein Kurzfilm aus dem Jahr 2014 von Doro Adrian zeigt die Arbeit des Pfarramts für Weltweite Kirche und des Migrationsamts der Evangelisch-Reformierten Kirche Basel-Stadt. Vgl. Adrian, Weltweite Kirche, URL: https://www.youtube.com/watch?v=N2-aD1lLjb0 (15.9.2020).

Austauschen bis hin zu Seelsorge bilden das Herzstück der Arbeitsgemeinschaft. Der Vorstand, zu dem auch Mitglieder von Migrationskirchen aus den verschiedenen Kontinenten gehören, organisiert zwei Formen des regelmässigen Austauschs. Das Treffen «Eins in Christus», an dem 15 bis 20 Personen teilnehmen, findet regelmässig in einem persönlichen Rahmen statt. Zwei jährliche Gottesdienste, im Juni am Flüchtlingssonntag und im November am Tag der Völker, der von 5–10 verschiedenen Kirchen gemeinsam vorbereitet wird, bilden zwei wichtige öffentliche Höhepunkte im Jahr.

In der Vergangenheit gab es zusätzlich zum Pfarramt Weltweite Kirche ein Migrationsamt der Evangelisch-Reformierten Kirche Basel-Stadt, das 2002 gegründet und 2014 aufgelöst wurde. Wichtiges Anliegen des Migrationsamtes war «die Integration von migrierten Menschen in unsere Gesellschaft».[26] Das Migrationsamt bot seelsorgerliche Beratung für Migranten und Migrantinnen und unterstützte Projekte zur Förderung der Integration von Einheimischen und Zugewanderten. Diese Anliegen werden nun mehr und mehr durch Integrationsprojekte im sozialen Bereich abgedeckt. So spielten nicht nur die Pensionierung der Stelleninhaberin und schwindende finanzielle Ressourcen eine wichtige Rolle beim Entscheid zur Schliessung des Migrationsamtes, sondern auch die Frage, ob es sinnvoll ist, dass die Kirche ihr Geld für etwas einsetzt, das auch andere anbieten können. Das «Sonntagszimmer» und das «Mitenand» in der Kleinbasler Matthäus-Kirche decken von kirchlicher Seite vieles an Integrations-Arbeit ab, was das Migrationsamt geleistet hat. In Mitenand-Gottesdiensten begegnen sich seit dreissig Jahren Menschen aus verschiedenen Kulturen und erleben eine Gemeinschaft, in der jeder und jede willkommen ist. Im Friday-Fellowship im Mitenand-Haus wird der Bibeltext für den kommenden Sonntag besprochen. Im Mitenand-Haus leben verschiedene Generationen aus verschiedenen Kontinenten zusammen. Das Sonntagszimmer ist ein sozial-diakonisches Projekt am Sonntag «von 8 bis Nacht» für Menschen in schwierigen Lebenssituationen.[27]

Zwei Beobachtungen scheinen mir am Basler Modell zentral. Erstens war die reformierte Kirche Basel-Stadt eine der ersten Kirchen, die ein Migrationskonzept erarbeitete, woraus auch das Migrationsamt entstanden ist. Dass Fragen im Zusammenhang mit Migration überhaupt angegangen wurden, hängt eng zusammen mit dem Engagement des ehemaligen Kirchenratspräsidenten.

---

26 Inforel, Migrationsamt, URL: https://www.inforel.ch/i1068e70.html (15.9.2020).
27 Für mehr Informationen zum Mitenand siehe: Mitenand, URL: http://rehovot.ch/mitenand/. Zum Sonntagszimmer siehe: Sonntagszimmer, URL: https://www.sonntagszimmer.ch/ (18.11.2020).

Ihm waren die Beziehungen mit Migrationskirchen, die er als Glaubensgeschwister verstand, ein Herzensanliegen. Auch heute noch ist das Interesse für die Migrations-Thematik und die Zusammenarbeit mit Migrationskirchen ganz stark von einzelnen Persönlichkeiten abhängig. Einerseits engagiert sich der Stelleninhaber des Pfarramts für Weltweite Kirche ganz stark auf der Graswurzel-Ebene, andererseits ist der aktuelle Kirchenratspräsident Basel-Stadt strategisch in der Frage nach Kirchengemeinschaft auch auf europäischer kirchenpolitischer Ebene tätig. Die Leitungsgremien beider Kantonalkirchen werten die Zusammenarbeit mit Migrationskirchen hoch. Die Reformierte Kirche Baselland hat in ihrer Verfassungsreform die Möglichkeiten dafür geschaffen, dass neben Territorialgemeinden auch Personalgemeinden Mitglieder der Kantonalkirche werden können. Die Evangelisch-Reformierte Kirche Basel-Stadt plant eine Verfassungsreform für 2023 und möchte dieselben Änderungen vornehmen. Damit würden sich die juristischen Rahmenbedingungen dahingehend verändern, dass Migrationskirchen vollwertige Mitglieder der reformierten Kantonalkirchen nach dem Vorbild der *Eglise Française* werden können. Durch eine mögliche Mitgliedschaft entstehen dann allerdings neue Fragen vor allem im Bereich der Finanzierung und des Mitspracherechts. Zweitens scheint mir das Basler Modell in seiner engen und vertrauensvollen Zusammenarbeit zwischen der reformierten Kirche und der Evangelischen Allianz in den Fragestellungen, welche im Speziellen Migrationskirchen betreffen, neu und richtungsweisend. Die Auseinandersetzung und Zusammenarbeit mit Migrationskirchen bringt Schweizer Kantonal- und Freikirchen in eine neue – und wie ich denke – fruchtbare Auseinandersetzung.[28] Nicht sozialdiakonische Projekte, sondern gemeinsame Essen, Bibellesen, Austausch, Gebet und Gottesdienstfeiern bilden das Herzstück der Arbeitsgemeinschaft.

---

28 Ein ähnliches Anliegen wie die Arbeitsgemeinschaft der Basler Kirchen verfolgt das Netzwerk *Témoigner Ensemble*, das im Raum Genf Verbindungen zwischen etablierten und jüngeren protestantischen Kirchen aufbauen möchte. 2003 fand der erste gemeinsame Gottesdienst statt, heute sind ungefähr hundert verschiedene Gemeinden miteinander verbunden. Auch orthodoxe Gemeinden gehören mittlerweile dazu. *Témoigner ensemble* ist in die protestantische Kantonalkirche in Genf nur lose eingebunden. Vgl. John Knox Centre International Réformé, Témoigner, URL: http://www.johnknox.ch/programme/temoigner/ (15.9.2020).

5.1.4 Evangelisch-methodistische Kirche Schweiz

In der Evangelisch-methodistischen Kirche der Schweiz sind sehr viele Gemeinden, die offen sind für Menschen, die aus ganz unterschiedlichen Kontexten kommen. Das führt zu einer doppelten Entwicklung. Einerseits bilden sich eigene arabische, spanisch-sprachige, koreanische Gemeinden, die oft aus einem Bibelkreis entstehen.[29] Andererseits erleben Schweizer Gemeinden eine interkulturelle Öffnung, wie zum Beispiel in Baden. Pfarrer Stefan Moll beobachtet, dass vor allem seit 2016 viele Menschen aus Afghanistan, Syrien und Äthiopien, die hier in der Schweiz Asyl suchen, in die Gemeinde kommen. Diese Menschen seien dann einfach da. Zusammen mit ihnen versuche die Gemeinde in Baden Kirche zu sein. Es gäbe kein Konzept, wie mit Menschen umgegangen wird, die zur Gemeinde dazu kommen. Es sei aber zu beobachten, dass Kinder eine wichtige Rolle spielen. Die grössere interkulturelle Durchmischung führe dazu, dass sich gewisse Gewohnheiten in der Gemeinde verändern, was aber von der Schweizer Gemeinde aus nicht als sehr störend erlebt wird. Es handelt sich um eine oder zwei Personen, die seit dieser Öffnung nicht mehr am Gemeindeleben teilnehmen. Pfarrer Moll beschreibt seine Gemeinde in Baden als eine ökumenische Gemeinde, sie seien eine evangelisch geprägte Kirche, was insbesondere im Gottesdienst sichtbar werde. Der Anspruch sei aber, dass sich die unterschiedlichen Menschen in der Gemeinde auf Augenhöhe begegnen. Die Menschen suchen in der Gemeinde Anerkennung, einen Ort zum Beten (jede und jeder auf die eigene Art) und Gemeinschaft. Die Schweizer Gemeinde lerne von den Asylsuchenden in ihrer Gemeinde, wie anders das Leben und der Glaube sein können, das tue gut. Denn mit der Sicherheit einer AHV-Rente zu glauben, bedeute etwas ganz anderes, als wenn man jeden Tag auf die Wegweisung wartet.[30]

An diesem Beispiel sehen wir eine hohe Flexibilität im Umgang mit Migranten und Migrantinnen, die zu einer interkulturellen Öffnung der Gemeinde führt. Diese Flexibilität ist es, die in vielen kantonalkirchlichen Gemeinden oder Kantonalkirchen fehlt. Gründe dafür mag es mehrere geben. Andere theologi-

---

29 Beispiele dafür sind die Arabische Gemeinde der EMK in Aarau, porträtiert in Kapitel zwei dieser Arbeit, die *Grupo Latino Fe e Integracion* der EMK Kleinbasel und die Koreanische Gemeinde EMK St. Gallen.

30 Stefan Moll in der Sternstunde Religion am 12. Januar 2020, SRF, Christliche Migration, URL: https://www.srf.ch/play/tv/sternstunde-religion/video/christliche-migration-heraus forderung-fuer-das-kirchenvolk?urn=urn:srf:video:9643965a-b425-4b0f-a724-c230f6b 28c59 (9.9.2020). Die interkulturelle Öffnung der Gemeinde wird auch auf der Webseite dargestellt: Evangelisch-Methodistische Gemeinde Baden, Auf Augenhöhe, URL: https://emk-baden.ch/ (20.10.2020).

sche Schwerpunkte als bei den Menschen, die Gastfreundschaft suchen, können dazu führen, dass sich Kantonalkirchen eher verschliessen. Sichere und komfortable Strukturen in der Kirche können auf Seiten vor allem grösserer Kantonalkirchen dazu führen, dass wenig Flexibilität vorhanden ist.

Leider haben sich einige der Projekte von Migrationskirchen unter dem Dach einer methodistischen Kirche nicht weiterentwickelt. Es handelt sich hier um Gemeinden, die eine Anschubfinanzierung erhalten haben, den Schritt in die finanzielle Unabhängigkeit aber nicht geschafft haben. In Solothurn (Brasilianische Gemeinde), Basel (Latinogemeinde), Zürich (Brasilianische Gemeinde) werden die kleinen noch bestehenden Gruppen durch den freiwilligen Einsatz der bisherigen Pastoren und Pastorinnen getragen. Über finanzielle Unterstützung und Anschubfinanzierungen sollte also gründlich und langfristig nachgedacht werden.

5.2 Kirchen und Kirchenbünde in der Schweiz

Es fällt auf, dass das Thema Integration nicht nur in der Politik eine wichtige Rolle spielt, sondern auch in kirchlichen Dokumenten. Könnten Kirchen hier nicht auch eine etwas andere Richtung einschlagen und noch deutlicher davon sprechen, dass Migrationskirchen Brücken sind zwischen der alten und der neuen Heimat? Meines Erachtens würde eine andere Fokussierung, als die auf die Integration, der Diskussion mit und über Migrationskirchen gut tun. Verschiedene Kantonalkirchen scheinen bereits Schritte in diese Richtung einzuschlagen. Wie sieht das nun auf einer nationalen Ebene aus?

5.2.1 Evangelisch-reformierte Kirche Schweiz

Auch die evangelisch-reformierte Kirche der Schweiz, der Zusammenschluss der 24 reformierten Kantonalkirchen, der Evangelisch-methodistischen Kirche und der Eglise Evangélique Libre de Genève, behandelt Migration als ein eigenes Thema.[31] Migrationskirchen bilden innerhalb des Migrations-Themas der EKS zwar ein eigenes Unterkapitel, Migrationskirchen werden hier als Herausforde-

---

31 Migration taucht neben Ökumene, internationale Beziehungen, Gender, interreligiöse Zusammenarbeit, Freiwilligenarbeit, Bewahrung der Schöpfung, Bildung, Theologie und Ethik, Diakonie, Gesellschaft und Politik, Prävention von Grenzverletzungen und sexuel-

rung und Chance bezeichnet, es wird dort aber lediglich auf die Studie des Schweizerischen Evangelischen Kirchenbundes aus dem Jahr 2009 verwiesen.[32]
Der Themenbereich Migration wird in der EKS aktuell innerhalb einer Vollzeitstelle für Public Affairs und Migration bearbeitet. Das Dossier Migrationskirchen wurde in den vergangenen Jahren kaum noch weiterbearbeitet, obwohl das Thema Migrationskirchen für die EKS durchaus wichtig ist. Verschiedene Handlungsfelder sind denkbar, in denen die EKS für ihre Mitgliedkirchen auf nationaler Ebene einen Mehrwert leisten könnte. So soll nun auch das Dossier Migrationskirchen im Zuge der aktuellen Umstrukturierung der EKS evaluiert und die Einbindung in die Geschäftstätigkeit geklärt werden. Denkbar wäre es, das Dossier dem Bereich Kirche zuzuordnen.[33]
Integration in Bezug auf Migrationskirchen wird in der EKS auf struktureller Ebene behandelt. In der Vergangenheit gab es Versuche von Migrationskirchen, die überkantonal organisiert sind, sich in den SEK zu integrieren. Die neue Verfassung der EKS, die am 1. Januar 2020 in Kraft trat, bietet in Paragraf 36 «Assoziierte Kirchen und Gemeinschaften» diesbezüglich nun neue Möglichkeiten.[34] Kirchen und Gemeinschaften, die nicht bereits Mitglied der EKS sind, überkantonal organisiert und demokratisch verfasst sind und sich als Gemeinschaft innerhalb der evangelischen Tradition verstehen, können eine institutionalisierte Form der Begegnung und des strukturellen Austauschs mit der EKS leben. Es wird sich zeigen, wie dieser Paragraf in die Praxis umgesetzt wird, welche Kirchen und Gemeinschaften überhaupt eine solche Assoziierung wünschen, und wie er sich bewährt. Ebenfalls wird sich zeigen, ob es hier in erster Linie um Integrations-Fragen geht, oder sich dadurch vielleicht auch eine Stärkung des innerevangelischen Ökumene-Gedankens ergibt.
Neben dem Thema der Migrationskirchen sind auf der Webseite im Themenfeld Migration vier weitere Themen publiziert: Koordination der Seelsorge in Bundesasylzentren, Interreligiöse Erklärung zum Schutz von Geflüchteten, Broschüre zum freiwilligen Engagement für Geflüchtete, ökumenische Erklärung zum Flüchtlingssonntag. Es handelt sich hier um bereits umgesetzte, wiederkeh-

---

len Übergriffen als eigenes Thema auf. Inwiefern die einzelnen Themen aufeinander Bezug nehmen oder es Überschneidungsflächen gibt, bleibt zumindest in der Darstellung auf der Webseite der EKS unklar.

32 EKS, Migrationskirchen, URL: https://www.evref.ch/themen/migration/migrationskir chen/ (23.11.2020).

33 Information David Zaugg, Fachmitarbeiter für Public Affairs und Migration, 15.12.2020, via E-Mail.

34 EKS, Neue Verfassung, URL: https://www.evref.ch/wp-content/uploads/2019/09/02_neue_ verfassung_schlussabstimmung.pdf (16.12.2020).

rende oder fortlaufende Projekte. Es wird deutlich: Das Thema Flucht wird, ähnlich wie in der Zürcher Kirche, prominenter behandelt als das Thema Migrationskirchen. Innerhalb des Migrationsdossiers werden in unterschiedlichem Umfang auch Themen wie Langzeitnothilfe, Konversion im Asylverfahren und Integration behandelt. Darüber hinaus organisiert die EKS halbjährliche Austauschtreffen mit den Migrationsverantwortlichen der Mitgliedkirchen und verfasst Stellungnahmen zu migrationspolitischen Aktualitäten wie Seenotrettung oder der prekären Situation von Geflüchteten an den EU-Aussengrenzen und nimmt an Vernehmlassungsverfahren wichtiger politischer Vorlagen im Bereich Asyl- und Ausländergesetzgebung teil.

Zusammenfassend entsteht der Eindruck, dass auch auf nationaler Ebene das Thema der Migrationskirchen zwar als wichtig und zukunftsweisend dargestellt wird, klare Leitlinien oder theologische Grundsätze für die praktischen ekklesiologischen Konsequenzen oder gar ein Gesamtkonzept zur Umsetzung auf Gemeindeebene aber nicht erkennbar sind. Denkbar wäre, dass innerhalb der EKS die Beziehungen zu Migrationskirchen als ökumenische Partner zu einem der drängendsten Themen auf der Leitungsebene erhoben wird. Denn in diesem Themenfeld bündeln sich verschiedene Fragen, die für die Entwicklung der Evangelischen Kirche Schweiz zukunftsweisend sind: Welche Formen von Kirche-Sein sind zukunftsweisend? Wie verstehen wir christliche Gemeinden und Gemeinschaften? Was bedeutet Ökumene im vielfältigen Kontext der Schweizer Kirchen? Wie verändert sich die Kirchenlandschaft durch die Aufnahme von, Auseinandersetzung mit oder die Ablehnung von neuen theologischen Strömungen?

Meines Erachtens wäre es deshalb durchaus wünschenswert, dass die EKS eine Art Plattform für die Mitgliedkirchen bietet, in der kirchenpolitisch und strategisch in Fragen Migrationskirchen gemeinsam nachgedacht werden könnte. Eine solche Plattform fehlt bislang. Einige zentrale Figuren in Deutschschweizer Kirchen, die mit Migrationskirchen zu tun haben, tauschen sich regelmässig aus, im Zusammenhang mit dem Weiterbildungskurs *Interkulturelle Theologie und Migration*, der von der Theologischen Fakultät der Universität Basel angeboten und von den Kantonalkirchen mitgetragen wird.[35]

---

35 Es handelt sich hier um den in Kapitel 4.4 dieses Buches beschriebenen *Certificate of Advanced Studies* in Interkultureller Theologie und Migration. Weitere Informationen zum CAS siehe die Webseite der Advanced Studies der Universität Basel, Advanced Studies, CAS Interkulturelle Theologie und Migration, URL: https://advancedstudies.unibas.ch/studienangebot/kurs/cas-interkulturelle-theologie-und-migration-119780. (23.11.2020).

5.2.2 Katholische Kirche Schweiz

Die katholische Kirche in der Schweiz geht schon seit vielen Jahren einen gemeinsamen Weg mit Menschen, die eine andere Sprache sprechen und von unterschiedlichen kulturellen Hintergründen geprägt sind. Seit Anfang des 20. Jahrhunderts wird die Seelsorge von anderssprachigen Migranten und Migrantinnen in sogenannten Missionen[36] organisiert, die den lokalen Pfarreien aber kirchenrechtlich nicht gleichgestellt sind.[37]

Diese Missionen sind Teil der katholischen Kirche und in ihre Strukturen und Finanzen eingebunden. Sie sind meist nach Sprachgruppen organisiert und unterscheiden sich in ihrer Grösse und Organisation sehr stark voneinander. Für manche Gemeinschaften gibt es nur eine Seelsorgerin (chinesisch) oder ganz wenige Missionen (albanisch), für andere (italienisch) 64 Missionare. Insgesamt stehen ungefähr 110 Missionen oder Seelsorgestellen für die pastorale Betreuung von Menschen mit Migrationshintergrund zur Verfügung.[38] Migrantenpastoral ist sehr oft territorial anders gegliedert als die übrige Seelsorge. Missionen sind oft pfarreiübergreifend organisiert oder für ein Gebiet zuständig, das zu mehreren Diözesen gehört. *Migratio*, eine Dienststelle der Schweizer Bischofskonferenz,[39] beschäftigt sich mit seelsorgerlichen, kulturellen und sozialen Bedürfnissen der in der Schweiz lebenden Migranten und ihren Familien sowie mit Menschen, die unterwegs sind.[40] Administrativ-finanzielle Aufgaben werden zunehmend von kantonalkirchlichen Organisationen übernommen.

Die Missionen waren als ein temporäres Konstrukt gedacht, «Gastarbeiter» sollten während ihres Aufenthaltes in der Schweiz die Möglichkeit haben, an

---

36 Was in der reformierten Kirche als Migrationskirche bezeichnet wird, heisst in der katholischen Kirche Mission, Seelsorge für Anderssprachige oder anderssprachige Gemeinschaft.

37 Vgl. Kaptijn, Migrantengemeinden, 699 f.

38 Vgl. Migratio, Migrationspastoral, URL: http://www.migratio.ch/de/migrationspastoral (23.10.2020).

39 Die Schweizer Bischofskonferenz befasst sich mit kirchlichen Leitungsfunktionen und widmet sich konkreten Fragen und Anforderungen der Zeit an eine flexible Pastoral. Die Bischofskonferenz umfasst derzeit 11 Mitglieder. Die Bischöfe der sechs Bistümer der Schweiz, deren Weihbischöfe und die beiden Äbte der Territorialabteien St. Maurice und Einsiedeln. Für weitere Informationen vgl. Schweizer Bischofskonferenz, Wer sind wir? URL: http://www.bischoefe.ch/wir/funktion (23.10.2020). Die Bischofskonferenz ist medial gut vertreten und stellt ein transparentes Instrument der Katholischen Kirche der Schweiz dar. Sie unterhält viele Fachgremien und Kommissionen zu unterschiedlichen Teilbereichen wie Theologie, Islam, Ökumene, Bioethik, Medien, die für die Kirche (und darüber hinaus auch für die Gesellschaft) von grosser Bedeutung sind.

40 Vgl. Migratio, Wer sind wir? URL: http://www.migratio.ch/de/wer-sind-wir (23.10.2020).

Gottesdiensten und Seelsorge in ihrer Sprache teilzuhaben. Die Gründung immer neuer katholischer Migrationsgemeinden, die steigenden personellen und finanziellen Aufwendungen führten aber je länger je mehr zu einem Verteilungskampf und zu einem Konkurrenzverhältnis mit der lokalen Struktur der Pfarreien. Inwiefern sollen Menschen mit Migrationshintergrund in bestehende Pfarreien eingebunden werden? Wie könnte eine solche Integration aussehen? Über zukünftige Modelle besteht nach wie vor eine gewisse Ratlosigkeit. 2019 wurde ein Bericht «Migrantenpastoral in der Schweiz» verfasst, der im Rahmen eines Projektes der Schweizer Bischofskonferenz und der Römisch-Katholischen Zentralkonferenz der Schweiz[41] zur Zukunft der Migrantenpastoral entstanden ist. Dieses Projekt hat zum Ziel, ein gemeinsam anerkanntes Gesamtkonzept Migrantenpastoral als Grundlage für die zukünftige pastorale Ausrichtung, Organisation und Finanzierung der Migrantenpastoral auf nationaler Ebene zu entwickeln und dann auch umzusetzen. Der im Frühjahr 2019 vorgelegte Bericht analysiert die Ist-Situation und formuliert daraus zentrale Fragestellungen für die Zukunft. Diese konzentrieren sich vor allem auf Zukunftsmodelle und Entwicklungspfade der Missionen und auf eine gerechte Verteilung der Mittel.

Der Bericht hat deutlich gemacht, dass die Beteiligung vieler Migranten und Migrantinnen am kirchlichen Leben in der Schweiz viel zur Lebendigkeit und Vielfalt der Kirche und zur Erfahrbarkeit von Weltkirche vor Ort beiträgt. Es dreht sich vielerorts um ein vermehrtes Miteinander und ein wertschätzendes Nebeneinander von Einheimischen und Zugewanderten. Es gilt aber hervorzuheben, dass Pfarreien unterschiedlich migrationssensibel und Missionen unterschiedlich offen für die Zusammenarbeit mit lokalen Pfarreien sind. Es hat sich gezeigt, dass es für viele Mitglieder von Missionen wichtig ist, bestimmte pastorale Vollzüge innerhalb ihrer Sprachgemeinschaft zu vollziehen. Dies gilt es bei den Pfarreien stärker ins Bewusstsein zu rücken. Gleichzeitig sollte bei den Missionen das Verständnis für die Eigenheiten der lokalen Pfarreien als legitimes Katholisch-Sein gefördert werden.[42] Deutlich wurde im Bericht auch, dass die bereits komplexen dualen Strukturen der katholischen Kirche durch die Migran-

---

41 Die Römisch-Katholische Zentralkonferenz der Schweiz ist der Zusammenschluss der kantonalkirchlichen Organisationen. Sie arbeitet mit der Bischofkonferenz eng zusammen bei der Finanzierung pastoraler Aufgaben auf gesamtschweizerischer und sprachregionaler Ebene, in Fragen des Verhältnisses von Kirche und Staat und der Stellung der Kirche in der Gesellschaft. Vgl. Römisch-Katholische Zentralkonferenz der Schweiz, Porträt, URL: https://www.rkz.ch/wer-wir-sind/portraet (23.10.2020).

42 Vgl. Kooperationsrat der SBK und der RKZ, Migrantenpastoral, https://www.migratio.ch/de/wp-content/uploads/sites/9/2020/06/28a_DE-Situationsanalyse-Migrantenpastoral-CH_def-v250219.pdf (23.10.2020), 43 f.

tenpastoral noch komplexer werden. Eine Vereinfachung der Strukturen und eine Schaffung von Klarheit scheint angezeigt. Die verstärkte Einbindung von Menschen mit Migrationshintergrund in die kirchlichen Strukturen und Finanzflüsse hat den Vorteil, dass diese Gemeinden als Teil der Kirche besser anerkannt werden.[43] Die Veränderungsarbeit sei unbedingt chancenorientiert anzugehen, denn die Migrantenpastoral ist Teil der Römisch-katholischen Kirche Schweiz und nicht Teil der katholischen Kirche der jeweiligen Herkunftsländer.

Die Römisch-katholische Kirche in der Schweiz lebt auch in ihren Beziehungen mit Migranten und Migrantinnen und ihren Strategien im Umgang mit Missionen von ihrer hierarchischen Struktur. Entscheidungen werden auf der höchsten Ebene getroffen, ob und wie Missionen in lokale Pfarreien eingebunden werden, ist Angelegenheit der Bischofskonferenz und des Zentralrats. Wie weit es zu einem ökumenischen Austausch zwischen den katholischen Migrationsgemeinden und ihren Schweizer Pendants kommt, ist je nach Ort sehr verschieden und schwer zu beurteilen. Es scheint aber, dass man auch hier eher friedlich nebeneinanderher lebt, und dass das kirchliche Leben weitgehend getrennt verläuft. Die kulturellen und sprachlichen Unterschiede dominieren.

5.2.3 Schweizerische Evangelische Allianz

Die Schweizerische Evangelische Allianz, in der rund 460 Gemeinden aus Frei- und Landeskirchen mit evangelikaler Ausrichtung zusammengeschlossen sind,[44] unterhält eine Arbeitsgruppe zum Thema Interkulturalität. Die Arbeitsgemeinschaft «Interkulturell» will Raum schaffen für interkulturelle Begegnungen und die Basis für Themen der Migration sensibilisieren. Die Vernetzung und Ausbildung von Leitenden und die Beratung von Hilfesuchenden ist Kern der Tätigkeit der Arbeitsgemeinschaft. Vernetzung steht weit oben auf dem Programm der Arbeitsgemeinschaft. So gelingt es durch Tagungen und Konferenzen viel Fachwissen zusammenzubringen, wodurch auch Projekte verwirklicht werden können. Die Vernetzung führt auch dazu, dass einzelne Akteure ermutigt und gestärkt werden, zum Beispiel bei Gemeindegründungen.[45] Ein zweites wichtiges Standbein der Arbeitsgemeinschaft ist Bildung. Es gibt eigene Ausbildungs-

---

43 Vgl. dazu Albisser, Ergebnisse, 97–102.
44 Vgl. SEA, Unser Netzwerk, URL: https://www.each.ch/wer-wir-sind/unser-netzwerk/ (21.10.2020).
45 Vgl. Interkulturell, Vernetzen, URL: https://interculturel.info/angebote/vernetzen/ (21.10.2020).

gänge, die darauf ausgerichtet sind, Geflüchtete zu begleiten oder Hilfestellungen bei Gemeindegründungen zu bieten. Ziel dieser Ausbildungsgänge ist es, nicht nur den Reichtum von Diversität zu entdecken, sondern das eigene Christsein in Anbetracht von Migration sehen zu lernen.[46] Drittens ist Beratung wichtig. Die Arbeitsgemeinschaft bietet Beratung an zu Themen wie Asylverfahren, Muslime, Evangelisation, Arbeitsintegration, interkulturelle Ehe und Familie, Trauma, interkultureller Gemeindebau.[47]

Das Thema Migration wird stark auf den interkulturellen Gemeindebau fokussiert. Interkulturelle Gemeinden werden als ein «Vorgeschmack des Himmels» bezeichnet und die Zusammenarbeit zwischen einheimischen und zugewanderten Christen und Christinnen als das grösste Zeugnis. Die Gemeinde ist der beste Ort, wo Integration stattfinden kann. Damit das gelingen kann, braucht es aber Bereitschaft zur Veränderung auf allen Seiten.[48] Nicht selten erhält das Thema Migration und interkultureller Gemeindebau auch einen missionarischen Zuschnitt. Nicht-Christen und Nicht-Christinnen aus dem arabischen Raum werden besonders angesprochen, Strategien, wie Muslime bekehrt werden können, werden vermittelt. Meines Erachtens hängt dieser Fokus vor allem auch mit der Geschichte der Arbeitsgemeinschaft zusammen. 1963 wurde «MEOS – interkulturelle Dienste» als eigenständige Organisation gegründet, deren Hauptaufgabe darin lag, das christliche Zeugnis an Ausländer und Ausländerinnen weiterzugeben. Aus MEOS wuchsen dann andere Arbeitsgemeinschaften und Spurgruppen heraus, die sich mit «Ausländerfragen», Mission und Migrationsgemeinden beschäftigten. 2004 ging aus diesen Zusammenhängen, die stark auf Mission fokussiert waren, die Arbeitsgemeinschaft «Interkulturell» hervor, die sich darauf konzentriert, wie «das Potential von internationalen Gemeinden besser erkannt und Migrationsgemeinden besser vernetzt werden können».[49]

Die Vision einer Weltevangelisation liegt hier ganz deutlich dem Engagement in der Migrations-Thematik und der Arbeit mit Migranten und Migrantinnen zugrunde. Menschen mit einer ähnlichen theologischen Ausrichtung werden an einen Tisch gebracht. Interessant ist, dass die Arbeit der Allianz in zahlreichen Migrationskirchen grossen Anklang findet. Die Botschaft einer Weltevangelisation scheint hier besonders anschlussfähig zu sein. Die Gründe dafür könnten in

---

46 Vgl. Interkulturell, Bilden, URL: https://interculturel.info/angebote/_bilden/ (21.10.2020).

47 Vgl. Interkulturell, Beraten, URL: https://interculturel.info/angebote/beraten/ (21.10.2020).

48 So lautete das Statement zur Frage, warum wir interkulturelle Gemeinden brauchen, vom Generalsekretär der SEA, Marc Jost an der Online-Konferenz «Together20 – Kirche fit für die Zukunft», URL: https://www.youtube.com/watch?v=eQFfscrH1OM (1.12.2020).

49 Vgl. Interkulturell, Geschichte, URL: https://interculturel.info/ueber-uns/geschichte/ (21.10.2020).

ihrer Niederschwelligkeit und/oder in ihrer emotionalen Verpackung liegen. Aber auf jeden Fall kann festgehalten werden, dass in vielen Regionen und Kantonen der Schweiz Migrationskirchen wahrgenommen, angesprochen und in die Arbeit deutlich miteinbezogen werden. Dies scheint einen grossen Unterschied zu kantonalkirchlichen Netzwerken darzustellen.

5.3 Entwicklungen in Europa

Im Folgenden werfe ich zwei Schlaglichter auf den Umgang mit Migrationskirchen in Europa. Wir richten unsere Aufmerksamkeit zuerst auf einen Kontext, mit dem wir eng verbunden sind: Deutschland. Die Situation in der Deutschschweiz ist mit Deutschland gut vergleichbar. Deutsch ist die Amtssprache und die evangelischen und katholischen Landeskirchen bilden die religiöse Mehrheit in weiten Teilen des Landes. Wir gehen nun der Frage nach, welche Rolle Migrationskirchen in der Evangelischen Kirche in Deutschland einnehmen. Welche Entwicklungen sind dort wichtig? Dann weiten wir unseren Blick auf den gesamten europäischen Kontext und fragen, inwiefern Migrationskirchen in der Gemeinschaft Evangelischer Kirchen in Europa (GEKE) ein Thema sind. Es werden also nur einige Entwicklungen in Europa exemplarisch behandelt. Und zwar solche Kontexte, mit denen die Deutschschweiz verbunden ist.

5.3.1 Evangelische Kirche in Deutschland

Die Zahlen in Deutschland sind natürlich nicht mit der Schweiz vergleichbar. Während wir in der Schweiz insgesamt mit rund 650 Migrationsgemeinden (evangelisch, römisch-katholisch, orthodox) rechnen, gibt es in Deutschland etwa 2000 bis 3000 evangelische internationale Gemeinden, die sich wie auch in der Schweiz schnell verändern. Es bilden sich neue Gemeinden, es trennen sich Gemeinden oder sie benennen sich um.[50] Es handelt sich auch in Deutschland um eher kleinere Gemeinden, die meistens aus fünfzig bis einhundertfünfzig Personen bestehen, selten sind es mehrere hundert.[51] Nicht wenige der internationalen Gemeinden in Deutschland haben sich freikirchlichen Bünden

---

50 Vgl. Balke, Religiöse Zugehörigkeit, 112–134.
51 Ein zusätzliches Phänomen für Deutschland sind Russlanddeutsche, die vor allem in den 1990er-Jahren über tausend Gemeinden in Deutschland gegründet haben. Diese Gemeinden werden meist nicht zu den internationalen Gemeinden gerechnet.

angeschlossen, über 300 gehören zum Bund Freikirchlicher Pfingstgemeinden, wo die internationalen Gemeinden bereits 39 % der Mitglieder ausmachen.[52] Seit 2012 bietet die Interkulturelle Pfarrkonferenz, die seit 1972 besteht, allerdings unter anderer Nomenklatur (Konferenz ausländischer Pfarrer), Leitenden von internationalen Gemeinden die Möglichkeit zum Austausch und vertritt sie in der Öffentlichkeit. Darüber hinaus haben sich in sieben Regionen Deutschlands internationale Konvente gebildet, wo aber längst nicht alle internationalen Gemeinden einer Region vertreten sind, sei es aus Zeitgründen oder aufgrund theologischer Vorbehalte.

Kirchliches Engagement für Fremde, für humanitäre Asylarbeit, für eine gastfreundliche Kirche hat in Deutschland eine lange Tradition. Projektstellen für solche und ähnliche Fragen werden in verschiedenen Landeskirchen bereits seit den 1990er-Jahren unterhalten. Kirchen waren somit unter den ersten, die auf die Pluralisierung der Gesellschaft reagierten.[53]

Die Evangelische Kirche in Deutschland (EKD) unterhielt eine dreijährige (2018–2020) Projektstelle «Gemeinden anderer Sprache und Herkunft». Der Projektstelleninhaber bezeichnet es als einen Erfolg, dass der Name «Gemeinden anderer Sprache und Herkunft», kurz GaSH, der seit 1997 in Gebrauch ist und die Begriffe «Ausländergemeinde» und «Gemeinden fremder Sprache und Herkunft» abgelöst hat, nicht mehr verwendet wird. Stattdessen spricht man nun von internationalen Gemeinden, eine selbstbewusste und positive Eigenbezeichnung, die defizitäre Konnotationen und Prozesse eines *othering* verhindern kann. In Kauf nimmt man dafür, dass der Begriff weniger genau aussagen kann, worum es geht. International bedeutet ja nicht einfach kosmopolitisch. Im Gespräch muss der Begriff international jeweils weiter erläutert werden.

Die Projektstelle hat dazu beigetragen, dass alle Gliedkirchen der EKD nun einen Beauftragten für internationale Gemeinden haben, nur im Rheinland und in Bayern handelt es sich dabei um volle Stellen. In anderen Landeskirchen handelt es sich um ein geringes Stellenpensum oder eine Pfarrperson übernimmt die Funktion der Beauftragten. Solche Beauftragte sind ideale Brückenbauer und Brückenbauerinnen, sie sind Anlaufstellen und Erstkontakte, gleichzeitig sind sie oft auch mit Fragen der interkulturellen Öffnung einer Landeskirche betraut. Angesiedelt sind alle Beauftragten bei den Ökumene-Abteilungen der Landeskirchen. Die Beauftragten tauschen sich in der Konferenz für die Arbeit mit

---

52 Vgl. Balke, Schlussbericht, 5 (nicht publiziert).
53 Vgl. Heimbrock, Kultur, 112.

internationalen Gemeinden regelmässig aus. Diese Stellen und die Konferenz sind als sehr zentral in der praktischen Arbeit zu betrachten.[54]

Die aktuelle Stossrichtung der EKD ist deutlich: Die Landeskirchen müssen, sollen und können sich darauf vorbereiten, dass sie internationaler und interkultureller werden. Einerseits regt die EKD an, dass die Kirchen sich theologisch darauf vorbereiten, andererseits sollen auch Strategien zu einer solchen Öffnung hin ausgearbeitet werden. Zwei Studientagungen unter der Leitung der Projektstelle haben sich mit ekklesiologischen[55] und praktischen[56] Fragen in Bezug auf internationale Gemeinden auseinandergesetzt. Die trinitarische Gemeinschaft des dreieinen Gottes stellt die Orientierung für die EKD dar, die sich als eine weltumspannende Wohngemeinschaft Gottes verstehen will, in der Einheimische und Zugewanderte die gleichen Rechte und die gleiche Würde haben. Sie sind bleibend verschieden, und doch auch bleibend aufeinander bezogen. An der zweiten Tagung wurden Strategien zur Verwirklichung dieses Gedankens diskutiert.

Nach wie vor braucht es aber ein «Migrations-Mainstreaming» aller kirchlichen Bereiche, wie das bereits die Erklärung der EKD «Gemeinsam evangelisch! Erfahrungen, theologische Orientierungen und Perspektiven für die Arbeit mit Gemeinden anderer Sprache und Herkunft» 2014 gefordert hat.[57] Der Projektstelle und auch der Konferenz für die Arbeit mit internationalen Gemeinden ist es ein grosses Anliegen, sowohl bei einheimischen als auch bei internationalen Gemeinden für gegenseitiges Verständnis und Zusammenarbeit zu werben. Dafür wurde eine eigene Webseite erstellt.[58] Weiter ist es wichtig, die guten Beispiele, bei denen Einheimische und Zugewanderte in der Kirche auf allen Ebenen zusammenarbeiten, bekannt zu machen. Auch das wird auf einer eigenen Webseite dargestellt. 35 Gemeinden stellen hier ihre *Good Practices* vor.[59]

Nach wie vor sind die acht Empfehlungen aus «Gemeinsam evangelisch!» aktuell. Es geht in diesen Empfehlungen in erster Linie darum, Gemeindeformen

---

54 Vgl. Balke, Schlussbericht, 7 (nicht publiziert).

55 1./2. April 2019 in Bad Boll. Die Vorträge wurden publiziert in: epd-Dokumentation 20/2019, Neue Regeln in der Wohngemeinschaft Gottes, URL: https://www.ekd.de/ekd_de/ds_doc/Neue_Regeln_in_der_Wohngemeinschaft_Gottes.pdf (15.12.2020)

56 24./25. Februar 2020 in Hofgeismar. Die Vorträge wurden publiziert in: epd-Dokumentation 16–17/2020, Interkulturelle Kirche, URL: https://www.ekd.de/ekd_de/ds_doc/20_16_Interkulturelle%20Kirche.%20Strategien%20zur%20Verwirklichung%20der%20Wohngemeinschaft%20Gottes.pdf (15.12.2020).

57 Vgl. Balke, Schlussbericht, 2 (nicht publiziert) oder EKD, Gemeinsam evangelisch, 40.

58 EKD, Internationale Gemeinden, URL: www.internationale-gemeinden.de (23.11.2020)

59 Universität Osnabrück/EKD, Landkarte der Ermutigung, URL: www.landkarte-der-Ermutigung.de (23.11.2020).

zu entwickeln, die ein Miteinander ermöglichen, und darum, wie bestimmte einzelne Gemeinden integriert werden können. Gemeinden sollen für Jugendarbeit sensibilisiert werden, kultursensible Seelsorge muss ausgebaut werden, das missionarische Potenzial der internationalen Gemeinden soll ernst genommen werden. Um diese Forderungen umzusetzen braucht es auch nachhaltigere Strukturen.[60] Im Abschlussbericht der Projektstelle werden diese Handlungsempfehlungen ergänzt, um Diversitätsmerkmale, die bei der Diskussion einer inklusiven Kirche eine Rolle spielen. Es soll in Zukunft gezielt um «Menschen mit Zuwanderungsgeschichte» für kirchliche Berufe geworben werden. Um das zu erreichen müssen allerdings auch Barrieren in der Ausbildung ausgeräumt werden.[61]

Seit dem Beginn der 1990er-Jahre setzt sich die EKD mit internationalen Gemeinden auseinander. Werner Kahl spricht davon, dass es in der EKD sechs verschiedene Phasen gibt, wie sie sich gegenüber internationalen Gemeinden positioniert. Solche Phasen treffen wohl auch für die Schweiz zu. Die Phasen sind nicht immer chronologisch gedacht, sie sind zum Teil zeitversetzt, manchmal überlappend. Für lange Zeit wurden internationale Gemeinden als Sekten wahrgenommen und abgelehnt. Eine grosse Unkenntnis prägt diese Phase, alle charismatischen Gemeinden galten zunächst als Sekten. In einer zweiten Phase wird das Phänomen erkundet und persönliche Kontakte werden aufgebaut. Daraus entwickelt sich eine wachsende Wertschätzung, die Niederschlag findet im Dokument «Gemeinsam evangelisch!». Es entstehen Fortbildungsprogramme für Pastoren und Pastorinnen in vielen Landeskirchen,[62] die mittlerweile alle ausgelaufen sind. *African Theological Training in Germany* wurde in ÖkuFiT (Ökumenische Fortbildung in Theologie) umgewandelt, das auf eine gemeinsame Vorbereitung der interkulturellen Öffnung und auf eine transkulturelle Ausgestaltung der Kirche zielt. Die lokale Integration einzelner internationaler Gemeinden in die Landeskirche zeichnet eine vierte Phase aus.[63] Daneben stellt die Anstellung von Vertretern internationaler Gemeinden in den kirchlichen Dienst einer Landeskirche eine fünfte Phase dar. Diese letzten beiden Phasen, die deutlich auf eine interkulturelle Öffnung herkömmlicher landeskirchlicher Gemeinden hinweist und auch darauf abzielt, sind in der Schweiz

---

60 Vgl. EKD, Gemeinsam evangelisch, 27–40.
61 Vgl. Balke, Schlussbericht, 13 f. (nicht publiziert).
62 2001: ATTiG (African Theological Training in Germany) an der Missionsakademie in Hamburg; kikk (Kirche im interkulturellen Kontext) in Wuppertal (VEM / Evangelische Kirche im Rheinland); in den Folgejahren MiSüNo (Mission Süd-Nord) in Neuendettelsau; KiM (Kirche in Mission) am Zentrum für Ökumene in Frankfurt.
63 Als Beispiele dienen hier die Lydia Gemeinde in Dortmund, St. Georg-Borgfelde in Hamburg und die französisch-reformierte Gemeinde in Frankfurt.

erst ganz rudimentär vorhanden. «Mitenand» in Basel möge hier als wegweisendes Beispiel dienen. Ob die von Kahl beschriebene sechste Phase der Konstituierung von Gemeinden der zweiten Generation auch in dieses Schema passt, wage ich zu bezweifeln. Denn hier geht es nicht in erster Linie um landeskirchliche Positionierungen zu internationalen Gemeinden, sondern um eine Entwicklung derselben.[64]

5.3.2 Europäische Bemühungen, gemeinsam Kirche zu sein

Die Gemeinschaft Evangelischer Kirchen in Europa, kurz GEKE,[65] legte an ihrer Vollversammlung in Florenz 2012 fest, dass Migration und Kirchengemeinschaft ein wichtiges Arbeitsfeld der GEKE sei. Vier Interessensfelder wurden festgehalten: Wie kann die GEKE der Herausforderung begegnen, dass einige ihrer Mitgliedkirchen zunehmend von Interkulturalität und Internationalität geprägt sind? Wie kann sich die GEKE konstruktiv und zuverlässig zu Migrationskirchen und -gemeinden verhalten, die ausserhalb ihres Mitgliederfeldes liegen? Welche theologischen und ekklesiologischen Schlüsselfelder ergeben sich aus der Begegnung mit Migrationskirchen? Was bedeutet die Präsenz von Migrationskirchen bezüglich Bildung, Anerkennung der Ämter und Kirchengemeinschaft?[66] Die GEKE konzentriert sich auf theologische und ekklesiologische Fragen und setzt sich weniger mit den praktischen Fragen des Zusammenlebens als verschiedene christliche Gemeinden auseinander. Es wurde in Florenz eine Expertengruppe eingesetzt, die sich dieser Fragen angenommen und erste Schritte unternommen hat. Es wurden unter anderem Erkundungsgespräche geführt. Drei Migrantenkirchen (provisorische Benennung innerhalb der GEKE, später soll gemeinsam ein besserer Begriff gefunden werden) wurden für explorative Gespräche angefragt, eine Kirche reagierte. Mit dem *Unification*

---

64 Vgl. Kahl, Evangelische Kirche, 37 ff.
65 Die GEKE ist eine Dachorganisation evangelischer Kirchen in Europa. 94 lutherische, methodistische, reformierte und unierte Kirchen aus über 30 Ländern in Europa und Südamerika gehören dazu. Die GEKE existiert dank der Leuenberger Konkordie aus dem Jahr 1973. Auf dem Leuenberg wurde beschlossen, dass Kirchen verschieden sein dürfen, weil sie sich alle auf das Evangelium als ihre gemeinsame Basis berufen. Kirchengemeinschaft wird seitdem als Einheit in versöhnter Vielfalt verwirklicht: verschiedene Kirchen feiern gemeinsam Abendmahl, ein lutherischer Pfarrer darf von einer reformierten Kanzel aus predigen, oder ein deutscher Pfarrer eine französische Gemeinde leiten. Weitere Informationen siehe GEKE, about us, URL https://www.leuenberg.eu/about-us/ (3.11.2020).
66 Vgl. GEKE, Migration, 1, URL: https://www.leuenberg.eu/documents/ (3.11.2020).

Council of the Cherubim and Seraphim Churches wurden erste Gespräche geführt, wie eine Kirchengemeinschaft aussehen könnte. Darüber hinaus wurde auch in verschiedenen Regionalgruppen der GEKE über die vier weiter oben gestellten Fragen diskutiert. Der Bericht an der Vollversammlung der GEKE in Basel (13.–28. September 2018) betont, dass dieses Arbeitsfeld in den kommenden Jahren wesentlicher Bestandteil der Aktivitäten der GEKE bleiben soll. Dazu schlägt die Expertengruppe vor, einen Fachbeirat zu gründen, den Dialog mit dem *Unification Council of the Cherubim and Seraphim Churches* fortzusetzen und Dialoge mit anderen Migrantenkirchen aufzunehmen, und die Bedeutung des Engagements für das Thema Migration und Kirchengemeinschaft für andere Projekte zu reflektieren.[67]

An der Vollversammlung in Basel wurden drei Hauptziele beschlossen, die für die Jahre 2020–2024 gelten und mit verschiedenen Massnahmen umgesetzt werden sollen. Diese Ziele zeigen die eingeschlagene strategische Richtung der GEKE. Die evangelischen Kirchen vertiefen die Kirchengemeinschaft, fördern die Einheit der Kirche und dienen der Gesellschaft. Um das zweite Ziel, die Einheit der Kirche, zu erreichen, wird unter anderem eine Massnahme beschlossen, die auf die Arbeit der Expertengruppe Migration und Kirchengemeinschaft zurückgeht und die für die Zusammenarbeit zwischen Landeskirchen und Migrationskirchen auch in der Schweiz richtungsweisend werden kann:

«Die GEKE strebt Kirchengemeinschaft mit weiteren Kirchen an. Die GEKE lebt das Modell einer Kirchengemeinschaft, die offen ist für weitere Kirchen, die das gemeinsame Verständnis des Evangeliums teilen. Die GEKE führt daher weiterhin Gespräche mit verschiedenen evangelischen Kirchen, insbesondere in Nordeuropa, und auch mit solchen, die aus der Migration nach Europa entstanden sind. Die Erkundungsgespräche führt der Fachbeirat für Migration und Kirchengemeinschaft.»[68]

Würde ein Fachbeirat, der solche Erkundungsgespräche für eine allfällige Kirchengemeinschaft führt, auch auf der Ebene von Kantonalkirchen oder auf der Ebene der Evangelischen Kirche Schweiz Früchte tragen? Dies gilt es in der Zukunft auszuprobieren. Die strukturellen Möglichkeiten für solche Kirchengemeinschaften wurden jüngst durch die Verfassungsänderung der EKS und auch durch Verfassungsänderungen in manchen Kantonalkirchen geschaffen.

Auf einer europäischen Ebene kümmert sich auch die *Churches' Commission for Migrants in Europe (CCME)* um die Thematik der Migration. Hier handelt es

---

67 Vgl. GEKE, Migration, 3, URL: https://www.leuenberg.eu/documents/ (3.11.2020).
68 GEKE, Ziele 2020–2024, URL: https://www.leuenberg.eu/documents/ (3.11.2020).

sich nicht wie bei der GEKE um eine konfessionell aufgestellte Organisation, sondern um eine ökumenische Kommission, die bereits 1964 gegründet wurde. 36 anglikanische, orthodoxe und protestantische Kirchen aus 19 Ländern und der Ökumenische Rat der Kirchen (ÖRK) und die Konferenz Europäischer Kirchen (CEC) machen in dieser Kommission mit, alle drei Jahre findet eine Generalversammlung statt. Mitglied in der Kommission können Kirchen und Organisationen werden, die mit Mitgliedern der Konferenz Europäischer Kirchen in einer Beziehung stehen oder Kirchen in Europa, die die Ziele der Kommission teilen.

Seit 1999 wurde ihr Mandat erweitert, um das gesamte Gebiet von Migration und Integration, Flucht und Asyl, Rassismus und Fremdenangst abzudecken. Die Kommission kümmert sich um Fragen einer sicheren Reise, Schutz für Flüchtlinge und darum, dass kein Menschenhandel geschieht. Die Kommission setzt sich dafür ein, dass Gemeinden inklusiv gestaltet werden und beobachtet allgemein den Zusammenhang zwischen Migration und Entwicklung. In ihrem *Mission Statement* hält sie fest:

«Die CCME ist eine ökumenische Organisation, die den Kirchen in ihrem Engagement für die Vision einer inklusiven Gemeinschaft dient, indem sie sich für eine angemessene Politik für Migranten und Migrantinnen, Menschen auf der Flucht und Minderheitengruppen auf europäischer und nationaler Ebene einsetzt. In der Erfüllung dieses Auftrags antwortet sie auf die Botschaft der Bibel, die auf der Würde jedes Menschen und auf dem Verständnis von Einheit als frei von jeder Unterscheidung zwischen Fremden und Einheimischen beharrt.»[69]

Die Kommission arbeitet mit vielen Netzwerken und NGOs zusammen, um ihre Ziele zu erreichen und setzt sich in erster Linie mit den praktischen Problemen auseinander, die sich im Zusammenleben verschiedener christlichen Gemeinden ergeben.

Die Konferenz Europäischer Kirchen und die Kommission der Kirchen für Migranten in Europa betonen in einem gemeinsamen Dokument aus dem Jahr 2018, dass die Kirchen sich heute mit dem Einfluss, den Migration auf das kirchliche Leben in lokalen Kontexten hat, auseinandersetzen muss. Das Dokument geht auf eine Konsultation im Dezember 2016 zurück, zwischen der CEC und der CCME mit der evangelisch-lutherischen Kirche in Dänemark.[70] In der

---

69 CCME, Mission statement, URL: https://ccme.eu/index.php/who-we-are/mandate-of-the-commission/ (3.11.2020), Übersetzung CH.

70 In der Konsultation wurde ein Dokument der *Faith and Order*-Kommission des ÖRK besprochen: World Council of Churches, The Church. Vgl. für weitere Informationen

Konsultation wurde festgehalten, dass ethnische und rassische Diskriminierungen in den Kirchen passieren und jetzt anhand des Migrations-Diskurses mehr in den Vordergrund rücken. Dies stelle eine Gefahr für das Kirche-Sein selbst dar und es reiche nicht, in der Gesellschaft gegen Rassismus einzutreten, sondern diese Fragen müssen in den Kirchen selbst angegangen werden. In sechzehn Punkten wird geschildert, wie migratorische Prozesse das Kirche-Sein konstruktiv mitgestalten können.

In einem ersten Abschnitt wird darauf eingegangen, wie stark die Kirchen in Europa von ihren Kulturen geprägt sind. In vielen europäischen Ländern gab oder gibt es ein Landeskirchensystem. Die Konsultation ruft hier berechtigterweise in Erinnerung, dass es pastorale Gründe dafür gibt, Kirchen nach Sprachen oder Kulturen zu gestalten, aber in einem engeren theologischen Sinn, darf das nicht dazu führen, dass es unterschiedliche Rechtsformen von Kirchen gibt, entlang kultureller oder sprachlicher Linien. Christus selbst habe diese Kategorien überwunden.[71] Es ist dringend notwendig, eine Balance zu finden zwischen dem Bedürfnis, in der eigenen Sprache und Kultur zu beten und dem theologischen oder ekklesiologischen Paradigma, als eine inklusive und respektvolle Gemeinschaft, als Körper Christi, zusammenzuleben.

Der zweite Abschnitt widmet sich praktischen Problemen des gemeinsamen Kirche-Seins, die ihren Anfang in der Nomenklatur nehmen. Es wird davor gewarnt, binäre Begriffe zu verwenden, die Gruppen in ein «Wir» und «Sie» aufteilen. Es sollte besser darauf geachtet werden, gegenseitige Abhängigkeiten auszudrücken. Drei Problemfelder werden benannt, die Raumfragen, die Anerkennung der Taufe, welche Entscheidungen im Asylprozess beeinflussen kann, und die Anerkennungsfragen in Bezug auf den Pfarrdienst. Hier wird vorgeschlagen, flexibel zu sein und nicht zu lange auf formale Vereinbarungen zu warten.[72]

Der dritte Teil schliesslich schlägt vor, sich auf die Suche nach Wegen zu machen, wie Diversität und Pluralismus als etwas zur christlichen Spiritualität genuin dazu Gehörendes anzuerkennen wären. Dabei wird gleichzeitig betont, dass auch Formen gefunden werden müssen, welche die Einheit als Geschwister sichtbar machen.[73]

---

der Konsultation 2016: CEC, Being Church, URL: http://www.ceceurope.org/being-church-in-europe-today-migration-through-a-theological-lens/ (4.11.2020)

71 Vgl. CEC/CCME, The Church, 4, URL: https://ccme.eu/wp-content/uploads/2018/11/2018-09-20-MigrationEcclesiologylayout.pdf (4.11.2020).

72 Vgl. a.a.O., 5.

73 Vgl. a.a.O., 6f.

Das Engagement und die Arbeit der CCME macht deutlich: Migration ruft von Seiten der Kirche diakonische Hilfe hervor. Das wird als eine Selbstverständlichkeit vorausgesetzt und biblisch begründet. Die jüngsten Versammlungen der GEKE einerseits und die Konsultation der CCME/CEC mit der dänischen Kirche andererseits weisen aber vor allem auch darauf hin, dass Migration die Kirchen und Kirchenbünde in gleichem Masse dazu aufruft, über theologische und ekklesiologische Fragen nachzudenken, die Migrationsprozesse mit sich bringen.

5.4 Vergleichendes Fazit

Die Ansätze, mit Migrationskirchen umzugehen, sind in der Schweizer Kirchenlandschaft vielfältig. Sie reichen von einem diakonischen Ansatz, der vor allem im Raum-Geben Gehör findet, bis zu Bemühungen in Richtung einer gelebten Migrationsökumene oder interkultureller Gemeinden. Vor allem durch den europäischen Vergleich ist aber auch deutlich geworden, dass in der Evangelisch-reformierten Kirche der Schweiz und in vielen Kantonalkirchen die Dringlichkeit der Thematik Migration noch nicht voll und ganz erkannt wurde. Es werden in erster Linie praktische Fragen bearbeitet, ekklesiologische oder theologische Fragen finden weniger Beachtung. Und nach wie vor gehört das Thema Migrationskirchen und wie die Beziehungen mit ihnen gelebt werden, wie sich Kirchen interkulturell öffnen können, wollen oder sollen, zu den Nischen-Themen, um die sich wenige Spezialisten und Spezialistinnen kümmern. Oder das Thema wird gänzlich der freikirchlichen Szene überlassen. Aber: Wegschauen geht nicht mehr. Das Christentum in der Schweiz diversifiziert sich mehr und mehr aus und auch die Kirche tut gut daran, dies zur Kenntnis zu nehmen und sich vor allem auch darauf vorzubereiten. Die Thematik nur an Spezialistinnen oder eigens dafür ausgebildete Brückenmenschen zu delegieren, wird langfristig nicht funktionieren. Die Thematik muss breiter in den Kirchen verankert werden.

Wenn in den Schweizer reformierten Kirchen das Thema Migration behandelt wird, geht es oft um diakonische Überlegungen und Handlungen. Die Migrations-Thematik ist aber umfassender anzupacken, die ökumenische und ekklesiologische Dimension, welche Migration in Form von Migrationskirchen mit sich bringt, gilt es dringend zu bearbeiten. Hier können wir festhalten, dass die Beziehung zwischen schweizerischen reformierten Kirchen und Migrationskirchen zwischen den beiden Polen der «ökumenischen Konnektivität» und der «interkulturellen Öffnung» hin und her schwingt. Unterschiedliche Formationen von Kirchen treten miteinander in Beziehung, begegnen sich und leben vielleicht auch eine Form von Einheit in Verschiedenheit. Wir haben für ökumenische Konnektivitäten auf kirchgemeindlicher Ebene in Kapitel drei bereits einige mögliche Beziehungsmodelle gesehen. Wichtig ist hier, darauf hinzuweisen, dass das in der Ökumene Auf-den-Anderen-Zugehen, mit ihm in Beziehung zu treten, ein Unterfangen ist, das für Migrationskirchen und einheimische Kirchen gleichermassen schwierig ist und teilweise grosse Überwindung braucht. Weiter wichtig scheint mir, ins Bewusstsein zu rücken, dass es nicht überall und für alle Gemeinden um eine interkulturelle Öffnung gehen kann. Manche Formationen erfordern schlicht und einfach ein verbundenes Nebeneinander. Darüber hinaus muss betont werden, dass es für eine interkulturelle Öffnung einer Gemeinde oder Kirche keine Patentlösungen gibt. Eine solche Öffnung muss massgeschneidert sein, Nähe und Distanz müssen jeweils neu ausgehandelt werden.

Mit dem Bild der Trinität, das die Wesenseinheit Gottes in den drei unterschiedlichen Personen Vater, Sohn, Heiliger Geist verdeutlicht, leite ich über zu den Schlussempfehlungen für eine Zusammenarbeit zwischen zugewanderten und einheimischen Kirchen im evangelischen Umfeld in der Schweiz. Dieses Bild scheint mir passend zu sein, um das Verhältnis von Einheimischen und Zugewanderten zu beschreiben: Bleibend verschieden, aber dennoch bleibend aufeinander bezogen.[74]

5.5 Praktische Schlussempfehlungen für eine gelingende Zusammenarbeit

Konkreten Empfehlungen, was bei der Zusammenarbeit mit Migrationskirchen in Zukunft verstärkt bedacht werden soll, schicke ich drei allgemeinere Beobachtungen im Bereich Migration und Kirche voraus.

Erstens, so denke ich, kann die Kirche für gesellschaftliche Prozesse des interkulturellen Zusammenlebens eine Vorbildfunktion einnehmen. Die Kirche erscheint geradezu als ideales Feld, Prozesse einer pluralisierten Gesellschaft auszuprobieren. In einem geschützten, vorgegebenen Rahmen kommen unterschiedliche Menschen zusammen, feiern Gemeinschaft und gehen wieder auseinander. Grund und Kraft die vielleicht entstehenden Spannungen auszuhalten findet die Kirche in ihrem Dasein als ein «Zwischen-Volk», in dem nicht ethnische Kategorien Hauptmerkmale sind, sondern Religion und Glaube die Men-

---

74 Vgl. Keßler, Trinitarische Ekklesiologie, 39.

schen zu einem Volk vereint.[75] Hauptmerkmal dieses Zwischen-Volkes ist die Einsicht, dass der Mensch auf Erden keine bleibende Stadt hat. Wir sind alle, egal ob einheimisch, zugewandert, durchreisend, nur zu Gast auf der Erde.

Zweitens gilt es in Zukunft die Themen Migration, Migrationskirchen, Flucht besser auseinanderzuhalten. In der kirchlichen Arbeit werden alle Bereiche zu stark miteinander vermischt. Sie sollen miteinander verbunden sein, aber auch getrennt voneinander behandelt werden. Denn es handelt sich um Themen, die unterschiedliche Strategien und Massnahmen erforderlich machen. Auffallend ist, dass es den einheimischen Kirchen oft relativ leicht fällt, auf Flucht-Thematiken mit diakonischen Angeboten zu reagieren. Auf der anderen Seite aber wird das Thema Migration und Kirche, das zu dogmatischen, ökumenischen und ekklesiologischen Fragen führt, oft hintangestellt. Die Thematik der Migrationskirchen und der Interkulturalität ist dringend stärker in die Ökumene-Arbeit der Kirchen in der Schweiz einzubinden. Und zwar auf allen Ebenen, auf der Ebene der Kirchgemeinde, über die Ebene der Kantonalkirchen bis zur Ebene der Evangelischen Kirche der Schweiz.

Drittens ist in der Arbeit der Kirche im Zusammenhang mit der Thematik der Migration ein Abschied von binärem Denken erforderlich. Es gilt verstärkt die Nomenklatur zu hinterfragen und Differenzkategorien aufzudecken. Wo tragen Kategorien wie Nationalität, Migration, Integration, Kultur oder Konfession dazu bei, das komplexe Bild zu differenzieren? Wo verstetigen sie Differenzen oder produzieren sie gar selbst neue Differenzen?[76] Es gilt, in der kirchlichen Arbeit und in kirchlichen Gremien solche sogenannten *othering*-Prozesse aufzudecken und zu hinterfragen. Ein Abschied von einem binären Denken, das auf Eindeutigkeit zielt, bedingt, dass Mehrdeutigkeiten verstärkt akzeptiert und ausgehalten werden müssen. Es ist nicht alles einfach in schwarz und weiss aufzuteilen, auch das kirchliche Leben findet oft in mehrdeutigen Grautönen statt. Unterschiedliche Erwartungen und Ansprüche müssen also unter einen Hut gebracht werden. Widersprüche müssen ausgehalten werden und es gilt, sich auf die Suche nach Chancen zu machen, die solche Mehrdeutigkeiten hervorbringen.

---

75 Im zweiten Jahrhundert werden die Christen als *tertium genus* bezeichnet. Vgl. zur Schrift an Diognet, Vollenweider, Christians, 294–298. Zur Verwendung dieses Bildes hat mich Johannes Weth inspiriert, in seinem Beitrag im Sammelband des Forschungsnetzwerks «Begegnung mit dem globalen Christentum vor Ort. Migrationskirchen in Niedersachsen», der Ende 2021 bei der Evangelischen Verlagsanstalt in Leipzig erscheint. Vgl. Weth, Spannungsfelder.

76 Ich beziehe mich hier auf Johannes Weth, der darauf hinweist, dass es dringend nötig ist, mit theologischen Bildern und Kategorien solche Zuschreibungen zu weiten. Vgl. Weth, Theologische Perspektivwechsel, 6–9.

Diese drei Beobachtungen sind im Kontakt mit Migrationskirchen immer im Blick zu behalten. In der Zusammenarbeit mit Migrationskirchen sind dann meiner Meinung nach insbesondere die folgenden fünf Punkte zu berücksichtigen.

Auf der Ebene der Kirchgemeinden muss *erstens* jede Partei wissen, was sie tut. Jedes Partnerschaftsmodell ist in Ordnung, es muss aber allen Beteiligten klar sein, worum es geht. Geht es um eine verbindliche Partnerschaft, um eine punktuelle Zusammenarbeit oder um eine Raumvermietung? Eine Zusammenarbeit ist zum Scheitern verurteilt, wenn die unterschiedlichen Parteien mit einer anderen Vorstellung in die Zusammenarbeit einsteigen oder sich die Vorstellungen in unterschiedliche Richtungen entwickeln. Dies muss unbedingt zu Beginn und im Verlauf der Zusammenarbeit immer wieder neu geklärt werden.

Zweitens scheint es sinnvoll, ein Ranking von schwierigen und einfachen Dingen in der Zusammenarbeit zu erstellen. Der Grundsatz, dass Liebe durch den Magen geht, kann dabei ganz ernst genommen werden. Das gemeinsame Essen erscheint als ein sehr niederschwelliges Angebot und funktioniert meistens sehr gut. Diesem Umstand ist verstärkt Rechnung zu tragen. Bislang wird das gemeinsame Essen zu wenig reflektiert und in die übrige Zusammenarbeit integriert. Oft stellt das Essen nur einen Nebenschauplatz dar oder die Partner in der Zusammenarbeit werden anhand des Essens exotisiert. Über das Essen gilt es vermehrt auch theologisch nachzudenken und ihm in der Zusammenarbeit einen höheren Stellenwert beizumessen. Dagegen halte ich die vielerorts gefeierten gemeinsamen Gottesdienste für ein eher hochschwelliges Angebot, das meist viel zu früh in Angriff genommen wird. Um gemeinsam einen Gottesdienst zu feiern, müssen meistens auf beiden Seiten viele unterschiedliche Vorstellungen überwunden werden. Die Jugendarbeit schliesslich nimmt in diesem Ranking eine Mittelposition ein. Jugendliche (zumindest in Migrationskirchen) bringen von ihrer Biografie her bereits eine relativ grosse interkulturelle oder auch transkulturelle Kompetenz mit. Ein solches Ranking könnte mit gut gelingenden Beispielen aus der Praxis weiter gefüllt werden. Kantonalkirchliche Stellen, die für die Thematik Migrationskirchen zuständig sind, könnten die Praxisbeispiele im Gespräch mit beteiligten Gemeinden in einem ersten Schritt zusammentragen. Daraus könnte ein Leitfaden (oder eine virtuelle Plattform) mit niederschwelligen und eher hochschwelligen Angeboten erwachsen, der für Gemeinden, die in eine solche migrationsökumenische Zusammenarbeit einsteigen wollen, eine erste Orientierungshilfe darstellt.

Drittens sollte eine Zusammenarbeit von zwei Grundsätzen geprägt sein. Auf beiden Seiten muss es sowohl eine Bereitschaft geben, sich vom anderen irritieren zu lassen, als auch sich seiner Attraktionen bewusst zu werden. Hier gilt es, vor allem die Bereiche der Liturgie und Musik, der Mission und Evangelisation und des Umgangs mit der Bibel im Auge zu behalten.[77] Während in vielen Schweizer Kirchen die Musik in Migrationskirchen grossen Anklang findet, wirkt das Verständnis von Mission, der Umgang mit der Bibel oder die Art des Betens oft irritierend. Könnten Irritation und Attraktion auch einmal umgedreht werden? Könnte der Missionsbereitschaft, dem Gebet oder der Ernsthaftigkeit, die Bibel zu verstehen, auch etwas abgewonnen werden?

Viertens müssen in der Zusammenarbeit Machtfragen angesprochen und Asymmetrien bedacht werden. Von ihren Strukturen und den finanziellen Möglichkeiten her sind reformierte Kirchgemeinden oft in einer ganz anderen Ausgangslage als Migrationskirchen. Wohlstand und Privilegien sind meist ungleich verteilt, das sozioökonomische Gefälle ist gross. Gewisse Ungleichheiten können ausgeglichen werden, andere müssen ausgehalten werden. Die je eigene Position und die Entscheidungen und die Freiheiten, die damit verbunden sind, gilt es aber auf jeden Fall zu reflektieren. Reflexionen in dieser Richtung führen nicht selten dazu, dass Unbewusstes an die Oberfläche kommt. Rassismus und andere Diskriminierungen schwelen nicht selten unbemerkt unter der Oberfläche und verstecken sich hinter Macht- und Gleichstellungsfragen.

Fünftens ist es unausweichlich für eine gelingende Zusammenarbeit, Brückenbauer und Brückenbauerinnen aus- und auch weiterzubilden. Daneben darf aber nicht vergessen werden, dass auch interkulturelle Kompetenzen in Kirchenleitungen dringend benötigt werden. Es reicht nicht aus, die Thematik Migration und Interkulturalität an einzelne Spezialisten und Spezialistinnen zu delegieren, diese Themen sind als Querschnittsthemen auf der Ebene der Kirchenleitungen einzubringen. Nicht jede Kirchgemeinde ist von der Thematik gleich betroffen. Der Kontakt mit Migrationskirchen ist vor allem in Städten und insbesondere über Raumfragen da. Deshalb erscheint es nicht sinnvoll, dass jede Kirchgemeinde sich in der gleichen Art und Weise mit der Thematik auseinandersetzen muss, in strategische Überlegungen aber sollte die Thematik auf jeden Fall Eingang finden.

Zum Schluss wage ich in Bezug auf die Interkulturalität unserer Kirche einen kleinen Blick in die Zukunft. Unsere reformierten Kirchen sind oft homogene und monokulturelle Kirchen. Dieses Konzept wird zu Recht immer stärker infrage gestellt, da es die gesellschaftliche Wirklichkeit nicht mehr abbildet. Sol-

---

77 Bereits 2004 wurden an einer Konferenz der CCME sechs Problemfelder formuliert, die es in der Zusammenarbeit mit Migrationskirchen im Auge zu behalten gilt: Liturgie und Musik; Mission, Evangelisation, Zeugnis; Kultur; Bibel lesen; multikultureller kirchlicher Dienst; Bildung und Ausbildung. Vgl. Reformierte Kirchen Bern-Jura-Solothurn, Zusammen Kirche, 9–15.

che homogenen und monokulturellen Kirchen stellen aber auch Schutzräume dar, insbesondere für Migrationskirchen aber auch für Schweizer Kirchen. Es gilt hier durchaus immer wieder zu fragen, warum und für wen solche monokulturellen Schutzräume notwendig sind und ob sie auch durch andere Konzepte abgelöst werden können. Gleichzeitig halte ich es für angebracht, dass unsere Kirchen in der Schweiz Kirche-Sein in vielfältigen Formen leben. Monokulturelle Schutzräume müssen nicht einfach überall und unbedingt verlassen werden, sondern können auch bestehen bleiben. Sie sollten aber unbedingt vermehrt miteinander in Beziehung treten. In diesen Beziehungen wird das gute Nebeneinander in multikulturellem Dialog gesucht. Dies scheint mir ein wichtiger Schritt zu sein, den es insbesondere für die Schweizer reformierten Kirchen an manchen Orten erst zu wagen, an anderen Orten zu vertiefen gilt. Manchmal bilden sich durch und dank solchen multikulturellen und durchaus ökumenischen Beziehungen interkulturelle oder auch transkulturelle Räume – Zwischenräume, in denen die kulturellen Herkunftsprägungen stärker vermischt werden und Dinge voneinander übernommen werden. Monokulturelle Kirchen könnten aber vor allem auf der Gemeindeebene nach wie vor angebracht sein, während die Ebene der Kantonalkirchen interkulturell oder gar transkulturell wird.

Angesichts der Vielfalt von Migrationskirchen und der Situation der Schweizer Kirchen ist das gleichzeitige Nebeneinander verschiedener Beziehungskonstellationen zwischen kantonalkirchlichen Gemeinden und Migrationskirchen durchaus angezeigt. Betont werden soll hier aber noch einmal, dass der ökumenische Diskurs in der Schweiz unbedingt erweitert werden muss. Einerseits um Gesprächspartner (Migrations- und Freikirchen), andererseits aber auch in seiner Beschaffenheit. Das Erleben von christlicher Gemeinschaft, auch mit solchen, die nicht eine juridisch verstandene Einheit anstreben wollen, sollte meines Erachtens stärker in den Vordergrund rücken. Ein in der jüngeren Vergangenheit bekannt gewordenes Vorbild dafür könnte das *Global Christian Forum* sein, das seit der Jahrtausendwende grössere und auch kleinere Konsultationen abhält.[78] Der ehemalige Generalsekretär des ÖRK, Konrad Raiser, regte die Initiative zu einem solchen Forum an, das andere Arten multilateraler Beziehungen zwischen Kirchen ermöglicht. Dadurch können sich auch evangelikale, Pfingstkirchen und die Römisch-katholische Kirche, die nicht Mitglieder des ÖRK sind und es auch nicht werden möchten, an der Ökumene beteiligen.

---

78 Das *Global Christian Forum* betreibt eine Webseite, auf der die wichtigsten Informationen zusammengefasst werden, die Geschichte nachgelesen und ein Newsletter abonniert werden kann. Vgl. Global Christian Forum, URL: https://globalchristianforum.org/ (27.11.2020).

Das Forum soll ein Raum sein, nicht eine Institution.[79] Der Forumsgedanke könnte meines Erachtens gut auch auf eine lokale Ebene heruntergebrochen werden und würde unsere ökumenischen Beziehungen vor Ort beleben.[80] Das *Global Christian Forum* zeigt, dass religiöse Vielfalt religiöse Lebendigkeit fördert und nicht einfach als eine Zersplitterung wahrgenommen werden sollte. Es geht um eine relative freie Zusammenarbeit nach der Art eines runden Tischs. Ich rufe dazu noch einmal das Bild des Treppenhauses in Erinnerung, in dem man aus verschiedenen Räumen zusammenkommt und bei dem die Mitte definiert werden muss. Das Forum basiert primär auf dem Hören von Erfahrungen der anderen und auf einer geteilten Spiritualität. Dies scheint für die Zukunft richtungsweisend. Die offene Weite des Forums stellt ein Gegengewicht dar zur institutionalisierten Ökumene. Das Forum als Netzwerk ist dynamisch, flexibel und zeichnet sich durch flache Hierarchien aus. Einheit kann in diesem Forum ganz verschieden verstanden werden.

---

79 Im *Global Christian Forum* kommt eine grosse Vielfalt an christlichen Traditionen zusammen, die einander sonst nicht begegnen. Hier waren erstmals Pfingstkirchen in einem grösseren Massstab in interkonfessionelle Prozesse involviert. Für eine Auseinandersetzung mit dem *Global Christian Forum*, dessen Zielen und unterschiedlichen Phasen empfehle ich die knappe Darstellung von Höschele, Global Christian Forum, 118–123.

80 Damit schliesse ich mich einer Idee von Andreas Heuser an, der von einem *Local Christian Forum* spricht. Vgl. Heuser, Noch weithin unbekannte Nachbarn, 387.

Anhang

Karte religiöser Migrationsgemeinden im Kanton Aargau

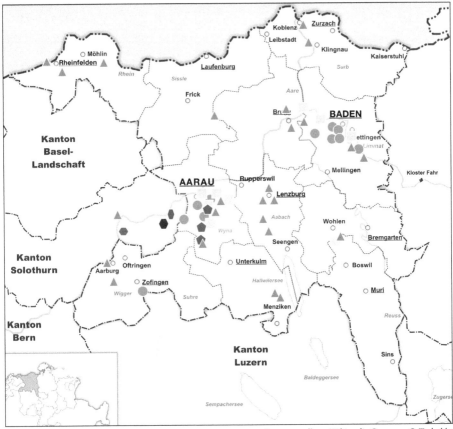

Kartengrundlage: Wikimedia Commons © Tschubby

Legende:

- ● Evangelische Migrationskirche
- ▨ Katholische Migrationsgemeinde
- ⬟ Orthodoxe Migrationsgemeinde

- ▲ Moscheegemeinde
- ◖ Wat Srinagarin, thailändischer Tempel in Gretzenbach
- ⬢ Gurdwara der Sikh in Däniken
- ⬣ Sri Manonmani Ampal, Hindutempel in Trimbach

Ballungszentren von religiösen Migrationsgemeinden in den beiden Kleinstädten Aarau und Baden

Liste Migrationskirchen und -gemeinden im Kanton Aargau

Katholische Migrationsgemeinden:
- Kroatischsprachige Mission, Aarau
- Albanischsprachige Mission, Aarau
- Missione Cattolica Italiana (Aarau, Brugg, Wettingen, Wohlen)
- Spanischsprachige Mission, Aarau
- Portugiesischsprachige Mission, Baden
- Polen Seelsorge Aargau

Neuere evangelische Migrationsgemeinden:
- Church of the Living God Aarau (Gemeinschaft von Vineyard)
- Arabische Gemeinde EMK Aarau (https://www.arabischegemeinde.org)
- church alive, Aarau (Schweizer Freikirche mit mehrsprachigem Gottesdienst, https://www.churchalive.ch)
- Christ International Church, Baden (https://www.cichurch.org)
- Les Messagers de la Nouvelle Alliance, Baden
- La Mission Evangélique Béthesda, Wettingen (https://www.lameb.ch)
- Evandjeoska Crkva Dobra Vest, Baden (http://www.dobravest.ch)
- Iglesia Latina Zofingen (eine Untergruppe der reformierten Kirchgemeinde Zofingen)

Historische evangelische Migrationsgemeinden:
- Eglise Française en Argovie (Kleinstgemeinden in verschiedenen Aargauer Städten)
- Protestantische Kirchgemeinde ungarischer Sprache, Baden (https://www.protestans.ch)

Orthodoxe Migrationsgemeinden:
- Eriträisch-orthodoxe Trinitatisgemeinde, Aarau
- Eine zweite eriträisch-orthodoxe Gemeinde in Unterentfelden
- Syrisch-orthodoxe Gemeinde in Oberentfelden
- Orthodoxe Gemeinde der Freien Rumäner, Baden

Die Liste erhebt keinen Anspruch auf Vollständigkeit! Stand 25. Mai 2020

Tabelle Migrationskirchen und -gemeinden im Kanton Aargau nach Hauptmerkmalen

	Arabische Gemeinde EMK	Christ International Church	Church Alive	Church of the Living God	Eglise réformée de langue française	Eritreisch-orthodoxe Trinitatisgemeinde	Iglesia Latina	La Mission Evangélique Béthésda	Les Messagers de la Nouvelle Alliance	Missione Cattolica di Lingua Italiana
Gründungsjahr und -anlass	2002 Arabischer Bibelkreis entsteht 2008 arabischer Gottesdienst wird angeboten 2016 arabische Gemeinde wird als EMK-Gemeinde anerkannt	2004 Innere Berufung des Pastors; Abspaltung der Lighthouse Chapel International	2004 Entwicklung aus einer pfingstlerischen Freikirche heraus	2010 Bibelkreis beginnt, entwickelt sich schnell zu einer grossen Gemeinde, auch dank Freundschaft mit Vineyard-Pastor	1942 Tradition französischer Gottesdienste geht bis ins 17. Jahrhundert zurück, Ergänzung zu bestehenden landeskirchlichen Angeboten	Seit 2009 gibt es eritreisch-orthodoxe Gottesdienste, seit 2012 als Verein organisiert	Ca. 2013, aus Versuch spanischsprachiger GD in reformierter Kirche entwickelt sich Konzept vier verschiedener «Fiestas», spanischsprachige Spielgruppe	Seit den 1990er-Jahren werden Gottesdienste gefeiert	2007 Anfang als Gebetszelle mit vier Familien, in der Folge entsteht ein wöchentlicher Sonntagsgottesdienst	Existieren seit vielen Jahrzehnten, in Aarau Anfänge seit 1946, seit 1960 offizieller Sitz der katholischen Mission
Konfession	Evangelisch-methodistisch, überdenominationell	Pentekostal, überdenominationell	Pentekostal, überdenominationell	Überdenominationell, pentekostal	Evangelisch-reformiert	Eritreisch-orthodox (altorientalisch)	Überdenominationell	Überdenominationell, charismatische Elemente	Überdenominationell, pentekostal	Römisch-katholisch
Grösse	30–80 Personen besuchen den Gottesdienst, ca. 10 Personen sind auch formal Mitglied in der EMK	Ca. 120 Personen, es gibt keine formale Zugehörigkeit, im Gottesdienst sind rund 50 Leute anwesend	300–350 Personen, rund 200 besuchen jeweils den Gottesdienst	100–150 Personen besuchen den Gottesdienst	Sehr wenige Mitglieder in vier Gemeinden	Ca. 200 Personen besuchen den Gottesdienst, an Festen bis zu 1000	Rund 30 Familien gehören zur Iglesia dazu	In den letzten 10 Jahren nur wenig neue Mitglieder, rund 30 Personen besuchen den Gottesdienst	Rund 30 Personen besuchen den Gottesdienst	4200 Familien (eingebürgerte Italiener/-innen sind in dieser Zahl nicht enthalten, besuchen aber die Angebote)

	Arabische Gemeinde EMK	Christ International Church	Church Alive	Church of the Living God	Eglise réformée de langue française	Eritreisch-orthodoxe Trinitatis-gemeinde	Iglesia Latina	La Mission Evangélique Bethésda	Les Messagers de la Nouvelle Alliance	Missione Cattolica di Lingua Italiana
Wer kommt?	Arabisch sprechende Menschen, unterschiedliche konfessionelle Hintergründe	Internationales Publikum, Mehrheit aus verschiedenen afrikanischen Ländern	Junge Schweizer und Schweizerinnen, grosse Latino-Gruppe, vereinzelt andere Migranten und Migrantinnen	Eritreer und Eritreerinnen, meist Asylbewerbende, junge Menschen, einzelne Personen, die von der Frömmigkeit angesprochen sind, aber kein Tigrinya sprechen	Ältere Menschen, die Französisch sprechen, vereinzelt afrikanische Migranten und Migrantinnen, aber vor allem zu den diakonischen Angeboten der Kirche	Orthodoxe Eritreer und Eritreerinnen in traditioneller Gottesdienstkleidung (weisse Tücher), viele junge Menschen, meist Asylbewerbende	V. a. Frauen aus Lateinamerika mit ihren Kindern, viele leben in bi-nationaler Partnerschaft, verschiedene Generationen, aus unterschiedlichen Ländern	Menschen aus verschiedenen frankofonen afrikanischen Ländern, fast alle haben Aufenthaltsbewilligung, manche bi-nationale Paare	95 % aus frankofonem Afrika, integrierte Familien in der Schweiz	Italiener und Italienerinnen, teilweise bereits Eingebürgerte, immer wieder auch neu Zugezogene
Zusammenarbeit	Gehören zur Evangelisch-methodistischen Kirche Schweiz	Sind Mitglied in der Evangelischen Allianz Baden, internationale Verbindungen nach Nigeria, USA	Mitglied in der Evangelischen Allianz Aarau, Hillsong, Eurolead	Gemeinschaft der Vineyard Aarau, Mitglied in der Allianz der eritreisch-charismatischen Kirchen in der Schweiz	Reformierte Kirche Aargau, NGOs	Wenig Berührung mit der reformierten Kirchgemeinde, in deren Gebäude sie eingemietet sind, ein gemeinsamer GD pro Jahr	Iglesia Latina befindet sich unter dem Dach der reformierten Kirche	Ein gemeinsamer GD pro Jahr mit den baptistischen Vermietergemeinde. Mitglied in der Evangelischen Allianz Baden Mitglied in der Conférence des Eglises Evangéliques Africaines en Suisse (CEAS)	Arbeitet für sich allein, Kontakt zur Evangelischen Allianz Baden, punktuell Gottesdienste mit der reformierten Kirchgemeinde de Baden	Mit anderen italienischen Missionen im Aargau und in der Schweiz, mit der Schweizer katholischen Schwestergemeinde in Aarau

	Arabische Gemeinde EMK	Christ International Church	Church Alive	Church of the Living God	Eglise réformée de langue française	Eritreisch-orthodoxe Trinitatis-gemeinde	Iglesia Latina	La Mission Evangélique Béthésda	Les Messagers de la Nouvelle Alliance	Missione Cattolica di Lingua Italiana
Leitung und Hierarchie	Pastoren-Ehepaar, zu 50% angestellt von der EMK, gewähltes Leitungsteam, untersteht der Kirchenordnung der EMK und dem Schweizer Vereinsrecht	Pastoren-Ehepaar leitet die Gemeinde, Pastoren der Ableger-Gemeinden gehören auch zum Leitungsteam, haben aber weniger Entscheidungsmacht. Die Kirche wird von einem apostolic overseer begleitet	Pastoren-Ehepaar verantwortlich für Tagesgeschäft und das Team, Vorstand mit 5 Leuten verantwortlich für Verträge, Finanzen usw., externes advisory board	Dreiköpfiges Leitungsteam, einer der Leiter hat eine 10%-Stelle innerhalb der Vineyard	Gehört zur reformierten Landeskirche Aargau. Pfarrer und Diakon mit Kirchenpflege in geteilter Leitung; diakonische Angebote werden von einer Gruppe begleitet	Priester (sofern vorhanden) und Diakone leiten die Gemeinde, Gemeinde als Verein organisiert, Gemeinde kann nur mit Bewilligung aus Eritrea bestehen	Der Pfarrer der reformierten Kirche ist treibende Kraft, die Fiestas werden von einer Gruppe von Freiwilligen organisiert Strukturen noch unklar	Pastor und Älteste leiten die Gemeinde, alle haben daneben noch eine bezahlte Arbeit, als Verein organisiert	Zwei Pastoren für die geistliche Leitung zuständig, Kirchgemeinderat für materielle Dinge zuständig	Gehört zur röm-katholischen Landeskirche Aargau, Doppelstruktur zwischen Missionen und lokalen Pfarreien, Missionar/Seelsorger leitet die Gemeinde
Finanzierung	Beiträge der Gottesdienstbesuchenden, formale Beiträge via EMK, Beitrag der EMK	Beiträge der Gottesdienstbesuchenden, der Zehnte wird abgegeben	Keine formale Mitgliedschaft, Leute geben, was sie können, genaues Budget aufgrund der Einnahmen vom Vorjahr, max 40% für Personal, max 30% für Gebäudekosten	Keine formale Mitgliedschaft, Leute geben, was sie können (festen Betrag, den Zehnten), von Vineyard unterstützt, zahlen aber auch fixen Betrag an Vineyard-Budget	Formale Mitgliedschaft, Kirchensteuer, Reformierte Landeskirche Aargau	Pro Familie Jahresbeiträge zwischen 5 und 20 CHF, Kollekten bei Gottesdiensten, Gewinn bei Festen, Unterstützung durch migratio/katholische Bischofskonferenz	Jährlicher Zuschuss der reformierten Kirchgemeinde Die Anlässe tragen sich zu einem grossen Teil selbst	Spenden der Mitglieder, Zuschuss der reformierten Kantonalkirche	Spenden der Mitglieder	Formale Mitgliedschaft, Kirchensteuer, Römisch-katholische Landeskirche Aargau

	Arabische Gemeinde EMK	Christ International Church	Church Alive	Church of the Living God	Eglise réformée de langue française	Eritreisch-orthodoxe Trinitatisgemeinde	Iglesia Latina	La Mission Evangélique Béthésda	Les Messagers de la Nouvelle Alliance	Missione Cattolica di Lingua Italiana
Gottesdienstsprache	Arabisch mit deutscher Flüsterübersetzung, manchmal zweisprachige Gottesdienste mit der Schweizer Schwestergemeinde	Englisch, mit deutscher Simultanübersetzung	Deutsch und Schweizerdeutsch, Simultan-Übersetzung via Kopfhörer in mehrere Sprachen	Tigrinya, Flüsterübersetzung wenn gewünscht	Französisch	Tigrinya und Ge'ez	Spanisch	Französisch	Französisch, viele Lieder in Lingala	Italienisch
Gottesdienstort	EMK Aarau	Bürogebäude in Baden	Kinocenter Ideal Aarau	Vineyard Aarau	In reformierten Kirchgemeinden im Aargau	Eingemietet in der reformierten Kirchgemeinde Aarau	Reformierte Kirchgemeinde Zofingen	Eingemietet bei der baptistischen Gemeinde in Wettingen	Eingemietet in der reformierten Kirchgemeinde Baden	Katholische Kirchen in Aarau, Aarburg, Zofingen, Menziken, Suhr
Auftrag	Arabisch sprechenden Menschen eine Heimat geben, erfahrene Liebe ohne Erwartung weitergeben, persönliche Beziehung mit Jesus aufbauen	International, interkulturell, Botschafter für das Reich Gottes ausbilden, eigenes Ausbildungsprogramm (growth track)	Diese Generation für Gott erreichen, auch Menschen aus anderen Kulturen und Religionen für Gott begeistern	Evangelisierung von Tigrinya sprechenden Menschen in der Schweiz	Wie alle reformierten Kirchgemeinden: Evangelium Jesu Christi in Wort und Tat verkünden: Gottesdienst und Seelsorge, Erwachsenenbildung, kulturelle Anlässe, Begleitungsangebot für Migranten und Migrantinnen	Eritreisch-orthodoxe Liturgie durchführen, spirituelles Leben eritreisch-orthodoxer Christen und Christinnen pflegen, Kinder in den eritreisch-orthodoxen Glauben einführen, Hilfe bei Integrationsfragen	Niederschwellige Angebote für Mütter und Familien, hier kann ein Stück Heimat gelebt werden, geistliche Angebote eher sekundär	Kirche zwischen Fluktuation und Stabilität errichten, Kasualien machen grossen Teil des Gemeindelebens aus, den Glauben wie «zu Hause» leben: Gottesdienste im afrikanischen Stil (Länge und Unstrukturiertheit)	Leitmotiv für die Gemeinde: der gute Samariter. Die Gemeinde will da sein für die anderen, Menschen in Not unterstützen, Evangelisation im Kleinen	Menschen aus Italien kirchlich in ihrer Sprache und Kultur eine Heimat geben, so erleichtert sich auch die Integration

	Arabische Gemeinde EMK	Christ International Church	Church Alive	Church of the Living God	Eglise réformée de langue française	Eritreisch-orthodoxe Trinitatisgemeinde	Iglesia Latina	La Mission Evangélique Béthésda	Les Messagers de la Nouvelle Alliance	Missione Cattolica di Lingua Italiana
Theologische Inspirationsquellen	EMK	Sunday Adelaja, Church of the Highlands	Church of the Highlands, Eurolead, Hillsong	Vineyard, eritreische Prediger und Predigerinnen				Hillsong Alain Moloto	Porte Ouverte Mulhouse Start Up Ministries Yverdon	
Besonderheiten	Pastoren-Ehepaar hat eine theologische Ausbildung am TDS Aarau durchlaufen	Gemeinde hat Ableger in Bern und Basel	Schweizer Freikirche mit interkultureller Öffnung	Wollen langfristig eine interkulturelle Kirche sein: Taufevent, Jugendprogramm, Begleitsystem bereitet darauf vor	Gehört zu den ältesten Migrationskirchen in der Schweiz, Veränderung durch neue Migrationsgruppen?	Orthodoxe Kirchen haben eine unterschiedliche Vorstellung von heiligen Räumen, Wunsch nach eigenen Räumen besonders gross	Spielgruppe ist der Kern, sozial-integratives Projekt aus dem mehr und mehr spirituelle Angebote erwachsen, konfessionelle Grenzen verschwimmen	Erste afrikanische Kirche in der Schweiz, zweite Generation grosses Thema	Halten wenig von lokaler Verankerung oder der Vernetzung mit anderen afrikanischen Kirchen in der Schweiz, Versuchen sich in pentekostalen Netzwerken zu beheimaten	Missionen können auf eine bestehende Kirchenstruktur in Ortspfarreien zurückgreifen; Missionen als Gemeinden auf Zeit gegründet, blieben aber bestehen

Literaturverzeichnis

Adogame, Afeosemime und Shobana Shankar, Hg. *Religion on the Move! New Dynamics of Religious Expansion in a Globalizing World.* International studies in religion and society, Bd. 15. Leiden: Brill, 2013.

Albisser, Judith. «Ergebnisse der Studie ‹Christliche Migrationsgemeinden in der Schweiz›». In *Kirchen in Bewegung: Christliche Migrationsgemeinden in der Schweiz,* hg. von Judith Albisser und Arnd Bünker, 15–110. St. Gallen: edition spi, 2016.

Alexander, Kimberley E. *Models in Theology and Practice.* Blandford Forum: Deo Publishing, 2006.

Arens, Edmund, Martin Baumann, Antonius Liedhegener, Wolfgang W. Müller und Markus Ries, Hg. *Religiöse Identitäten und gesellschaftliche Integration.* Religion – Wirtschaft – Politik. Zürich: Pano Verlag, 2017.

Balke, Bendix. «Religiöse Zugehörigkeit von Zugewanderten. Zahlen und Hintergründe». *Interkulturelle Theologie* 46, Nr. 1 (2020): 112–134.

Baumann, Martin. «Götter, Gurus, Geist und Seele: Hindu-Traditionen in der Schweiz». In *Eine Schweiz – viele Religionen,* hg. von Martin Baumann und Jörg Stolz, 223–237. Bielefeld: transcript Verlag, 2007.

Baumann, Martin. «Religion: ‹Wer baut, der bleibt›. Interview mit Prof. Martin Baumann in der «Neuen Luzerner Zeitung» vom 12. Dezember 2009. URL: https://www.unilu.ch/fileadmin/fakultaeten/ksf/institute/zrf/dok/KTM/NLZ_091212_Interview_Baumann.pdf (15.12.2020).

Baumann, Martin. «Religion als Ressource und Konfliktpotential in Europa. Analytische Perspektiven auf Immigration, Gemeinschaft und Gesellschaft». In *Religion im Wandel. Transformation religiöser Gemeinschaften in Europa durch Migration. Interdisziplinäre Perspektiven,* hg. von Regina Polak und Wolfram Reiss, 49–74. Göttingen: Vandenhoeck & Ruprecht, 2015.

Baumann, Martin. «Zivilgesellschaftliche Akteure für Integration? Zur Rolle von Religion und religiösen Gemeinschaften bei Flucht, Zuwanderung und gesellschaftlicher Integration». In *Migration, Flucht, Vertreibung – Orte islamischer und christlicher Theologie,* hg. von Christian Ströbele, Mohammad Gharaibeh, Anja Middelbeck-Varwick, Amir Dziri, 39–56. Stuttgart: Verlag Friedrich Pustet, 2018.

Baumann-Neuhaus, Eva. *Glaube in Migration: Religion als Ressource in Biographien christlicher Migrantinnen und Migranten.* St. Gallen: edition spi, 2019.

Baumer, Iso. «Einheit und Vielfalt der Ostkirchen in der Schweiz: Orthodoxe, alt-orientalische und ostkatholische Kirchen». In *Eine Schweiz – viele Religionen,* hg. von Martin Baumann und Jörg Stolz, 160–174. Bielefeld: transcript 2007.

Becker, Dieter, Hg. *Mit dem Fremden leben: Perspektiven einer Theologie der Konvivenz. Theo Sundermeier zum 65. Geburtstag.* Missionswissenschaftliche Forschungen. Neue Folge, Bd. 11–12. Erlangen: Erlanger Verlag für Mission und Ökumene, 2000.

Behloul, Samuel M. und Stéphane Lathion. «Muslime und Islam in der Schweiz: viele Gesichter einer Weltreligion». In *Eine Schweiz – viele Religionen,* hg. von Martin Baumann und Jörg Stolz, 193–207. Bielefeld: transcript Verlag, 2007.

Behloul, Samuel M., Susanne Leuenberger und Andreas Tunger-Zanetti, Hg. *Debating Islam. Negotiating Religion, Europe and the Self*. Bielefeld: transcript Verlag, 2013.

Bergunder, Michael. *Die südindische Pfingstbewegung im 20. Jahrhundert. Eine historische und systematische Untersuchung.* Studien zur interkulturellen Geschichte des Christentums Bd. 113. Frankfurt a. M.: Peter Lang, 1999.

Bereich OeME-Migration der Reformierten Kirchen Bern-Jura-Solothurn, Hg. *Gottes Volk hat viele Farben. Migrationskirchen als Herausforderung und Chance für die Reformierten Kirchen Bern-Jura-Solothurn*, Bern 2017. URL: https://www.refbejuso.ch/fileadmin/user_upload/Downloads/OeME_Migration/Migration-Integration/OM_2017_Gottes_Volk_hat_viele_Farben.pdf.

Bhabha, Homi K. *Die Verortung der Kultur*. Stauffenburg Discussion. Tübingen: Stauffenburg Verlag, 2000.

Bieler, Andrea. *Gottesdienst Interkulturell. Predigen und Gottesdienst feiern Im Zwischenraum*. Christentum heute, 9. Stuttgart: Kohlhammer Verlag, 2008.

Bowler, Kate. *Blessed*. New York: Oxford University Press USA, 2013.

Breidenstein, Georg, Stefan Hirschauer, Herbert Kalthoff und Boris Nieswand. Ethnografie. Die Praxis der Feldforschung, München: UVK Verlag, ³2020.

Brown, Candy Gunther. «Introduction: Pentecostalism and the Globalization of Illness and Healing». In *Global Pentecostal and Charismatic Healing*, hg. von Candy Gunther Brown, 3–26. Oxford/New York: Oxford University Press, USA, 2011.

Brown, Candy Gunther. «Afterword». In *Global Pentecostal and Charismatic Healing*, hg. von Candy Gunther Brown, 371–378. Oxford/New York: Oxford University Press USA, 2011.

Brown, Candy Gunther. *Testing Prayer. Science and Healing.* Cambridge, Mass: Harvard University Press, 2012.

Bühlmann, Matthias. «Heilung durch Gebet – kann Gott durch jeden Menschen heilen?». In *Heilen und Heilung: Handauflegen, Segnen und Salben in Kirche und Seelsorge*, hg. von Christian Metzenthin und Susanne Meyer, 43–48. Beiträge zu Theologie, Ethik und Kirche. Zürich: TVZ, 2019.

Bultmann, Rudolf. *Neues Testament und Mythologie. Das Problem der Entmythologisierung der neutestamentlichen Verkündigung*. Nachdr. d. 1941 ersch. Fassung hg. von Eberhard Jüngel. München: Kaiser, 1985.

Bünker, Arnd. «Typen christlicher Migrationsgemeinden und postmigrantische Perspektiven». In *Kirchen in Bewegung. Christliche Migrationsgemeinden in der Schweiz*, hg. von Judith Albisser und Arnd Bünker, 111–130. St. Gallen: edition spi 2016.

Burgmer, Anne. «Das ‹Spiritual Valley› der Schweiz». *Horizonte* 7.9.2014.

Burkhardt, Dietmar. «Kirche Sein im Zwischenraum. Evangelische Kirche vor den Herausforderungen der Migration». *Hessisches Pfarrblatt* 4 (2016): 111–113.

Burkhardt, Friedemann. «Interkulturelle Kirchen- und Gemeindeentwicklung. Überlegungen zur Aufnahme des Aspekts der Interkulturalität in die Debatte um eine zukunftsfähige Kirchentheorie». *ZThK* 115, Nr. 2 (2018): 209–227.

Burkhardt, Friedemann. «Modelle interkultureller Kirchen- und Gemeindeentwicklung». *Pastoraltheologie* 107, Nr. 7 (2018): 307–318.

Campese, Gioacchino. «Mission and Migration». In *A Century of Catholic Mission*, hg. von Stephen Bevans, 247–260. London: Regnum Books, International, 2013.

Caritas/Heks/Integration Aargau. «Da+Dort. Eritrea.» *Unabhängiges aargauisches Magazin für Migrations- und Integrationsthemen*, September 2019.

Castles, Stephen, Hein de Haas und Mark J. Miller. *The Age of Migration: International Population Movements in the Modern World*. 5th ed. Basingstoke: Red Globe Press, 2014.

Copeland, Huey. «Renée Green's diasporic imagination». In *Bound to Appear: Art, Slavery, and the Site of Blackness in Multicultural America*, hg. von Huey Copeland, 152–93. Chicago/London: University of Chicago Press, 2013.

Coste, Hélène. «Einstellung zu Medizinsystemen im alternativreligiösen Feld in der Deutschschweiz. Zwei Fallbeispiele zum exklusiven Gebrauch von Alternativmedizin. In *Was Heilung bringt. Krankheitsdeutung zwischen Religion, Medizin und Heilkunde*, hg. von Thomas Klie, Martin Tulaszewski und Klaus Hock, 61–72. Bielefeld: transcript Verlag, 2019.

Cruz, Gemma Tulud. «Christian Mission and Ministry in the Context of Contemporary Migration». *International Journal of Practical Theology* 20, Nr. 2 (2016): 242–260.

Dalferth, Ingolf U. *Malum. Theologische Hermeneutik des Bösen*. Tübingen: Mohr Siebeck, 2008.

Dalsgaard, Søren. «Modeller for menighed og mission blandt migranter i Danmark.» *Ny Mission* 31 (2016): 133–143. URL: https://issuu.com/danishmissioncouncil/docs/nymssion_31 (4.2.2019).

Dümling, Bianca. *Migrationskirchen in Deutschland: Orte der Integration*. Frankfurt a. M.: Lembeck, 2011.

Dümling, Bianca. «Migrationskirchen in Deutschland». In *Die Zukunft der Kirche in Europa*, hg. von Christiane Moldenhauer und Jens Monsees, 118–130. Beiträge zu Evangelisation und Gemeindeentwicklung, Bd. 22. Neukirchen-Vluyn: Neukirchener Theologie, 2016.

Dümling, Bianca. «Migration verändert die kirchliche Landschaft in Deutschland. Entwicklung und Geschichte der Migrationskirchen.» In *Begegnung in der Glokalität. Christliche Migrationskirchen in Deutschland im Wandel*, hg. von Claudia Rammelt, Esther Hornung und Vasilie-Octavian Mihoc, 77–90. Leipzig: Evangelische Verlagsanstalt, 2018.

Eglin, Anemone. «Handauflegen in der Kirche. Neue Rituale – genährt aus der Kraft der Tradition». In *Heilen und Heilung: Handauflegen, Segnen und Salben in Kirche und Seelsorge*, hg. von Christian Metzenthin und Susanne Meyer, 15–28. Beiträge zu Theologie, Ethik und Kirche. Zürich: TVZ, 2019.

English de Alminana, Margaret. *Women in Pentecostal and Charismatic Ministry. Informing a Dialogue on Gender, Church, and Ministry*. Global pentecostal and charismatic studies. Leiden: Brill, 2017.

Ernsting, Heike. *Salbungsgottesdienste in der Volkskirche. Krankheit und Heilung als Thema der Liturgie*, Leipzig: Evangelische Verlagsanstalt, 2012.

Esche, Albrecht. «Reich Gottes heute. Die Wirkungsgeschichte der Blumhardts». *Online-Texte der Evangelischen Akademie Bad Boll*, 2009. URL: https://www.ev-akademie-boll.de/fileadmin/user_upload/04_Akademie/03_Ausstellungen/Esche_Reich_Gottes_heute.pdf (21.8.2020).

Etzelmüller, Gregor. *Was geschieht beim Gottesdienst? Die eine Bibel und die Vielfalt der Konfessionen*. Leipzig: Evangelische Verlagsanstalt, 2014.

Etzelmüller, Gregor. «Krise des Gebets? Protestantische Entwicklungen und Perspektiven». In *Gebetslogik. Reflexionen aus interkonfessioneller Perspektive*, hg. von Johann Hafner, Julia Enxing, André Munzinger, 27–41. Beihefte zur Ökumenischen Rundschau Nr. 103, Leipzig: Evangelische Verlagsanstalt, 2016.

Etzelmüller, Gregor. «Migrationskirchen als ökumenische Herausforderung für Theologie und Kirchen in Deutschland». In *Migrationskirchen. Internationalisierung und Pluralisierung des Christentums*, hg. von Gregor Etzelmüller und Claudia Rammelt, Leipzig: Evangelische Verlagsanstalt, 2021 (in press).

Eulberg, Rafaela. «Temple Publics as Interplay of Multiple Public Spheres: Public Faces of Sri Lankan Tamil Hindu Life in Switzerland». In *Migration and Religion in Europe. Comparative Perspectives on South Asian Experiences*, hg. von Ester Gallo, 111–129. Urban Anthropology. Farnham: Ashgate, 2014.

Evangelische Kirche in Deutschland (EKD), Hg. *Gemeinsam evangelisch! Erfahrungen, theologische Orientierungen und Perspektiven für die Arbeit mit Gemeinden anderer Sprache und Herkunft*. EKD-Texte 119. Hannover: Evangelische Kirche in Deutschland (EKD), 2014.

Fischer, Moritz. «Typologisierung ‹Neuerer Migrationskirchen› als Aufgabe der Interkulturellen Theologie». *Interkulturelle Theologie* 37, Nr. 2–3 (2011): 185–203.

Flick, Uwe. *Qualitative Sozialforschung. Eine Einführung*. 2. Aufl. der vollst. überarb. u. erw. Neuausg. Rororo Rowohlts Enzyklopädie 55694. Reinbek b. Hamburg: Rowohlt Taschenbuch Verlag, 2009.

Foppa, Simon. *Katholische Migrantengemeinden. Wie sie Ressourcen mobilisieren und Handlungsspielräume schaffen*. St. Gallen: edition spi, 2015.

Foppa, Simon. *Kirche und Gemeinschaft in Migration. Soziale Unterstützung in christlichen Migrationsgemeinden*. St. Gallen: edition spi, 2019.

Frederiks, Martha. «Religion, Migration, and Identity. A Conceptual and Theoretical Exploration». In *Religion, Migration, and Identity. Methodological and Theological Explorations*, hg. von Martha Frederiks, 9–29. Theology and mission in world Christianity. Leiden/Boston: Brill, 2016.

Frei, Daniel und Hans-Adam Ritter, Hg. *Du weisst, wer wir sind. Basler Gebetbuch*. Erweiterte Neuausgabe mit Beiträgen aus Migrationskirchen, Zürich: TVZ, 2018.

Geertz, Clifford. *Dichte Beschreibung. Beiträge zum Verstehen kultureller Systeme*. Suhrkamp Taschenbuch Wissenschaft 696. Frankfurt a. M.: Suhrkamp Taschenbuch Verlag, 1987. (englische Originalausgabe 1983).

Gerloff, Roswith I. H. und Gisela Egler. *Das schwarze Lächeln Gottes. Afrikanische Diaspora als Herausforderung an Theologie und Kirche. Beiträge aus 30 Jahren reflektierter Praxis*. Frankfurt a. M.: Lembeck, 2005.

Grünberg, Wolfgang, Dennis Lee Slabaugh und Ralf Meister-Karanikas. *Lexikon der Hamburger Religionsgemeinschaften: Religionsvielfalt in der Stadt von A–Z*. Hamburg: Dölling und Galitz, 1995.

Grünschloss, Andreas. *Der eigene und der fremde Glaube*. Tübingen: Mohr-Siebeck, 1999.

Habermas, Jürgen. *Glauben und Wissen. Rede zum Friedenspreis des Deutschen Buchhandels 2001*, Frankfurt a. M.: Sonderdruck edition Suhrkamp, 2001.

Hanciles, Jehu. *Beyond Christendom. Globalization, African Migration and the Transformation of the West*. New York: Orbis, 2008.

Harfst, Ursula. «Reverse Mission – Deutschland als Missionsland». In *Zusammen wachsen. Weltweite Ökumene in Deutschland gestalten,* hg. von EMW, 29–40. Hamburg: Brekklumer Verlag, 2011.

Härle, Wilfried. «Den Mantel weit ausbreiten. Theologische Überlegungen zum Gebet». In *Spurensuche nach Gott. Studien zur Fundamentaltheologie und Gotteslehre,* von Wilfried Härle, 286–305. Berlin/New York: DeGruyter, 2008.

Hauschildt, Eberhard. «Kirchengemeindeforschung – Congregational Studies. Ergebnisse und Herausforderungen in einem neu entdeckten Feld religionssoziologischer und praktisch-theologischer Aufmerksamkeit». *Pastoraltheologie* 105, Nr. 6 (2016): 246–261.

Haustein, Jörg. «Die Pfingstbewegung als Alternative zur Säkularisierung?». *Archiv für Sozialgeschichte* 51 (2011): 533–52.

Heimbrock, Hans-Günther. «Kultur und Interkulturalität». In *Kirche: Interkulturalität und Konflikt,* hg. von Hans-Günter Heimbrock und Christopher P. Scholtz, 112–119. Berlin: EB-Verlag, 2016.

Heimbrock, Hans-Günter und Christopher P. Scholtz, Hg. *Kirche: Interkulturalität und Konflikt.* Berlin: EB-Verlag, 2016.

Heinemann, Stefan. *Interkulturalität. Eine aktuelle Herausforderung für Kirche und Diakonie.* Neukirchener Theologie. Neukirchen-Vluyn: Neukirchener Verlagsgesellschaft, 2012.

Helfferich, Cornelia. *Die Qualität qualitativer Daten. Manual für die Durchführung qualitativer Interviews.* 3., überarb. Aufl. Lehrbuch. Wiesbaden: VS Verlag für Sozialwissenschaften, 2009.

Heuser, Andreas. «‹... Odem einzuhauchen in verdorrtes Gebein ...› Zum Missionsverständnis ausgewählter afrikanischer Kirchen in Hamburg». In *Theologie-Pädagogik-Kontext: Zukunftsperspektiven der Religionspädagogik. Wolfram Weiße zum 60. Geburtstag,* hg. von Ursula Günther, Matthias Gensicke, Christine Müller, Gordon Mitchell, Thorsten Knauth und Rainer Bolle, 269–285. Münster: Waxmann, 2005.

Heuser, Andreas. «Weithin unbekannte Nachbarn». *HerKorr* 4(2007): 212–215.

Heuser, Andreas. «‹Umkehrmission›- Vom Abgesang eines Mythos im Treppenhaus migratorischer Ökumene». *Interkulturelle Theologie* 42, Nr. 1 (2016): 25–54.

Heuser, Andreas. «Noch weithin unbekannte Nachbarn». *SKZ* 186, Nr. 18 (2018): 386–87.

Heuser, Andreas. «Prosperity Theology: Material Abundance and Praxis of Transformation». In *The Routledge Handbook of Pentecostal Theology,* hg. von Wolfgang Vondey, 410–420. Routledge Handbooks in Theology. Abingdon/Oxon/New York: Routledge, 2020.

Heuser, Andreas und Claudia Hoffmann. «Afrikanische Migrationskirchen und ihre selektive ökumenische Konnektivität». *Pastoraltheologie* 107, Nr. 7 (2018): 293–306.

Hoffmann, Claudia. «Migrant Churches in Switzerland and their Networking Strategies». In *Religion and Migration. Negotiating Hospitality, Agency and Vulnerability,* hg. von Andrea Bieler, Isolde Karle, HyeRan Kim-Cragg und Ilona Nord, 93–108. Leipzig: Evangelische Verlagsanstalt, 2019.

Hoffmann, Claudia. «Beziehungsdynamiken in Schweizer Migrationskirchen». In *Migrationskirchen. Internationalisierung und Pluralisierung des Christentums,* hg. von Gregor Etzelmüller und Claudia Rammelt, Leipzig: Evangelische Verlagsanstalt, 2021 (in press).

Hollenweger, Walter J. *Geist und Materie*. München: Kaiser, 1988.

Hollenweger, Walter J. «Nicht Privatsache, sondern Sache der Liturgie. Heil und Heilung als Gabe und Aufgabe der Gemeinde». *WzM* 41 (1989): 408–419.

Hollenweger, Walter J. «Crucial Issues for Pentecostals». In *Pentecostals after a Century. Global Perspectives on a Movement in Transition*, hg. von Allan H. Anderson und Walter J. Hollenweger, 176–191. Sheffield: Sheffield Academic Press, 1999.

Höschele, Stefan. «Das Global Christian Forum. ‹Forum› als Paradigma für die Zukunft der Ökumene». In *Ökumene der Zukunft. Hermeneutische Perspektiven und die Suche nach Identität*, hg. von Stephan Lakkis, Stefan Höschele und Stefanie Schardien, 117–133. Beiheft zur Ökumenischen Rundschau, Nr. 81. Frankfurt a. M.: Verlag Otto Lembeck, 2008.

Jansson, Andreas C. «Zwischen kopernikanischer Wende und trojanischem Pferd. Zum Begriff der *missio Dei*». *Interkulturelle Theologie* 46, Nr. 2 (2020), 401–419.

Jenkins, Philipp. The Next Christendom. The Coming of Global Christianity, Oxford: Oxford University Press, 2002.

Kahl, Werner. *Vom Verweben des Eigenen mit dem Fremden. Impulse zu einer transkulturellen Neuformierung des evangelischen Gemeindelebens*. Studien zu interkultureller Theologie an der Missionsakademie, Bd. 9. Hamburg: Missionshilfe Verlag, 2016.

Kahl, Werner. «Hexenglaube, Flüche und Jesus Power. Irritierende Begegnungen mit dem pfingstlich-charismatischen Christentum Westafrikas in Deutschland». In *Kirche: Interkulturalität und Konflikt*, hg. von Hans-Günter Heimbrock und Christopher P. Scholtz, 121–132. Berlin: EB-Verlag, 2016.

Kahl, Werner. «Die Präsenz von Migrationsgemeinden als Chance zur Revitalisierung und transkulturellen Neukonturierung von Kirche». In *Begegnung in der Glokalität. Christliche Migrationskirchen in Deutschland im Wandel*, hg. von Claudia Rammelt, Esther Hornung und Vasilie-Octavian Mihoc, 185–198. Leipzig: Evangelische Verlagsanstalt, 2018.

Kahl, Werner. «Evangelische Kirche und Internationale Gemeinden: Erfahrungen – Beobachtungen – Reflexionen – Thesen». *epd-Dokumentation* 16–17(2020): 33–41. URL: https://www.ekd.de/ekd_de/ds_doc/20_16_Interkulturelle%20Kirche.%20Strategien%20zur%20Verwirklichung%20der%20Wohngemeinschaft%20Gottes.pdf (15.12.2020).

Kaptijn, Astrid. «Die katholischen Migrantengemeinden». *SKZ* 44 (2011): 699–702.

Kardorff, Ernst von. «Einleitung». In *Handbuch qualitative Sozialforschung: Grundlagen, Konzepte, Methoden und Anwendungen*, hg. von Uwe Flick, Ernst von Kardorff, Heiner Keupp, Lutz von Rosenstiel und Stephan Wolff, 3–10. 2. Aufl. München: Psychologie Verlags Union Beltz, 2012.

Karle, Isolde und Günter Thomas. «Krankheitsdeutung in der postsäkularen Gesellschaft. Eine Einführung in das Problemfeld». In *Krankheitsdeutung in der postsäkularen Gesellschaft. Theologische Ansätze im interdisziplinären Gespräch*, hg. von Isolde Karle und Günter Thomas, 9–22. Stuttgart: Kohlhammer, 2009.

Keßler, Tobias. «Zur Frage des Miteinanders von zugewanderten und einheimischen Katholiken in Deutschland». In *Migration und Flucht. Zwischen Heimatlosigkeit und*

Gastfreundschaft, hg. von Klaus Krämer und Klaus Vellguth, 81–96. Freiburg/Basel/ Wien: Herder, 2018.

Keßler, Tobias. «Trinitarische Ekklesiologie. Communio als Vermittlung von Einheit und Vielfalt». *epd-Dokumentation* 20 (2019): 36–40. URL: https://www.ekd.de/ekd_de/ ds_doc/Neue_Regeln_in_der_Wohngemeinschaft_Gottes.pdf (15.12.2020).

King, Martin Luther. *Stride toward Freedom: The Montgomery Story*. Boston: Beacon Press, 2010.

Knoblauch, Hubert. *Qualitative Religionsforschung. Religionsethnographie in der eigenen Gesellschaft*. UTB 2409. Paderborn: Schöningh, 2003.

Kopfermann, Wolfram. Charismatische Gemeindeerneuerung. Eine Zwischenbilanz. Charisma und Kirche 7/8. Metzingen: Heinzelmann Druckservice, ²1983.

Kraft, Charles H. «Spiritual Warfare: A Neocharismatic Perspective». In *New International Dictionary of Pentecostal and Charismatic Movements*, hg. von Stanley M. Burgess und Ed van der Maas, 1091–1096. Grand Rapids: Zondervan, 2002.

Kuckartz, Udo. *Qualitative Inhaltsanalyse: Methoden, Praxis, Computerunterstützung*. 3., überarb. Aufl. Grundlagentexte Methoden. Weinheim/Basel: Beltz Juventa, 2016.

Kuhlmann, Helga und Stefanie Schäfer-Bossert. *Hat das Böse ein Geschlecht? Theologische und religionswissenschaftliche Verhältnisbestimmungen*. Stuttgart: Kohlhammer, 2006.

Kunz, Ralph, *Theorie des Gemeindeaufbaus. Ekklesiologische, soziologische und frömmigkeitstheoretische Aspekte*. Zürich: TVZ, 1997.

Kunz, Ralph. «‹Sing, bet und geh auf Gottes Wegen›. Spuren einer reformierten Euchologie». In *Beten als verleiblichtes Verstehen. Neue Zugänge zu einer Hermeneutik des Gebets*, hg. von Ingolf U. Dalferth und Simon Peng-Keller, 247–77. Freiburg i. Br.: Herder, 2016.

Kunz, Ralph und Thomas Schlag, Hg. *Handbuch für Kirchen- und Gemeindeentwicklung*. Neukirchen-Vluyn: Neukirchener Theologie, 2014.

Lévinas, Emmanuel. *Totality and Infinity: An Essay on Exteriority*, trans. Alphonso Lingis. Pittsburgh, PA: Duquesne University Press, 1969.

Liechti-Genge, Manuela. «Segnen und Salben». In *Gottesdienst in der reformierten Kirche. Einführung und Perspektiven*, hg. von David Plüss, Katrin Kusmierz, Matthias Zeindler und Ralph Kunz, 489–502. Praktische Theologie im reformierten Kontext, Bd 15. Zürich: TVZ, 2017.

Macchia, Frank D. «Zungen als Zeichen. Wege zu einem sakramentalen Verständnis pfingstlicher Erfahrung.» In *Handbuch pfingstliche und charismatische Theologie*, hg. von Jörg Haustein und Giovanni Maltese, 249–266. Göttingen: Vandenhoeck & Ruprecht, 2014.

Maltese, Giovanni. «Pentekostale Theologie zwischen Triumphalismus und ökumenischen Asymmetrien». *Interkulturelle Theologie* 45, Nr. 4 (2019): 408–436.

Matt, Barbara. «Die zweite Generation von evangelischen Migrationskirchen in Deutschland. Wo findet sie kirchliche Heimat? Prozesse und Perspektiven». In «*Gute Vibes*». *Postmigrantische Glaubensgemeinden als transkulturelle Resonanzräume*, hg. von Werner Kahl, 7–86. Mit Studien von Barbara Matt und Werner Kahl. TIMA 17. Hamburg 2020.

Mayring, Philipp. *Qualitative Inhaltsanalyse: Grundlagen und Techniken*. 12., überarb. Aufl. Weinheim: Beltz, 2015.

Metzenthin, Christian. «Jesus als Heiler. Chancen, Schwierigkeiten und Grenzen des Heilshandelns Jesu als Modell für Kirche und Seelsorge». In *Heilen und Heilung. Handauflegen, Segnen und Salben in Kirche und Seelsorge*, hg. von Christian Metzenthin und Susanna Meyer, 55–70. Zürich: TVZ, 2019.

Meyer, Birgit. *Translating the Devil. Religion and Modernity among the Ewe in Ghana*. Trenton, N. J.: Africa World Press, 1999.

Miller, Donald E. «Introduction: Pentecostalism as a Global Phenomenon» In *Spirit and Power. The Growth and Global Impact of Pentecostalism*, hg. von Donald E. Miller, Kimon H. Sargeant und Richard Flory, 1–19. Oxford/New York: Oxford University Press, 2013.

Nagel, Alexander-Kenneth. «Religiöse Netzwerke: Die zivilgesellschaftlichen Potentiale religiöser Migrantengemeinden». In *Religiöse Netzwerke: Die zivilgesellschaftlichen Potentiale religiöser Migrantengemeinden*, hg. von Alexander-Kenneth Nagel, 11–35. Kultur und soziale Praxis. Bielefeld: transcript Verlag, 2015.

Polak, Regina. *Migration, Flucht und Religion. Praktisch-theologische Beiträge*. Ostfildern: Matthias-Grünewald-Verlag, 2017.

Popovic, Mihailo St. «Kirchenraum, Choreographie, Funktion des Raumes». In *Die Liturgie der Ostkirche. Ein Führer zu Gottesdienst und Glaubensleben der orthodoxen und orientalischen Kirchen*, hg. von Basilius J. Groen und Christian Gastgeber, 47–60. Freiburg/Basel/Wien: Herder, 2012.

Proksch, Brigitte M. «Der äthiopische Ritus». In *Die Liturgie der Ostkirche. Ein Führer zu Gottesdienst und Glaubensleben der orthodoxen und orientalischen Kirchen*, hg. von Basilius J. Groen und Christian Gastgeber, 233–250. Freiburg/Basel/Wien: Herder, 2012.

Röthlisberger, Simon und Matthias D. Wüthrich. *Neue Migrationskirchen in der Schweiz*. SEK-Studie 2. Bern: Verlag Schweizerischer Evangelischer Kirchenbund SEK, 2009.

Sass, Hartmut von. «Unerhörte Gebete? Das Bittgebet als Herausforderung für ein nachmethaphysisches Gottesbild». *NZSTh* 54 (2012): 39–65.

Schiffauer, Werner. «Migration and Religion. A Special Relationship». *Fikrun wa Fann/ Art and Thought* 83 (June 2006). URL: http://www.goethe.de/mmo/priv/1580463-STANDARD.pdf (15.12.2020).

Schmidt, Bettina E. *Einführung in die Religionsethnologie. Ideen und Konzepte*. Reimer Kulturwissenschaften. Berlin: Dietrich Reimer, 2008.

Scholtz, Christopher P. «Teilnehmende Beobachtung.» In *Einführung in die Empirische Theologie: gelebte Religion erforschen*, hg. von Astrid Dinter, Hans-Günter Heimbrock und Kerstin Söderblom, 214–226. UTB Praktische Theologie, Empirie 2888. Göttingen: Vandenhoeck & Ruprecht, 2007.

Seidel, Uwe und Diethard Zils. *Aktion politisches Nachtgebet. Analysen, Arbeitsweisen, Texte und politische Gottesdienste aus Augsburg, Berlin, Bonn-Bad Godesberg, Dinslaken, Düsseldorf, Köln, Osnabrück, Rheinhausen, Stuttgart, Trier und Utrecht*. Wuppertal: Jugenddienst-Verlag, 1971.

Simon, Benjamin. *Afrikanische Kirchen in Deutschland*. Frankfurt a. M.: Lembeck, 2003.

Simon, Benjamin. *From Migrants to Missionaries. Christians of African Origin in Germany*. Studien zur interkulturellen Geschichte des Christentums, Bd. 151. Frankfurt a. M.: Lang, 2010.

Simon, Benjamin. «Identität und Ökumene. Das Beispiel von Christen afrikanischer Herkunft in der europäischen Diaspora». In *Zusammen Wachsen. Weltweite Ökumene in Deutschland gestalten*, hg. von EMW, 86–98, Hamburg: Brekklumer Verlag, 2011.

Simon, Benjamin. «Christliche Gemeinden und Migration». *Deutsches Pfarrerblatt 5* (2011): 255–263.

Sindemann, Kerstin-Katja. «Mönche, Mantra, Meditation: Buddhismus in der Schweiz». In *Eine Schweiz – viele Religionen*, hg. von Martin Baumann und Jörg Stolz, 208–220. Bielefeld: transcript Verlag, 2007.

Smith, James K. A. «Zungen als ‹Widerstandsdiskurs›. Eine philosophische Perspektive». In *Handbuch pfingstliche und charismatische Theologie*, hg. von Jörg Haustein und Giovanni Maltese, 267–295. Göttingen: Vandenhoeck & Ruprecht, 2014.

Söderblom, Kerstin. «Leitfadeninterviews». In *Einführung in die Empirische Theologie. Gelebte Religion erforschen*, hg. von Astrid Dinter, Hans-Günter Heimbrock und Kerstin Söderblom, 254–69. UTB Praktische Theologie, Empirie 2888. Göttingen: Vandenhoeck & Ruprecht, 2007.

Stanley, Brian. *Christianity in the Twentieth Century. A World History*. The Princeton History of Christianity. Princeton, NJ/Oxford: Princeton University Press, 2018.

Sundermeier, Theo. *Konvivenz als Grundstruktur ökumenischer Existenz heute*. In *Ökumenische Existenz heute* hg. von Wolfgang Huber, Dietrich Ritschl und Theo Sundermeier, 49–100, München: Kaiser 1986.

Sundermeier, Theo. *Den Fremden verstehen. Eine praktische Hermeneutik*. Sammlung Vandenhoeck. Göttingen: Vandenhoeck und Ruprecht, 1996.

Tietz, Christiane. «Was heisst: Gott erhört Gebet?». *ZThK* 106 (2009): 327–344.

Vollenweider, Samuel. «Are Christians a New ‹People›? Detecting Ethnicity and Cultural Friction in Paul's letters and early Christianity». *Early Christianity* 8, Nr. 3 (2017): 293–308.

Vivier van-Eetveldt, Lincoln. M. «Zungenreden und Zungenredner». *Die Pfingstkirchen*, hg. von Walter J. Hollenweger, 183–205. Bd. 7. Berlin/Boston: De Gruyter, 2015.

Volf, Miroslav. «Materiality of Salvation: An Investigation in the Soteriology of Liberation and Pentecostal Theologies». *Journal of Ecumenical Studies*, 26, Nr. 3 (1989): 447–467.

Währisch-Oblau, Claudia. «From Reverse Mission to Common Mission ... We Hope». *International Review of Mission* 89, Nr. 354 (2000): 467–483.

Währisch-Oblau, Claudia. «Migrationskirchen in Deutschland. Überlegungen zur strukturierten Beschreibung eines komplexen Phänomens». *Zeitschrift für Mission* 31, Nr. 1–2 (2005): 19–39.

Währisch-Oblau, Claudia. *The Missionary Self-Perception of Pentecostal/Charismatic Church Leaders from the Global South in Europe: Bringing back the Gospel*. Global pentecostal and charismatic studies 2. Leiden: Brill, 2009.

Währisch-Oblau, Claudia. «Material Salvation: Healing, Deliverance, and ‹Breakthrough› in African Migrant Churches in Germany». In *Global Pentecostal and Charismatic Healing*, hg. von Candy Gunther Brown, 61–80. Oxford/New York: Oxford University Press, USA, 2011.

Walls Andrew. «The Ephesian Moment: At the Crossroads in Christian History». In *The Cross-Cultural Process in Christian History: Studies in the Transmission of Faith*, hg. von Andrew Walls, 72–81. Maryknoll: Orbis, 2002.

Walls, Andrew. «The Rise of Global Theologies». In *Global Theologies in Evangelical Perspective. Exploring the Contextual Nature of Theology and Mission*, hg. von Jeffrey P. Greenman and Gene L. Green, 19–34. Downers Grove, IL: IVP Academic. 2012.

Westermann, Claus. *Der Segen in der Bibel und im Handeln der Kirche*. München: Kaiser, 1968.

Welker, Michael. «Das Reich Gottes». *Evangelische Theologie* 52, Nr. 6 (1992): 497–512.

Weth, Johannes. «Theologische Perspektivwechsel für eine interkulturelle Kirche – eine Animation zur Überwindung überkommener Rollenverhältnisse». *epd-Dokumentation* 16–17 (2020): 6–24. URL: https://www.ekd.de/ekd_de/ds_doc/20_16_Interkulturelle%20Kirche.%20Strategien%20zur%20Verwirklichung%20der%20Wohngemeinschaft%20Gottes.pdf (15.12.2020).

Weth, Johannes. «Dynamische und kreative Spannungsfelder interkultureller Ekklesiologie». In *Migrationskirchen. Internationalisierung und Pluralisierung des Christentums*, hg. von Gregor Etzelmüller und Claudia Rammelt, Leipzig: Evangelische Verlagsanstalt, 2021 (in press).

Weyel, Birgit. «Gebet». In *Handbuch Literatur und Religion*, hg. von Daniel Weidner, 236–240. Stuttgart: J. B. Metzler, 2016.

Wimber, John und Kevin Springer. *Power Healing*. San Francisco: Harper & Row, 1987.

Wissmann, Hans. «Ekstase». *Theologische Realenzyklopädie*, 9 (1982). Berlin: Walter de Gruyter: 488–491.

World Council of Churches. *The Church – Towards a Common Vision*. Faith and Order Document No. 214. Geneva: World Council of Churches Publications, 2013.

Wrogemann, Henning. *Den Glanz widerspiegeln. Vom Sinn der christlichen Mission, ihren Kraftquellen und Ausdrucksgestalten. Interkulturelle Impulse für deutsche Kontexte*. Berlin: LIT ²2012.

Yong, Amos. *The Spirit Poured out on all Flesh. Pentecostalism and the Possibility of Global Theology*. Grand Rapids: Baker Academic, 2005.

Zimmerling, Peter. «Krankheit und Krankenheilung. Ein Vergleich zwischen der lutherischen Agende ‹Dienst an Kranken› und dem pfingstlich-charismatischen Programm der Krankenheilung». In *Krankheitsdeutung in der postsäkularen Gesellschaft. Theologische Ansätze im interdisziplinären Gespräch*, hg. von Isolde Karle und Günter Thomas, 563–579. Stuttgart: Kohlhammer, 2009.

Zimmerling, Peter. «Beten jenseits des Verstehens? Charismatische Verleiblichung des Betens». In *Beten als verleiblichtes Verstehen. Neue Zugänge zu einer Hermeneutik des Gebets*, hg. von Ingolf U. Dalferth und Simon Peng-Keller, 278–302. Freiburg i. Br.: Herder, 2016.

Zimmerling Peter. «Zwischen Heil und Heilung. Evangelische Spiritualität und Liturgik unterwegs zur Wiederentdeckung des Körpers». In *Heilen und Heilung. Handauflegen, Segnen und Salben in Kirche und Seelsorge*, hg. von Christian Metzenthin und Susanna Meyer, 29–42. Zürich: TVZ, 2019.

Zulehner, Paul M. *Verbuntung. Kirchen im weltanschaulichen Pluralismus. Religion im Leben der Menschen 1970–2010*, Ostfildern: Schwabenverlag, 2011.

Internetverzeichnis

Adrian, Doro. Die Weltweite Kirche in Basel. URL: https://www.youtube.com/watch?v= N2-aD1lLjb0 (15.9.2020).

Advanced Studies. CAS Interkulturelle Theologie und Migration. URL: https://advanced studies.unibas.ch/studienangebot/kurs/cas-interkulturelle-theologie-und-migration-119780 (23.11.2020).

Arbeitsgruppe «Migrationskirchen» des Stadtverbands. Mietvertrag. URL: http://www. refbejuso.ch/fileadmin/user_upload/Downloads/OeME_Migration/Migration-Integ ration/OM_Inhalte_Mietvertrag.pdf (1.2.2019).

Berliner Institut für empirische Migrationsforschung. Integrationsforschung und Gesellschaftspolitik. URL: https://www.bim.hu-berlin.de/de/abteilungen/integrationsforschung-und-gesellschaftspolitik/ (9.1.2020).

Bildungkirche. Gesamtübersicht. URL: https://www.bildungkirche.ch/weiterbildung/weiter bildungskurse/gesamtubersicht#detail&key=571 (10.6.2020).

Bundesamt für Statistik. Entwicklung der Religionslandschaft. URL: https://www.bfs. admin.ch/bfs/de/home/statistiken/bevoelkerung/sprachen-religionen/religionen.asset detail.11527931.html (11.5.2020).

Bundesamt für Statistik. Religionszugehörigkeit nach verschiedenen Merkmalen. URL: https://www.bfs.admin.ch/bfs/de/home/statistiken/kataloge-datenbanken/tabellen. assetdetail.11607379.html. (5.11.2020).

Bundesamt für Statistik. Religionszugehörigkeit (kantonale Anteile). URL: https://www. atlas.bfs.admin.ch/maps/13/de/15297_3522_107_70/24071.html (11.5.2020).

Christ International Church. Testimonies. URL: https://www.cichurch.org/testimonies (21.8.2020).

CEC – Conference of European Churches. Being Church in Europe today: Migration through a theological lens. URL: http://www.ceceurope.org/being-church-in-europe-today-migration-through-a-theological-lens/ (4.11.2020).

CEC/CCME – Conference of European Churches/ Churches' Commission for Migrants in Europe. The Church – Towards a Common Vision. A response based on the Consultation on Migration and Ecclesiology – Being Church in Europe Today. URL: https://ccme.eu/wp-content/uploads/2018/11/2018-09-20-MigrationEcclesiologylay out.pdf (4.11.2020).

CCME – Churches' Commission for Migrants in Europe. Mission statement. URL: https://ccme.eu/index.php/who-we-are/mandate-of-the-commission/ (3.11.2020).

epd-Dokumentation 16–17/2020. Interkulturelle Kirche. Strategien zur Verwirklichung der Wohngemeinschaft Gottes. URL: https://www.ekd.de/ekd_de/ds_doc/20_16_ Interkulturelle%20Kirche.%20Strategien%20zur%20Verwirklichung%20der%20 Wohngemeinschaft%20Gottes.pdf (15.12.2020).

epd-Dokumentation 20/2019. Neue Regeln in der Wohngemeinschaft Gottes. URL: https://www.ekd.de/ekd_de/ds_doc/Neue_Regeln_in_der_Wohngemeinschaft_Gottes. pdf (15.12.2020)

EKS – Evangelisch-reformierte Kirche Schweiz. Neue Verfassung. URL: https://www.evref.ch/wp-content/uploads/2019/09/02_neue_verfassung_schlussabstimmung.pdf (16.12.2020).

EKS – Evangelisch-reformierte Kirche Schweiz, Migrationskirchen. URL: https://www.evref.ch/themen/migration/migrationskirchen/ (23.11.2020).

Evangelisch-methodistische Gemeinde Baden. Auf Augenhöhe. URL: https://emk-baden.ch/ (20.10.2020).

GEKE – Gemeinschaft Evangelischer Kirchen in Europa. About us. URL: https://www.leuenberg.eu/about-us/ (3.11.2020).

GEKE – Gemeinschaft Evangelischer Kirchen in Europa. Migration und Kirchengemeinschaft. URL: https://www.leuenberg.eu/documents/ (3.11.2020).

GEKE – Gemeinschaft Evangelischer Kirchen in Europa. Ziele 2020–2024. URL: https://www.leuenberg.eu/documents/ (3.11.2020).

Global Christian Forum. URL: https://globalchristianforum.org/ (27.11.2020).

Grow, Strengthen the Church. URL: https://growleader.com/ (28.5.2020).

Inforel. Migrationsamt der Evangelisch-reformierten Kirche. URL: https://www.inforel.ch/i1068e70.html (15.9.2020).

Interkulturell – Arbeitsgemeinschaft der SEA. Beraten. URL: https://interculturel.info/angebote/beraten/ (21.10.2020).

Interkulturell – Arbeitsgemeinschaft der SEA. Bilden. URL: https://interculturel.info/angebote/_bilden/ (21.10.2020).

Interkulturell – Arbeitsgemeinschaft der SEA. Geschichte. URL: https://interculturel.info/ueber-uns/geschichte/ (21.10.2020).

Interkulturell – Arbeitsgemeinschaft der SEA. Vernetzen. URL: https://interculturel.info/angebote/vernetzen/ (21.10.2020).

John Knox Centre International Réformé. Témoigner Ensemble à Genève. URL: http://www.johnknox.ch/programme/temoigner/ (15.9.2020).

KICC – Kingsway International Christian Centre. Branches. URL: https://www.kicc.org.uk/branches/#1439917324148-d956ffc6-46de (5.11.2020).

Kooperationsrat der SBK und der RKZ. Migrantenpastoral in der Schweiz. URL: https://www.migratio.ch/de/wp-content/uploads/sites/9/2020/06/28a_DE-Situationsanalyse-Migrantenpastoral-CH_def-v250219.pdf (23.10.2020).

Living Generation Church. This is a living generation. URL: http://living-gen.com/ (2.6.2020).

Mayer, Jean-François. Orthodoxie. URL: https://orthodoxie.ch/de/deutsch/ (7.5.2020).

Migratio. Migrationspastoral. URL: http://www.migratio.ch/de/migrationspastoral (23.10.2020).

Migratio. Wer sind wir. URL: http://www.migratio.ch/de/wer-sind-wir (23.10.2020).

Mitenand. URL: http://rehovot.ch/mitenand/ (18.11.2020).

Ökumenischer Rat der Kirchen. Gemeinsam für das Leben. URL: https://www.oikoumene.org/de/resources/documents/commissions/mission-and-evangelism/together-towards-life-mission-and-evangelism-in-changing-landscapes?set_language=de (10.7.2020).

Online Konferenz «Together20 – Kirche fit für die Zukunft». URL: https://www.youtube.com/watch?v=eQFfscrH1OM (1.12.2020).

Porte Ouverte. Eglises Partenaires. URL: https://porte-ouverte.com/eglises-partenaires/ (18.5.2020).

Reformierte Kirche Aargau. Kirchgemeinden. URL: https://www.ref-ag.ch/meine-kirche/kirchgemeinden.php (2.6.2020).

Reformierte Kirchen Bern-Jura-Solothurn. Fachstelle Migration. URL: https://www.ref bejuso.ch/strukturen/oeme-migration/fachstelle-migration/ (9.9.2020).

Reformierte Kirchen Bern-Jura-Solothurn. Migrationskirchen-Landkarte. URL: https://www.google.com/maps/d/viewer?mid=1VGlAANOIAACzMsa2yArRadViDMs&ie=UTF8&hl=de&msa=0&z=11&ll=47.02442345606076%2C7.554173500000014 (9.9.2020).

Reformierte Kirchen Bern-Jura-Solothurn. OeME-Migrationsarbeit. URL: http://www.refbejuso.ch/oeme-migration/handbuch/ (9.9.2020).

Reformierte Kirche Kanton Zürich. Abteilung Kommunikation. URL: https://www.zhref.ch/organisation/landeskirche/kontakt/abteilung-kommunikation (15.9.2020).

Reformierte Kirche Kanton Zürich. Kirchgemeindeplus. URL: http://www.kirchgemeindeplus.ch/anderekirchen/ (10.12.2020).

Reformierte Kirche Kanton Zürich. Migration. URL: https://www.zhref.ch/themen/migration (15.9.2020).

Reformierte Kirche Kanton Zürich. Newsletter. URL: https://www.zhref.ch/themen/interreligioeser-dialog/newsletter (18.11.2020).

Reformierte Kirche Kanton Zürich. Reformierte Kirche. URL: https://www.zhref.ch/intern/kommunikation/materialien/materialien/zhref_refkirche_weitem_horizont_leitfaden_oeme-2020.pdf (18.11.2020).

Reformierte Kirche Zürich. Die Kommission Institutionen und Projekte. URL: https://reformiert-zuerich.ch/-4/institutionen-und-projekte/aktuell~1880/ (15.9.2020).

Reformierte Kirche Zürich/Zentrum für Migrationskirchen. Idee und Geschichte. URL: http://www.migrationskirchen.ch/de/Hintergrundinfos.3.html#10 (15.9.2020).

Reformierte Kirche Zürich/Zentrum für Migrationskirchen. Jahresbericht 2019. URL: http://www.migrationskirchen.ch/resources/ZMK_Jahresbericht20191.pdf (15.9.2020).

Römisch-katholische Kirche im Aargau. Kirche vor Ort. URL: http://www.kathaargau.ch/ueber-uns/kirche-vor-ort/ (2.6.2020).

Römisch-Katholische Zentralkonferenz der Schweiz. Porträt. URL: https://www.rkz.ch/wer-wir-sind/portraet (23.10.2020).

Schweizer Bischofskonferenz. Wer sind wir. URL: http://www.bischoefe.ch/wir/funktion (23.10.2020).

SEA – Schweizerische Evangelische Allianz. Unser Miteinander. URL: https://www.each.ch/unser-miteinander/mitglieder/sektionen/ (2.6.2020).

SEA – Schweizerische Evangelische Allianz. Unser Netzwerk. URL: each.ch/wer-wir-sind/unser-netzwerk/ (21.10.2020).

SEM – Staatssekretariat für Migration. Archiv ab 1994. URL: https://www.sem.admin.ch/sem/de/home/publiservice/statistik/asylstatistik/archiv.html (15.12.2020).

Sonntagszimmer. URL: https://www.sonntagszimmer.ch/ (18.11.2020).

SRF. Christliche Migration: Herausforderung für das Kirchenvolk. URL: https://www.srf.ch/play/tv/sternstunde-religion/video/christliche-migration-herausforderung-fuer-das-kirchenvolk?urn=urn:srf:video:9643965a-b425-4b0f-a724-c230f6b28c59 (9.9.2020).

SRF. Migrationskirchen bilden Halt und Sicherheit. URL: https://www.srf.ch/kultur/gesellschaft-religion/glaube-und-gemeinschaft-migrationskirchen-bieten-halt-und-sicherheit (10.12.2020).

Start up Ministries. Notre Histoire. URL: https://www.startupministries.ch/ (18.11.2020).

Sunday Adelaja's Blog. The Embassy of God Church. URL: http://sundayadelajablog.com/about/church/ (28.5.2020).

UNHCR UN Refugee Agency. Figures at a Glance. URL: https://www.unhcr.org/figures-at-a-glance.html (5.11.2020).

United Nations. International Migration 2019. URL: https://www.un.org/en/development/desa/population/migration/publications/migrationreport/docs/International Migration2019_Report.pdf (5.11.2020).

YouReport – das junge Filmteam Köniz. Ein Wagnis, das sich lohnt. URL: https://www.youtube.com/watch?v=gQ7Yc-EUzQI&t=84s (9.9.2020).

Verband Aargauer Muslime. Moscheen im Aargau. URL: https://aargauermuslime.ch/de/ueber-uns/moscheen-im-aargau/ (15.12.2020).

Zeit Online, US-Kirche spaltet sich wegen Streit um gleichgeschlechtliche Ehe. URL: https://www.zeit.de/gesellschaft/zeitgeschehen/2020-01/usa-gleichgeschlechtliche-ehe-kirche-united-methodist-church (2.9.2020).